抗战大后方刑事审判改革与实践

以战时首都重庆为中心的研究

张 伟◎著

法天地學術文叢

中国民主法制出版社
2016年·北京

图书在版编目(CIP)数据

抗战大后方刑事审判改革与实践:以战时首都重庆为中心的研究/张伟著. -- 北京:中国民主法制出版社,2016.8

(法天地学术文丛)

ISBN 978-7-5162-1280-6

Ⅰ.①抗… Ⅱ.①张… Ⅲ.①刑事诉讼—审判—司法制度—体制改革—研究—重庆—1937-1945 Ⅳ.①D927.719.528.4

中国版本图书馆 CIP 数据核字(2016)第 192996 号

图书出品人:刘海涛

出 版 统 筹:赵卜慧

责 任 编 辑:唐仲江　程王刚

书名/ 抗战大后方刑事审判改革与实践:

以战时首都重庆为中心的研究

作者/ 张　伟　著

出版·发行/ 中国民主法制出版社

地址/ 北京市丰台区玉林里 7 号(100069)

电话/(010) 63292534　63057714(发行部)　63292520(总编室)

传真/(010) 63056975

http://www.npcpub.com

E-mail:flxs2011@163.com

经销/ 新华书店

开本/ 16 开　710 毫米×1000 毫米

印张/ 12.75　**字数**/ 210 千字

版本/ 2016 年 10 月第 1 版　2016 年 10 月第 1 次印刷

印刷/ 三河市航远印刷有限公司

书号/ ISBN 978-7-5162-1280-6

定价/ 39.00 元

抗战非旦夕可竞，建国为根本大计。司法为国家建设一大端，将以维护国本，奠安黎庶，泯后方之纠纷，斯可励前敌之士气。昔曹刿与鲁庄公论战曰“小大之狱，虽不能察，必以情”，忠之属也，可以一战；管子曰“刑法不审则盗贼胜，百姓不安其居，则轻民处而重民散，兵弱而士不厉，战不胜而守不固”，从而可知司法之与战事固息息相关，在昔已然，于现代之立体战争为尤烈。孰谓士师文吏而可自轻其责耶？是用秉承国策，黾勉以从事，不敢因战时环境之困难而忽于改进。

——谢冠生：《战时司法纪要·序》

序

抗日战争是中华民族从衰败走向振兴的伟大转折点。抗日战争历史文化资源是中华民族的宝贵财富。抗日战争有前方和后方两条战线。巩固的战略大后方，是坚持持久抗战的基础和赢得反侵略战争的保障。作为大后方的西部地区为抗日战争的胜利作出了巨大贡献，以战时首都和陪都重庆为中心的抗战大后方历史文化，应在抗战研究中具有突出的重要地位。然而，由于种种原因，抗战大后方研究一直为学术界所漠视。直至抗战胜利即将届满七十周年之际，作为战时国家政治、军事、经济、文化和外交中枢的重庆，率先启动并大力推进“抗战大后方历史文化研究工程”，抗战大后方研究热潮随即展开。2010 年，我主持的“抗战大后方司法研究”被列为重庆市委重大课题委托项目；2011 年，在此基础上设计的“抗战大后方司法审判制度的改革与实践研究”又成功获得国家社科基金立项。法制是抗战大后方历史文化的重要组成部分。司法审判制度与人们的社会生活有着密切的关系，对国家政治及社会管理具有重要影响。正如战时司法行政部长谢冠生所论：“司法为国家建设一大端，将以维护国本，奠安黎庶，泯后方之纠纷，斯可励前敌之士气。”通过对战时司法审判制度的研究，探讨战争对司法的影响，司法对战时社会关系的调整和适应，司法对稳定战时社会秩序的作用，以凸显司法的抗战建国（所谓建国，是指建立一个“现代的国家”，“一个统一的政府、统一的法律、统一的制度，根据其本国的主义和政策而治理一切”的法治国家。详见张知本：《法治与抗战建国》，转引自居正、张知本等：《抗战与司法》，国立出版社 1939 年版，第 3 页。）功能，对于认识司法与战争的关系，无疑具有重要的价值和意义。

近年来，在人文社会科学领域，以重要研究课题为平台，培养研究生和青年教师的学术能力，打造一支由青年学子为主体的学术团队，已成为高校及研究机构人才培养模式改革的一大亮点。抗战大后方司法研究课题立项和研究的全过程,可谓此项改革实践的成功例证。本课题相关工作均由本人指导的博士研究生承担。他们来自各地高校教学岗位,对抗日战争历史文化颇有兴趣,且兼备法学和史学素养。课题申报的资料准备、立项论证、课题框架设计、研究内容分工和撰写初稿的过程,既是他们在导师指导下进行专业学习和研究实践的训练,也为其学位论文选定了研究方向,积累了丰富的资料,厘清了写作思路,掌握了研究方法,从而为他们顺利完成博士研究生学业,撰写博士论文,通过学位论文答辩奠定了基础。

张伟博士系法学科班出身,具有完整的法学专业学习经历和较丰富的法律实务工作经验;2010 年考入重庆市重点学科西南政法大学法律史学科,在我门下攻读博士学位,顺理成章地成为我主持的两大项目团队的一员。鉴于抗战大后方司法研究具有一定的开创性,可资借鉴的成果很少,须在各地档案馆、图书馆和高校数据库查阅、搜集、整理相关司法档案材料和民国时期的书籍、杂志、报纸资料等,基础资料准备工作量巨大。张伟在全程参与的过程中,经受了其学术道路上的首次重大挑战和磨练,不仅在资料搜集、整理和运用方法方面获益良多,而且在课题研究中找到了“感觉”,选择其中的刑事部分作为自己的主攻方向,并随着研究工作的展开,逐渐将其确定为博士学位论文的选题。

2013 年夏,张伟在完成课题研究任务的同时,提交的博士学位论文也通过了层层严格审核和答辩,获得博士学位。现在,作者在博士论文的基础上,经过近三年的充实、修改和提炼,成为一部专著。本书突破常态下的司法研究,以陪都重庆的司法改革与实践为样本,以馆藏民国司法档案为基础资料,以法社会学方法为主要研究方法,对抗战大后方的刑事司法改革与实践进行实证研究,力图再现大后方各类各级司法机关在战时环境下开展的刑事审判和军法审判活动;反映了战时司法的特色,揭示了当时人们法律生活的实然状态;探讨全民族抗战视域下大后方司法制度改革实践的理性与经验,以及战时司法的社会功能,这都有助于弥补抗日战争研究和南京国民政府法制研究的薄弱环节。

作为一名从教多年的教师,我感觉最满足最欣慰的是经常听到自己学生成长和成功的喜讯,看到弟子的成果和成就,哪怕是点点滴滴!在张伟博士的专著即将付梓面世之际,作为他博士研究生阶段的导师,欣喜之余,援笔为序。

曾代伟

2016 年 5 月

重庆沙坪坝紫荆花园寓所

目　录

引　言

一、论题选择及意义

全面抗战爆发前,南京国民政府为达到其政治统治目的及适应国内形势发展的需要,广泛吸收外国的优秀法制成果,制定并初步实施了一整套较为完整的法律体系,在中国法律史上树立了法制近代化的里程碑。然而,以"卢沟桥事变"为起点的中国抗日战争之爆发,打乱了国民政府原定的司法改革步伐,国民政府疲于应付内忧外患,战前制定的司法改革计划不得不因此延缓或停顿。在战火硝烟笼罩下,当保家卫国、争取抗战胜利成为整个国家的主旋律时,国民政府在政治、经济、司法等方面的举措容易被忽略。这些为了适应战争剧变而采取的战时应急措施,为取得抗战最终胜利作出了应有之贡献。于是,国民政府在刑事审判制度上的"变"与"不变",以及具体到惩治犯罪的刑事审判实践的效果如何,成为了本书所要研究的问题。

笔者一直在思考:大后方刑事纠纷是否得到有效解决,又是如何解决的?在战争的影响下,刑事法律制度如何适应?具体有哪些调整和改革?这些调整和改革的出发点是什么,是否仅仅只是为了节省司法资源?战时刑事审判的特点有哪些?消灭犯罪和不法行为的效果如何?有何借鉴之处和不足之处?这些问题都需要解决,但就目前学界研究而言,仍显薄弱。所以,笔者将从制度层面和司法实践两个方面着手,着重梳理和展现在全民族抗战的特殊形势下大后方刑事司法生存的实然状态,探讨大后方刑事审判的战争特点,挖掘大后方刑事审判的社会意义。

重庆作为国家战时首都和陪都,是中国抗战的大本营和战略大后方的核心，其刑事司法实践具有代表性和典型性。另外，重庆市档案馆目前馆藏民国司法档案近30万卷，保存比较完整，没有遭到破坏；包括当时司法院、司法行政部、最高法院、四川高等法院第一分院、重庆地方法院、北碚地方法院的司法档案，含有各种文书档案和诉讼档案。其中，大部分档案记载时间集中在抗日战争时期（1937年—1945年）。诉讼档案中的起诉状、答辩词、庭审笔录、判决书、裁定书等，具体详细地记载了重庆各级法院的刑事审判实践全过程。本书选择以重庆为中心进行考察，试图通过重庆的地方实践的描绘展示整个大后方刑事审判实践的基本面貌。

本书所依托史料主要是重庆市档案馆馆藏司法档案，辅之以司法公报、战时书报、地方史志等材料，力求将研究建立在详实的史料基础上，尽可能真实地展现陪都重庆各级法院的刑事审判实践原貌，并尽量避免以论代史和就文本谈文本。

本书主要从两个角度来探讨抗日战争时期以陪都重庆为代表的大后方的刑事法律制度和刑事审判实践。一是宏观的角度，对整个战前国民政府刑事法律制度进行总体概述，阐明其内容及历史作用。在战争环境下，国民政府在实体法和程序法上产生新的变化，这些变化有的是对原有法律精神的继承，有的则是否定或背离；这种制度层面上的调适体现着国民政府在军事、政治上的价值选择。二是从微观入手，对于抗战大后方的犯罪惩治进行细致分析，尽可能揭示司法档案所反映的司法实践的真实状况，以及文本上的司法实践所体现的制定法与司法官员之间的互动。

二、论题研究现状

目前，国内学界在研究南京国民政府时期的法律制度方面成果较多，但对于抗战时期国民政府的刑事法制与实践的研究还不多见，具体研究抗战大后方的刑事审判实践的文章较少。西南政法大学罗金寿的博士学位论文《战争与司法——陪都时期重庆的法院及审判》[1]涉及战时重庆的主要审判组织、典型的案例，涉及一些民事和刑事案例，以及战争与司法的关系，主要从战争与司法的关系角度进行论述，即战争如何影响司法，以及司法如何策应战争，其援引的案例以1944年、1945年、1946年发生的居多，并未对具体刑事审判制度进行深入探讨，其着眼点在战时司法体制上。西南政法大学宋宏飞的博士学位论文《战时首都重庆的民事审

---

〔1〕 罗金寿：《战争与司法——陪都时期重庆的法院及审判》，西南政法大学2010年博士学位论文。

判制度与实践》[1]主要以战时首都重庆的民事审判制度及其实践为样本,探讨抗日战争时期大后方民事审判的实然状态,并对民事审判战时的社会功能和意义进行评析,分析民事诉讼程序上的变化以及与战争密切相关的案例,包括典权回赎、房屋租赁以及管制物品买卖的案件。抗战时期,学者们开始审视当时的司法体制,并相继发表文章探讨。其中,涉及刑事审判方面的有以下论文。如陈盛清的《抗战期内的司法》[2]一文认为司法在战时也会直接或间接地影响到抗战前途;主张乱世用重典,特别法优于普通法,甚至更须优先适用特别法中之特别法;提倡尽量扩充军法审判的领域,扩充到不能扩充为止。司法审判与军法审判范围的大小,因前方后方或戒严与否不同。后方一般轻微刑事案件和民事案件应当充分利用调解方法解决。李立侠的《抗战建国期间司法的重要性》[3]一文论述了司法的重要作用,并提出应当健全司法机关,主张司法独立;应提高司法效率,增加办事的机动性和自主性。胡恭先在《抗战时期的立法和司法》[4]一文中提出:审判案件应当较之平时严厉、迅速;检察官应积极履行职责;司法院应厉行考绩。司法行政部部长谢冠生的《抗战建国与司法》[5]一文指出司法在监犯调服军役和协助兵役的推行上对军事胜利的帮助。同时,还有若干专著面世,如张知本、张庆桢等人编著的《抗战与司法》[6]一书在法治与抗战建国、抗战一年司法设施、抗战期间的司法行政改革、司法制度改革、立法政策、民法与刑法和改进西康司法等几个方面进行了深入的讨论,并提出了各自的见解。李生泼的《战时司法》[7]一书在战时司法的意义、高等法院巡回审判制度、战时处理刑民事案件办法、战区司法人员的安排、监所犯人的安置办法等方面阐述了自己的主张。孙仁山编著的《惩治贪污条例释义》[8]一书与朱观编著的《刑事诉讼法要义》[9]一书对于具体的刑事法律条文、判解进行了整理和归纳。此外,最高法院、司法行政部、中华民国法学会、陈璞生、沙千里等机构和个人对当时国民政府颁发的法律法规及各种司法解释进行了汇集和整理,并集刊

---

[1] 宋宏飞:《战时首都重庆的民事审判制度与实践》,西南政法大学 2011 年博士学位论文。

[2] 陈盛清:《抗战期内的司法》,《东方杂志》1938 年第 8 期。

[3] 李立侠:《抗战建国期间司法的重要性》,《中国社会》1938 年第 1 期。

[4] 胡恭先:《抗战时期的立法和司法》,《新新新闻》1938 年第 14 期。

[5] 谢冠生:《抗战建国与司法》,《中华法学杂志》1940 年第 3 期。

[6] 张知本、张庆桢等编著:《抗战与司法》,独立出版社 1939 年版。

[7] 李生泼:《战时司法》,商务印书馆 1939 年版。

[8] 孙仁山编著:《惩治贪污条例释义》,大东书局 1940 年版。

[9] 朱观编著:《刑事诉讼法要义》,大东书局 1942 年版。

发行。

抗战胜利后,1948 年时任国民政府司法行政部部长谢冠生主持编著的《战时司法纪要》一书,从司法行政部隶属之变更、增设各省法院、简化诉讼程序等 26 个方面归纳总结了 1937 年至 1947 年的战时司法大概情况,对于战时刑事审判研究有重要的参考价值。

除此之外,研究抗日战争时期大后方的相关政治、社会、文化、经济、金融制度的成果较多。如重庆出版社 1995 年出版的丛书:《重庆国民政府》(杨光彦等主编)、《抗战时期重庆的经济》(韩渝辉主编)、《抗战时期重庆的教育》(李定开著)、《抗战时期重庆的文化》(苏光文主编);2008 年出版了重庆市档案馆和重庆师范大学合编的《中华民国战时首都档案文献》丛书(5 卷本),从国民政府之迁都(定都与还都)、战时动员、战时工业、战时金融、战时社会等五个专题进行了文献整理和收集;2011 年出版了《中国抗战大后方历史文献联合目录》(上、中、下)、《抗战时期重庆大轰炸日志》、《重庆大轰炸档案文献:财产损失》、《抗战大后方歌谣汇编》、《英雄之城——大轰炸下的重庆》、《重庆大轰炸档案文献:轰炸经过与人员伤亡》、《抗战时期西南后方社会变迁研究》、《重庆大轰炸档案文献:证人证言》等著作。这些研究成果,是对抗战时期抗战大后方的中心——陪都重庆的政治、经济、文化研究的基本资料。

但是专门从刑事审判制度和实践两个角度来研究战时大后方刑事审判与犯罪惩治,目前还没有直接研究成果;在当今的法律史教材中,抗日战争时期的刑事审判制度基本上是空白。谢振民编著的《中华民国立法史》(上、下册)[1]、张晋藩主编的《中国司法制度史》[2]、朱勇主编的《中国法制通史》(第 9 卷)[3]梳理了南京国民政府时期的刑法和刑事诉讼法的基本问题,但对于抗战大后方这样具体时空的法制情况则关注较少。

目前学界对南京国民政府时期的刑事法制的研究成果,与本书主题——“抗战大后方的刑事审判改革与实践”有一定关联性的主要有:南京大学陈书梅和陈红民撰写的《抗日战争时期立法院的立法工作述论》[4],根据中国第二历史档案馆馆藏档案资料,从战时法令、一般法令和立法院其他活动等几个方面,对立法院在抗日战争时期的立法活动作

〔1〕 谢振民编著:《中华民国立法史》(上、下册),中国政法大学出版社 1999 年版。

〔2〕 张晋藩主编:《中国司法制度史》,人民法院出版社 2004 年版。

〔3〕 朱勇主编:《中国法制通史》(第 9 卷),法律出版社 1999 年版。

〔4〕 陈书梅、陈红民:《抗日战争时期立法院的立法工作述论》,《苏州科技学院学报(社会科学版)》2005 年第 4 期。

了比较全面的概述。四川大学黄小彤的博士学位论文《民国时期民控官的途径与控案处置——以川政统一后的四川基层政权为例》[1]，以20世纪三四十年代的四川为例，着重探讨了南京国民政府时期民控官的途径以及控案处置，以揭示该制度的实质，并深入展现该时期的社会政治实态。四川大学吴燕的博士学位论文《南京国民政府时期四川基层司法审判的现代转型》[2]关注南京国民政府时期四川各县诉讼的全过程，通过起诉书、判决书，直接观察这一时期四川普通民众民事法律观念的形成、变化，从基层司法建设的举措及成效、基层司法的实践研究基层司法的转型。张仁善的《司法腐败与社会失控（1928—1949）》[3]一书对民国后期的司法混乱与腐败的现象作了深入的分析。苏州大学孙宝根的博士学位论文《抗战时期国民政府缉私研究（1931—1945）》[4]指出抗战全面爆发后，国民政府全面调整缉私工作的整体格局，统一缉私机关，颁行一系列规章制度，规范缉私行为，明确缉私职责，建立了统一的战时缉私制度，取得了显著的缉私成效。四川大学鲁克亮的博士学位论文《政治腐败、认同危机与政府应对——民国时期广西民众控告县长》[5]，冯尚的《南京国民政府禁止烟毒立法浅析——以南京国民政府"二年禁毒、六年禁烟"时期（1935—1940）为中心》[6]，梁敏捷的《试论抗战时期国统区司法改革》[7]，黄小彤的《从军法到司法：20世纪三四十年代国民政府贪污案审理权的转移》[8]，盛波的《陪都时期重庆法律人群体的特征研究》[9]，王圳霖的《南京国民政府训政时期的司法实践研究》[10]；孟国祥、程堂发合著的《惩治汉奸工作概述》[11]，张群的《抗战·军婚·人权——我国近代

---

[1] 黄小彤：《民国时期民控官的途径与控案处置——以川政统一后的四川基层政权为例》，四川大学2007年博士学位论文。

[2] 吴燕：《南京国民政府时期四川基层司法审判的现代转型》，四川大学2007年博士学位论文。

[3] 张仁善：《司法腐败与社会失控（1928—1949）》，社会科学文献出版社2005年版。

[4] 孙宝根：《抗战时期国民政府缉私研究（1931—1945）》，苏州大学2004年博士学位论文。

[5] 鲁克亮：《政治腐败、认同危机与政府应对——民国时期广西民众控告县长》，四川大学2007年博士学位论文。

[6] 冯尚：《南京国民政府禁止烟毒立法浅析——以南京国民政府"二年禁毒、六年禁烟"时期（1935—1940）为中心》，华东政法学院2006年硕士学位论文。

[7] 梁敏捷：《试论抗战时期国统区司法改革》，重庆大学2008年硕士学位论文。

[8] 黄小彤：《从军法到司法：20世纪三四十年代国民政府贪污案审理权的转移》，《云南民族大学学报（哲学社会科学版）》2007年第2期。

[9] 盛波：《陪都时期重庆法律人群体的特征研究》，西南政法大学2010年硕士学位论文。

[10] 王圳霖：《南京国民政府训政时期的司法实践研究》，郑州大学2011年硕士学位论文。

[11] 孟国祥、程堂发：《惩治汉奸工作概述》，《民国档案》1994年第2期。

军人婚姻立法初探》[1]，高远的《抗日战争时期四川匪患治理研究》[2]，曾代伟、盛波合著的《陪都时期重庆法律人群体的特征》[3]，谢冬慧的《南京国民政府时期刑事审判制度述论》[4]，曾代伟的《民国时期刑事审判中的自由心证——基于司法档案的考察》[5]，李雅茹、潘敏合著的《国民政府惩治汉奸法令述论》[6]，等等，这些研究成果范围较广，对于近代国民政府的刑事审判制度与实践进行了有益的探索，然而具体涉及抗日战争期间大后方刑事审判的不多。

三、论题研究方法

不同的研究方法会导致不同的研究成果，科学方法的运用对于一本书的研究和完成而言尤为重要。法律史学作为一门交叉学科，兼顾法学和史学的研究方法。本书在指导思想和研究方法上，坚持以历史唯物主义为指导，结合历史学、法学、社会学的研究方法，对抗战大后方特别是战时首都重庆的刑事审判改革和实践进行整理和分析，用历史的、全面的、发展的眼光考察近代中国刑事法制的传承和发展，探究其原因和规律，总结其经验和教训。具体而言，本书主要采取以下研究方法。

第一，法社会学的方法。注重刑事案例及犯罪惩治所处的社会背景与传统文化之间的联系，并通过个案的深入剖析，体现一些大的问题。

第二，客观的方法。实事求是地研究和评价抗战大后方刑事审判历史，在挖掘其真实面目的同时，不以是为非，亦不以非为是，更不能因为阶级立场差异而否定其作用或价值，而拒绝汲取其有益内容，应尽量对于抗战大后方刑事审判活动的内容和影响作相对客观、准确、全面的评价。

第三，档案文本分析的方法。通过对一系列重庆市档案馆馆藏的司法档案进行比较、分析、综合，从中提炼出自己的观点和思想。从微观入手，着眼宏观，力图避免先入为主，保持“价值中立”理念，增强研究对象和研究结论的客观性，试图发现一些重大理论问题。

---

〔1〕 张群：《抗战·军婚·人权——我国近代军人婚姻立法初探》，《比较法研究》2007年第5期。

〔2〕 高远：《抗日战争时期四川匪患治理研究》，《西南大学学报（社会科学版）》2008年第2期。

〔3〕 曾代伟、盛波：《陪都时期重庆法律人群体的特征》，《重庆社会科学》2009年第7期。

〔4〕 谢冬慧：《南京国民政府时期刑事审判制度述论》，《刑事法评论》2010年第1期。

〔5〕 曾代伟：《民国时期刑事审判中的自由心证——基于司法档案的考察》，《法治研究》2010年第9期。

〔6〕 李雅茹、潘敏：《国民政府惩治汉奸法令述论》，《西安政治学院学报》2011年第5期。

第四，比较分析法。通过战时与战前战后、战区与大后方的刑事审判制度的对比，寻找它们之间的相似性、差异性及其原因之所在，并借以解释说明该特定时期——战争状态下的大后方的法律运行现象，探讨特定历史状态下的刑事审判制度，并为当今中国刑事审判改革的路径选择提供借鉴之处。

四、论题创新之处

本书论题的创新之处主要有以下三点。

(1)研究视角上的独特性。目前，学界大多关注常态下的刑事审判研究，即研究民国时期国民政府的刑事审判；而非常态下的刑事审判状况的研究成果鲜见，尤其是在战争状态下，在关系民族生死存亡的特定时期，国民政府的刑事审判实践较少受到关注。本书的选题和研究视角拓展了民国时期刑事审判的研究视野，也深化了对司法审判功能及刑事审判与社会关系的认识。

(2)研究资料上的新颖性。研究民国刑事审判离不开民国司法档案资料，它能真实地反映刑事审判的实然状态。战时首都重庆的司法档案资料丰富完整，真实地反映了当时法律制度的运行状况。其中的起诉状、答辩词、庭审笔录、判决书等，具体详细地记载了抗战大后方的刑事审判实践活动。目前学界使用该资料的不多，本书以之为资料主体，研究大后方的刑事审判活动，在资料使用上有一定的新颖性。

(3)观点上的创新性。新的研究视角加上新的研究资料，其结论也就有可能得出新的观点；而对于那些以为战时刑事审判与非战时刑事审判大相径庭的通说提出质疑，能加深对国民政府时期刑事审判的整体性认识，这也是本书的学术价值之所在。

第一章 抗战大后方刑事审判改革的背景及原因

在“参酌古今，会通中外”的宗旨下推进的清末“新政”，开始了中国法制近代化转型的曲折历程。民国成立后，在孙中山的“三民主义”“五权宪法”的理念下，国民党亦在不断努力使中国法制步入现代化轨道。南京国民政府在 1928—1935 年间一系列的立法活动，初步健全了“六法体系”，标志着中国现代法律体系得以确立。客观来看，“抗战以前，南京国民政府的司法改革力度大，起色快，按此趋势发展下去，司法改革循序渐进，成果定会更加丰硕。孰料抗战烽火燃起，政府疲于应付内忧外患，不少司法改革计划不得不因此停顿或迟缓，打乱了司法改革步伐。”[1]

国民政府迁都重庆[2]后，导致抗战大后方的人口剧增，大量难民涌入，无业和失业人口增加；政府当局不能及时提供住房，难民居无定所，社会不稳定因素增加。抗战初期，工商业的内迁带动了大后方经济的迅速发展，但是国民政府出于抗战需要，在大后方陆续实行经济统管，对关系战争和民生的粮食、糖、盐、火柴、棉花等物资实行“专卖”，并增加税赋以补充军费，造成大后方的经济趋于崩溃，加之国民政府的腐败问题及官僚资本的巧取豪夺，使得大后方物价飞涨、通货膨胀严重，各阶层人民生活艰难，民不聊生，社会矛盾日趋尖锐。在如此动荡不安的社会和经济环境下，大后方的社会秩序动荡、犯罪高发、纠纷不断，直接导致大后方的刑事案件收案率逐年上升[3]，如 1942—1945 年，重庆地方法院新受理刑事案件分别为 4254 件、5584 件、8423 件、10312 件，其中 1944 年、1945 年度分别以 50.8%、22.4% 的速度增加。

战时，法律精英云集大后方，他们的法治理想开始对中国的司法进程产生影响。近代法律人群体大都产生于清末，成长、壮大于南京国民政府时期，涌现了吴经熊、张知本、谢冠生、杨兆龙、章士钊、戴季陶、蔡枢衡、史尚宽、戴炎辉、程树德、胡长清、沈钧儒、居正等贤才俊彦。近代法律精英的产生及其法治理想的形成是在清末传统社会向近代社会变迁之后，法律精英通过各种途径和方式，追求自己的法治理想：尝试制定良法，构建

---

〔1〕 张仁善：《百年中国司法权体系的发展进程及现实反思》，《河南省政法管理干部学院学报》2007 年第 4 期。

〔2〕 重庆，古称巴郡、江州、渝州、恭州，地处长江、嘉陵江之汇，三面环山，东出三峡，西连三蜀，南达滇黔，北通汉沔，水陆交通方便，地理位置独特，为四川之门户，长江上游的经济中心，自古就是西南地区区域性的军事政治中心和重要的商业物资集散地。地貌以丘陵、山地为主，坡地面积较大，有“山城”之称。1891 年 3 月 1 日，重庆海关成立，标志着重庆正式开埠。1929 年，重庆从巴县分离，正式建市。

〔3〕 数据来源：重庆地方法院 1942—1946 年各年度司法统计报表，档案号分别为：0110－3112、0110－3116、0110－3109，重庆市档案馆藏。

近代法律体系;创制宪法,追求宪政;收回治外法权,捍卫司法主权;争取司法独立,倡导司法公正;强调依法而治,注重保障人权。由于受现实因素,诸如政治、社会及自身条件的制约,法律精英们的各种“法治理想”注定只能停留在理论层面,实际效果并不明显,政权更迭之际,自身也面临复杂的人生抉择。[1] 法律精英们以深厚的法律知识背景,传播法律知识,辨析中西法律观念差异,解释和批判现行法律,苦苦推动着中国司法改革的现代化步伐。

一、战时首都重庆:抗战大后方的核心

(一)抗日战争大后方战略地位的形成

1931 年九·一八事变后,国民政府贯彻“攘外必先安内,统一方能御侮”的反动国策,在大力“剿匪”的同时,实施有限度的抗日。面对西南各省由地方军阀割据的局面[2],国民政府利用“追剿”红军的机会,一方面假借抗日之名,高调宣称西南将为民族复兴的基地;另一方面从经济、财政、金融入手,不断削弱地方行政权,裁减地方武装队伍,调遣中央直属军队进驻,逐步将西南版图纳入其控制范围。1935 年 3 月 4 日,蒋介石在重庆指出:“就四川地位而言,不仅是我们革命的一种重要地方,尤其是我们中华民族立国的根据地。”[3]同年 8 月,蒋介石在成都演说时谈道:“本部十八省哪怕失去了十五省,只要川黔滇三省能够巩固无恙,一定可以战胜任何强敌,恢复一切失地,复兴国家,完成革命。”[4]但实际上,国民政府此时仍在不断围追堵截并企图消灭共产党领导下的中国工农红军。

随着中国工农红军长征的胜利结束,加之日本在华北的侵略危及国民党统治以及国内抗日运动高涨,国民政府在对日政策上逐渐强硬,并作相应的国防准备,国防中心开始逐渐转向西南地区。1936 年年初,湘黔线、黔桂线、川黔线和滇黔线公路网初步形成,成渝线、滇黔线和滇钦线的铁路建设也在计划实施中。同时,蒋介石还多次指令将未完工的兵工厂

---

[1] 参见张仁善:《论中国近代法律精英的法治理想》,《河南省政法管理干部学院学报》2006 年第 1 期。

[2] 西南地方军阀统治的各省行政权名义上隶属南京国民政府,军队亦归军政部统一编制,但其官员任免、军队使用、财政税收等实质性问题,南京国民政府仍是不能过问,事实上西南处于半独立的割据状态。

[3] 张其昀主编:《先总统蒋公全集(第一册)》,中国文化大学、中华学术院 1984 年版,第 958 页。

[4] 周开庆:《四川与对日抗战》,台湾商务印书馆 1970 年版,第 12 页。

迁入四川、贵州。

1937 年 7 月 7 日,卢沟桥事变爆发,中国进入全面抗战时期。次月,"虹桥事件"发生,上海、南京告急。嗣后在国民党国防最高会议上,蒋介石发表《国府迁渝与抗战前途》的讲话,表示"为坚持长期抗战,国民政府将迁都重庆,以四川为抗敌大后方",并分析了抗战以来的战争局势、迁都的必要性和重要性。[1]

1937 年 11 月 16 日,国防最高会议通告全国迁都重庆。同年 11 月 20 日,《国民政府移驻重庆宣言》称"国民政府兹为适应战况,统筹全局,长期抗战起见,本日移驻重庆。此后将以最广大之规模,从事更持久之战斗","继续抗战,必能达到维护国家民族生存独立之目的"。随后,国民政府的党政军机关和大批工厂学校陆续内迁。1939 年 5 月 5 日,重庆升格为特别市,直属国民政府行政院。1940 年 9 月 6 日,国民政府颁布定重庆为陪都的命令,称:

> 四川古称天府,山川雄伟,民物丰般,而重庆绾毂西南,控扼江汉,尤为国家重镇。政府于抗战之始,首定大计,移驻办公。风雨绸缪,瞬经三载。川省人民,同仇敌忾,竭诚纾难,矢志不渝。树抗战之基局,赞建国之大业。今行都形势益臻巩固。战时蔚成军事政治经济之枢纽。此后自更为西南建设之中心。恢闳建置,民意佥同。兹特明定重庆为陪都,着由行政院督饬主管机关,参酌西京之体制,妥筹久远之规模,借慰舆情,百彰懋典。[2]

明定陪都之后,国民政府成立了隶属于行政院的陪都建设计划委员会,规划和设计重庆的全面建设,客观上推动了重庆的城市近代化进程。重庆作为国家战时首都和陪都,是中国抗战的大本营、世界反法西斯战争东方战场统帅部所在地,全国政治、军事、经济、文化及外交中枢,战略大后方的核心。

国民政府选择西南地区作为抗日战争战略大后方的主要原因有:其一,西南地区的地理位置有利于抗战。西南地区处于崇山峻岭之中,地势险要,易守难攻。其二,华北、上海沦陷后,洛阳、西安、武汉等地也不安

---

〔1〕 参见蒋顺兴、孙宅巍主编:《民国大迁都》,江苏人民出版社 1997 年版,第 187 页。

〔2〕 《国民政府明定重庆为陪都令》,原载《新重庆》第 1 卷第 3 期,转引自重庆市档案馆、重庆师范大学合编:《中华民国战时首都档案》(第 1 卷),重庆出版社 2008 年版,第 58 页。

全。何况西北地区地处平原,毗邻苏俄及共产党领导下的苏区。其三,西南地区资源丰富,民丰物殷,战争所需的煤炭、铁矿等充足,有利于国防工业发展。其四,中国沿海被日军封锁,华东税赋供给不再,海关关税丧失,对外交通几乎断绝,开辟对外联络新渠道成为持续抗战的重要任务。而西南地区靠近英美殖民地印度和缅甸,若开通滇缅公路,则容易接收其战略物资输送。所以,西南地区成为抗日战争战略大后方,能够支持长期抗战。

国民政府确立以西南地区为抗日战争战略大后方的方针,对抗战产生了积极的作用和影响。第一,它标志着国民政府抗战总战略的转变,即由战役持久转变为战略持久,能鼓舞人心、实行不屈不挠的民族救亡运动。第二,迁都重庆并确立重庆为战时政治中心,树立起长期抗战的大旗,表明了国民政府的抗日决心;在抗战初期上海、南京等城市相继沦陷,全国士气低迷的情况下,能稳定军心民心、坚定抗战意志。第三,实行金融、商业、工矿、学校的内迁,不仅改变了战前经济畸形发展的工商业布局,而且为持久抗战打下了物质基础。

(二)战时重庆的政治环境

国民政府迁渝后,机构设置与南京时大体相同,实行“五权分立”,即设立法、行政、司法、考试、监察等院。在战争环境下,国民政府在政治体制上作出了相应调整,有以下几点内容。

(1)成立国防最高委员会[1],党政军高度集权化。1938 年 1 月 28 日,《国防最高委员会组织大纲》在国民党第五届中央执行委员会第五次全体会议上获得通过,该大纲规定:新成立的国防最高委员会统一全国党政军指挥权,在战时代行国民党中央政治委员会职权,国民党中央执行委员会所属之各部会和国民政府五院和军事委员会所属之各部会,均要受其指挥,战时总动员委员会直属国防最高委员会管理;国防最高委员会设委员长一人,由国民党总裁出任,国防最高委员会委员长对于党政军一切事务,可以不依平时程序,以命令为便宜之措施。[2] 战前专司立法职能的立法院亦受战时体制的影响,由最初的“立法院所议各案,与战争有关系者和应交立法院议决之案而国防最高会议认为有紧急处置之必要时,可事后按立法程序送立法院”改为“立法院对于国防最高委员会决定之立法

---

〔1〕 1946 年 3 月 16 日,国民党六届二中全会决议撤销国防最高委员会,恢复中央政治委员会。

〔2〕 参见荣孟源主编:《中国国民党历次代表大会及中央全会资料》(下),光明日报出版社 1985 年版,第 563—564 页。

原则只有陈述的权利；而‘紧急和特殊情况’之存在与否由国防最高委员会解释；国民政府依国防最高委员会决定公布之法令，应令知立法院，立法院对此项法令毋庸再行审议”。[1] 从国防最高委员会职权的规定来看，可以称国防最高委员会为“抗战的总司令部”——党政军一元化的最高领导机构。战争时期，国民政府不仅中央权力结构高度集中，而且地方政权也以党政联合、党政融化为原则实行以军事为中心的党政军一元化的领导。如战区司令长官掌握本战区军政大权；县长权力扩大，办理全县自治事项。

(2)抗日统一战线与国民参政会[2]。抗战初期，国民政府积极联共抗日，如释放政治犯，允许共产党及民主党派在重庆创办报纸杂志，发表抗战言论等。同时，在国防参议会后进一步添设民意机构。1938 年 3 月 31 日，国民党临时全国代表大会决议设置“国民参政会，以统一民众意志，增加抗战力量”[3]。同年 4 月 7 日国民党五届四中全会通过《国民参政会组织条例》，“为集思广益、团结全国力量起见”，特设国民参政会，它在国民政府中既有建议和咨询的权力，也有一些参政议政的权力（1940 年增加了调查权，1944 年增加了预算权）。国民参政会是第二次国共合作的产物，作为抗战期间代表民意的机关，它的设立是对国民党独裁专政的冲击，表现出国民政府开放民主的进步性，为共产党、民主党派提供了发表政见的合法平台，对于团结抗战力量、进一步开展民主宪政运动起到了一定的作用。战时的国民政府从中央到地方的各级机构呈现出“开放民主”趋势，一党独裁受到一定的制约，其中一些共产党员、民主人士、国民党内非蒋系人士以及地方一些实力派参与到政府机构中，并有任职，如朱德任第二战区副司令、郭沫若为政治部第三厅厅长、卢作孚任交通部次长、章乃器任安徽省粮食厅厅长等。[4] 但是，到了抗战末期，国民政府一直反对共产党提出的成立联合政府的主张，足以显示国民政府一贯坚持的独裁本质。

(3)党化与独裁加剧。一党专政和以党统政的国民政府之政治体制受国民党的党内领导体制的影响极大。抗战初期，国民党建立了党内独裁制。1938 年 3 月 31 日，国民党临时全国代表大会以“欲增加抗战之力

---

〔1〕《国民政府公报》渝字第 45 号，中国第二历史档案馆藏政府立法院档案。

〔2〕1938 年 7 月在武汉成立，1946 年回迁南京，1948 年 3 月结束，共召开 4 届 13 次会议，其中 11 次会议在重庆召开。

〔3〕参见荣孟源主编：《中国国民党历次代表大会及中央全会资料》（下），光明日报出版社 1985 年版，第 504 页。

〔4〕参见重庆抗战丛书编纂委员会编：《重庆国民政府》，重庆出版社 1995 年版，“序”第 4 页。

量,必先整顿领导抗战之机构,而改进党务与调整党政关系”为由,通过了确立“领袖制”(实为党内总裁制[1])的决议案,认为“际兹抗战非常时期,全国人民且须在全国最高统帅领导之下,齐一步骤,共同奋斗,以争取最后胜利”[2]。该会议推蒋介石为总裁。国民党实行总裁制以后,中央执行委员会的职权大大削减,国民政府的政治体制同步趋于独裁制。因为蒋介石不仅以党内总裁的身份对国民党进行独裁,同时也以行政院院长的身份对国家行政大权进行独裁,以国防最高委员会委员长(总裁担任)身份对国家军政大权进行独裁。1943 年国民政府主席林森死后,国民党五届十一中全会决定由蒋介石担任国民政府主席,同时兼任行政院院长,并对《中华民国国民政府组织法》进行了修改。修改后的《中华民国政府组织法》规定:中华民国元首是国民政府主席,对外代表中华民国;国民政府主席为海陆空军大元帅;国民政府公布法律、发布命令,由国民政府主席依法署名行之;国民政府主席对中央执行委员会负责,五院正副院长对国民政府主席负责。[3] 可见,国民政府主席有权宣战、媾和、缔约、统帅军队、公布法律、发布命令、任免政府官吏,而不受任何制约。至此,国民党独裁专制升至顶峰。

为了在民族解放战争中取得胜利,需要高度集中全国人力物力财力,而这更需要集中战争的指挥权。因而,战时国民政府的集权政治体制,暂时平息了国内矛盾,聚结了各种政治力量共同抗战,这对于抗战胜利有着积极的作用。但是,不能忽视其虚伪、反动的一面,如抗战后期,国民政府限制政治自由,加强报刊舆论的控制和检查等。

(三)战时重庆的经济环境

人口激增、人才聚集,大量工矿企业内迁,商业繁荣,金融资本迅速聚集,使重庆经济迅猛发展起来,从原本在半殖民地半封建社会里缓慢发展的城市,跳跃式地走到城市近代化发展的顶峰。工业方面,战前重庆的工厂寥寥可数,到了 1944 年 2 月大后方有大中型工厂 1300 多家,其中重庆

---

[1] 国民党内的总理独裁制度,是孙中山 1919 年将中华革命党改建为中国国民党时所规定的。当时鉴于国民党内部软弱涣散、组织无力,为增强国民党的力量,孙中山非常强调党内的集中与统一,决定实行党内独裁制。详见石柏林:《论抗战时期国民政府的战时政治体制》,《抗日战争研究》1994 年第 1 期。

[2] 张其昀:《党史概要》(第 3 册),台湾文物供应社 1979 年版,第 889 页。

[3] 参见荣孟源主编:《中国国民党历次代表大会及中央全会资料》(下),光明日报出版社 1985 年版,第 851—852 页。

占整个大后方工厂总数的三分之一，重庆两江沿岸及川黔公路南线成为当时大后方最集中、最重要的工业集中区域，分布有兵工、钢铁、机械、造船、纺织、电器、水泥、化工、面粉等各类工厂，该区域是当时大后方唯一的综合性工业区，构成了抗战时期的经济命脉。如钢铁业中，战时重庆及附近就有钢铁厂36家，占工厂总数的50%左右，1945年，重庆钢产量达到41192吨，约占当时大后方钢产量的三分之二；兵工业中，战时重庆有7家大型兵工厂，其设备分别由金陵兵工厂和汉阳兵工厂等迁移而来，工人和技术人员近3万人，是战时大后方军工生产的中心；制造业中，战时重庆有机器制造厂394家，占大后方工厂总数的41.6%，重庆的裕华、豫丰等几家大型棉纺厂拥有纱锭约10万锭，占当时大后方纱锭总数28万锭的40%左右。[1] 金融业方面，除"四行联络办事总处"（指中央银行、中国银行、交通银行、中国农民银行战时成立的集权机构）全部迁重庆外，外省许多著名的地方银行和外商银行纷纷西进，从而使重庆成为战时全国金融中心。1943年10月底，重庆的各类金融机构共计162家，较抗战前的59家增加了103家，其中总部37家，各银行分支行处89家，钱庄银号36家。除了金融机构的数量增多外，还有金融资本的增加，截至1943年10月底，重庆金融资本总额超过5.7亿元，比战前的1600万元多出约36倍。金融资本的剧增与流通，对于活跃商业市场，发展工农业有着极大的促进和保障作用，但是一些商业银行（含钱庄、银号）以其投机性的资金操纵金融市场，助长物价，危害匪浅。[2]

抗战前期，"新厂繁兴，产额历增，始呈突飞猛进之势"，到了抗战后期，"因物价续涨，工业已渐见疲软，嗣后实际困难与年俱进"，"独勉能存在者，实赖苦心努力之结果"。据统计，1943年10月，重庆机器厂共364家，歇业55家，停工12家，共占总数约19%，全市工具机3135部中，有365部陷入停顿状态。[3] 另据1943年11月《新华日报》在《后方产业在困难中》一文中曾有评论："重庆市18家铁厂竟有14家停炉。4家制钢厂中，1家已停顿，3家只能勉强支撑。"机器工业由于金属材料不足，1943年

---

〔1〕 参见黄友凡等：《抗日战争中的重庆》，西南师范大学出版社1986年版，第28—29页。

〔2〕 参见杨泽：《四川金融业之今昔》，《四川经济季刊》1944年第1卷第3期。转引自重庆市档案馆、重庆师范大学合编：《中华民国战时首都档案文献》（第5卷·战时金融），重庆出版社2008年版，第110—116页。

〔3〕 参见翁文灏：《后方工业现状及其困难》，《中国工业》第23期。转引自重庆市档案馆、重庆师范大学合编：《中华民国战时首都档案文献》（第4卷·战时工业），重庆出版社2008年版，第177—178页。

436家机械厂,到1944年只剩下200多家,而就这200多家的开工率也不足50%。1944年7月9日的《新华日报》指出:后方各类工业均有停滞、减产或倒闭趋势。1944年11月,重庆嘉陵江一带的机器工业只剩下67家在运转,嘉陵江地区的煤业由月产量8万吨减至6万吨,以致重庆等地大闹煤荒。1944年重庆的民营工厂也从1942年的1077家下降到533家。[1] 导致工业困难的原因有:恶性通货膨胀,政府经济管制,工业资金缺乏,技术落后,用工成本增加,原材料价格上涨,产品销路不畅,政府收购价格低下,政府官员勒索苛扰。就当时国民政府推行的战时经济管制政策而言,开始之初有效地实施了政府支持生产的措施,有一定的进步作用,但干预过死容易破坏经济。如1945年1月21日《国民公报》报道:重庆市工业厂销运商1300余户,原有织机5000余台,自经花纱布管制局管制后,各厂商因折合标准不敷成本,亏折过巨,先后停织者已过半数,现仅存2000余台,如再不调整管制政策,将有全部停业之危机。[2]

经济的衰落和物价的飞涨,使社会底层人民生活十分困苦。工人因为工厂的破产或停业而失业,生活无以为继;农民因地主和高利贷的无情盘剥,本已举步维艰,若加以自然灾害的侵袭,农民更无法生存;重庆许多城市平民聚集在江边草棚居住,以各种苦役谋生,饱受饥寒病灾的侵袭。安分者坐以待毙,不安分者则必铤而走险,社会秩序濒危。城市小职员和学校教师也生活困苦,不少大学教授都以典卖补贴生活。青年学生因营养不良、疾病,死亡率极高。[3] 在如此恶劣的经济环境下,社会两极分化严重,民怨四起,工运学运不断。

(四)战时重庆的社会环境

1. 人口状况

重庆在被定为陪都后,辖区面积不断扩大,合并了一些邻近的城镇及土地。重庆市市区面积从1937年的47平方公里,激增到1945年抗战结束时的294.3平方公里。[4] 辖区的扩大加上政府内迁,导致重庆人口不

---

〔1〕参见重庆抗战丛书编纂委员会编:《重庆国民政府》,重庆出版社1995年版,第261—264页。

〔2〕参见《关于土布业半数停业的报道》,《国民公报》1945年1月21日。转引自重庆市档案馆、重庆师范大学合编:《中华民国战时首都档案文献》(第4卷·战时工业),重庆出版社2008年版,第180页。

〔3〕参见重庆抗战丛书编纂委员会编:《重庆国民政府》,重庆出版社1995年版,第267页。

〔4〕参见重庆市地方志编纂委员会总编室编:《重庆市志》(第1卷),四川大学出版社1992年版,第723—724页。

断增加。1937 年重庆已有 110120 户、473904 人；1938 年有 117893 户、5288793 人；1939 年和 1940 年由于空袭伤亡及政府疏散人口的原因，市区人口下降至 40 万人左右；但随后逐年增长，1941 年超过 70 万人，1944 年突破 90 万人，1946 年人口总数达 1245645 人。[1] 但这些人群并不是固定的，流动人口占据了一定比例，如在 1941 年就有 76337 人涌入重庆，同时有 70839 人移出重庆；从 1943 年 10 月到 1944 年 2 月间共迁入 38697 人，迁出 8537 人。[2] 其中，大批难民涌入，1938 年 9 月 10 日，统计难民数为 363 人，1946 年遣返来渝难民数为 45650 人。[3]

重庆市居民人口中，受教育程度不均衡，如 1941 年 12 月统计总人口 702002 人，其中大学以上教育程度 12416 人，占比 1.77%；中学教育程度 90163 人，占比 12.8%；小学文化 228725 人，占比 32.6%；小学以下文化 303640，占比 43.2%。[4] 1943 年统计的 142518 人中，大学教育程度为 2772 人，占比 1.95%；中学教育程度 21923 人，占比 15.4%；小学文化 45845 人，占比 32.2%；小学以下文化 69966 人，占比 49.1%（识字人数为 35257，占比 24.7%；不识字人口达 34709 人，占比 24.4%）。[5] 其中，大批科技人员和熟练工人的迁入，提高了重庆的科技水平，推动了重庆的经济发展；大量教育界、文化界人士的涌入，繁荣了重庆的文化与艺术，通过各种形式的文艺作品宣扬抗日救国运动，增强了民族凝聚力，激发了大后方人民的抗战斗志。

重庆市民中失业和无业人口占一定比重。1941 年 12 月统计总人口 702002 人，失业 1317 人，占比 0.18%；无业人口 56428 人，占比 8.0%；其他（就业、失业、无业之外的人口）107101 人，占比 15.3%。[6] 1943 年统计的 142518 人中，失业 1492 人，占比 1.0%；无职业 11795 人，占比

---

[1] 数据来源:《陪都十年建设计划草案》。转引自重庆市档案馆、重庆师范大学合编:《中华民国战时首都档案文献》(第 3 卷 · 战时社会)，重庆出版社 2008 年版，第 21 页。

[2] 数据来源:《重庆市警察局关于户政工作的报告》(1944 年 5 月)。转引自重庆市档案馆、重庆师范大学合编:《中华民国战时首都档案文献》(第 3 卷 · 战时社会)，重庆出版社 2008 年版，第 16 页。

[3] 数据来源:《中央日报》(1938 年 10 月 3 日)、《社会部为组织难民调查委员会调查来渝难民情况致市政府公函》(1946 年 2 月 26 日)。转引自重庆市档案馆、重庆师范大学合编:《中华民国战时首都档案文献》(第 3 卷 · 战时社会)，重庆出版社 2008 年版，第 267、290 页。

[4] 数据来源:《1941 年重庆市警察局关于户籍工作统计资料》。转引自重庆市档案馆、重庆师范大学合编:《中华民国战时首都档案文献》(第 3 卷 · 战时社会)，重庆出版社 2008 年版，第 8 页。

[5] 数据来源:《1943 年重庆市居民人口教育统计表》。转引自重庆市档案馆、重庆师范大学合编:《中华民国战时首都档案文献》(第 3 卷 · 战时社会)，重庆出版社 2008 年版，第 14 页。

[6] 数据来源:《1941 年重庆市警察局关于户籍工作统计资料》。转引自重庆市档案馆、重庆师范大学合编:《中华民国战时首都档案文献》(第 3 卷 · 战时社会)，重庆出版社 2008 年版，第 8 页。

8.3%;其他1487人,占比1.0%。[1] 1944年5月,无职业人口达114851人,占总人口数950769人的12.1%。[2] 1945年统计无职业人口达到222318人,占总人口数1049470人的21.19%;1946年无职业人口达到242201人,占比19.44%。[3] 失业人口的增加,给城市带来了不稳定因素,也在一定程度上增加了犯罪的可能性。

2. 物价问题

由于战争切断了国际运输线路,也使得沦陷区和后方的交通不便,导致物质运费增高,进口商品价格猛涨;内迁到重庆的人口日益增多,日用品供不应求,原材料供应不及,部分商人囤积居奇;加上国民政府为弥补财政赤字,不惜大量发行货币,从而使得大后方地区物价高涨,普通百姓生活苦不堪言。关于国民政府的货币贬值情况,美联社在1947年7月24日发表了一个材料,形象地说明了法币一百元可买的物品:1937年为二头牛,1938年为一头牛,1941年为一头猪,1943年为一只鸡,1945年为一条鱼,1946年为一个鸡蛋,1947年仅为三分之一盒火柴了。[4] 尽管国民政府设立了物价管制委员会,选择生活必需品(粮盐、食油、棉花、燃料等)及运价工资等实行限价,及选择若干重要城镇为管制据点实施管制,但是仍然解决不了通货膨胀、物价高涨的问题。1941年重庆市经济检察大队成立,负责检举对于经济管制法律规定管制物质有囤积居奇、投机垄断操纵行为,而由警察机关办理取缔违反限价议价案件,虽然查获了一些囤积案件,打压了部分奸商豪滑,却改变不了物价的涨势:1942年重庆物价指数由31倍增至78倍(以1937年上半年为基期),比1941年高208%。[5]

3. 城市综合治理

为集中抗战力量,净化城市环境,稳定社会秩序,战时国民政府及重庆市政府大力革除烟毒、娼妓、赌博等陋习,推行社会赈济,提倡新风俗。

---

[1] 数据来源:《1943年重庆市居民人口教育统计表》。转引自重庆市档案馆、重庆师范大学合编:《中华民国战时首都档案文献》(第3卷·战时社会),重庆出版社2008年版,第15页。

[2] 数据来源:《重庆市警察局关于户政工作的报告》(1944年5月)。转引自重庆市档案馆、重庆师范大学合编:《中华民国战时首都档案文献》(第3卷·战时社会),重庆出版社2008年版,第16页。

[3] 数据来源:《陪都十年建设计划草案》。转引自重庆市档案馆、重庆师范大学合编:《中华民国战时首都档案文献》(第3卷·战时社会),重庆出版社2008年版,第21页。

[4] 参见萧超然、沙健孙主编:《中国新民主主义革命史简编》,广东人民出版社1982年版,第377页。

[5] 数据来源:《国家总动员会议工作报告书》(1943年9月)。转引自重庆市档案馆、重庆师范大学合编:《中华民国战时首都档案文献》(第2卷·战时动员),重庆出版社2008年版,第305页。

（1）禁绝烟毒。国民政府鉴于鸦片危害至深，遂下令限期将全国烟毒一律戒绝净尽。重庆市1939年经由市政府第32次市政会议议决，设立烟民勒戒所。凡与勒戒烟民有利者，无不竭力督饬改善，期于最短限间将烟民完全肃清，以加强抗战建国之力量。烟民入所后，由训育股登记室登记，即由医院调研组登记，根据其瘾量之大小、体质强弱以及有无疾病而酌发各种施戒药剂。每日分3次发给，按日逐渐减少，通常以5日停药者最多；瘾小者则日数较少，瘾大者可酌加日数，总以能够脱瘾为目的。停药以后休养7日，休养期间由本所训育股给予训话，以恢复其体魄，并坚定不再吸毒之信念。1939年9月1日至1940年5月14日，共收容男烟民5981名、女烟民1820名，共戒绝男烟民5981名、女烟民1699名。估计尚有烟民3万人左右。[1] 由于产地不能完全禁种、运销不能完全禁绝、禁烟权职不能完全统一等弊端，重庆市烟毒不能禁绝。

（2）取缔娼妓。作为一种历史现象和社会现象的娼妓与人类社会如影相随，至今不离。南京国民政府建立之初，曾在首都南京发布了禁绝全城所有妓院的命令（1928年7月30日），欲把南京作为全国废娼的表率，以期在全国逐步废除娼妓。但是由于国民政府及地方政府并未废止公娼制度，禁娼屡禁不绝。战时国民政府也曾向各省下达过废娼令。如为取缔娼妓一案电请查照（1943年5月）写道：特奉蒋委员长，交下京沪杭甬铁路特别党部主任，夏恩临H歌电一件内第（五）项，以少数地方，娼妓群体奢淫不堪，请令禁绝案。认为娼妓不仅有害善良风俗，影响民族健康，且藏垢纳污，妨碍治安生产，为期振衰起废去除淫靡恶习起见，凡属私娼歌女，殊有严行查禁之必要。但这种取缔仍指私娼，政府并没说要废除公娼及其制度。实际上，在抗战最紧张的1940年，蒋介石就曾下令要取缔娼妓。[2] 1938年12月13日《国民公报》报道，重庆市警察局依照以前颁布的取缔流娼办法，在较场口、小什字等地逮捕流娼102人。[3] 娼妓行业容易导致人口拐卖、疾病传染、道德低下等社会问题，同时也容易滋生妨害风化（略诱）、妨害家庭（奸通）、堕胎等犯罪。

---

〔1〕 数据来源：《重庆市烟民勒戒所工作报告》（1945年5月）。转引自重庆市档案馆、重庆师范大学合编：《中华民国战时首都档案文献》（第3卷·战时社会），重庆出版社2008年版，第211页。

〔2〕 参见湖北省档案馆LS3－1－912、913，转引自张超：《民国娼妓问题研究》，武汉大学2005年博士学位论文。

〔3〕 参见重庆市档案馆、重庆师范大学合编：《中华民国战时首都档案文献》（第3卷·战时社会），重庆出版社2008年版，第227页。

(3)严禁赌博。针对内迁机关公务员及眷属打牌聚赌的风气浓厚现象,行政院于1940年12月14日发布训令,要求各机关长官对所属人员“严切规诫”,务期“湔除恶习,力挽颓风”。[1] 1942年2月8日《中央日报》报道,该训令颁行后“收效甚好”,“自即日起”,重庆卫戍总部将严查一切赌博行为,“不论高低级文武官吏,不问男女老幼”,一经查觉,即行逮捕,同时没收赌具赌资,赌资留存空袭救济之用,赌具一律焚毁。部队军人赌风甚炽,伤风败德,破坏纪律,“若非严厉取缔,影响抗战非浅”,国民党军事委员会公布实施了《取缔军人赌博暂行办法》,共17条,对于军人犯赌博罪进行军法惩处。如军人在营区内赌博,处三年以下有期徒刑;营区外赌博,处一年以下有期徒刑;因赌博而贻误要公或酿成事故的,加重刑罚;部队长官犯赌博罪的,从重处罚。赌博罪的查缉由各地宪兵负责。同时,对于民间赌博问题,重庆市政府亦予以查禁,然屡禁不止。如1944年6月,“重庆市区近年赌风日炽,赌博摊子随处可见,警察多不纠正,反参加共赌,影响市容及中外观瞻”,军政部致函重庆市政府严加取缔。[2] 赌博的恶习危害个人的身心健康,影响家庭和睦及社会稳定,容易滋生社会问题;而公务员及军人赌博,则败坏政府形象、影响执政党地位。

(4)大力开展社会救济工作。由于战争前线军事失利,战区难民日益增多,国民党中央社会部制定救济难民四项原则,规定战时慈善事业以救济难民、保育难童为主要工作,同时拟开办工厂,容纳入川难民从事生产工作。战时重庆各救济机关、社会团体根据国民政府的救济政策,制定了本部门的救济措施,积极开展各项社会救济工作。救济内容主要有建立收容所、发放救济费和实物、医疗救助、疏散安置、职业介绍、组织生产自救等,并针对难民群体中的老人、儿童等进行了特别救助。如中华慈幼会于1937年设立上海战区难童收容所,收容难童1500余名,开难童教养之先河;1938年4月24日成立战时儿童保育会四川分会;1945年设立国际难童教养院。1939年9月成立的重庆市赈济会在1939年至1943年的工作情况可以反映重庆社会救济的实际效果,如在1940年接收乞丐收容所,在空袭时设立茶粥站放赈,补助各救济机关经费,办理平价粥厂等;在1941年计发救济费6870.63元,新收乞丐214名,改平价粥厂为平价食堂,廉价供应,实发征

---

〔1〕 参见重庆市档案馆、重庆师范大学合编:《中华民国战时首都档案文献》(第3卷·战时社会),重庆出版社2008年版,第223页。

〔2〕 参见《军委会办公厅致市政府公函》(1944年6月15日),转引自重庆市档案馆、重庆师范大学合编:《中华民国战时首都档案文献》(第3卷·战时社会),重庆出版社2008年版,第225页。

属优待费10万元;在1942年救济贫民难民1884人,新收游民632人,平价食堂供应26036人,实发征属优待费134300元;在1943年计发救济费433329.2元,新收难民745人,介绍116名来渝难民赴贵阳等地工作,平价食堂供应140739人,实发征属优待费333600元。[1] 战时社会救济政策及措施的实行,产生了积极影响,提供了部分难民的基本生活保障和就业服务,为抗战输送了后备力量,有利于全民抗战。

(5)提倡新风俗。为转移社会风气,改善民间陋俗,国民政府以"新生活运动"为准则倡导新风俗。内政部于1944年5月9日,将以前颁行的《禁止蓄婢办法》、《禁止妇女缠足条例》、《废除卜筮星相觋堪舆办法》及《加强查禁社会群众神权迷信办法》合并修订为《查禁民间不良习俗办法》,共计12条;对于崇拜神权迷信、妇女缠足、蓄养婢女、童养媳、堕胎溺婴等不良习俗予以查禁,并由县政府具体执行。另外,在婚姻上,提倡男女平等的合理婚姻,反对早婚,提倡集团结婚,举行婚姻登记等。在丧葬上,提倡丧葬以哀敬为主,革除一切无谓叙文,提倡速敛速葬、火葬,废除跪拜礼节。在礼仪上,推行民间短服,尽量使用国货,简约朴素、整齐清洁。还有,倡导生活节约,反对奢侈浪费,取缔公务员宴会,严禁跳舞厅会等。

二、抗战大后方刑事犯罪的概况、危害及成因

(一)抗战大后方的犯罪概况

1. 犯罪高发

在如此动荡不安的社会和经济环境下,战时大后方的秩序不稳、犯罪高发、纠纷不断,直接导致大后方的刑事案件收案率逐年上升。以重庆为例,重庆地方法院1939年刑事案件(公诉部分)新收1688件,旧受42件,计1730件,终结1661件,未结69件。[2] 尽管重庆频繁遭遇日寇空袭,对案件数量有一定影响,但1939年下半年度重庆地方法院工作报告中称"因频遭空袭,民事案件,略为减少,刑事由则反增加"[3],可见,法院受理

---

〔1〕 数据来源:《重庆市赈济会1939年至1943年工作报告》(1944年3月16日)。转引自重庆市档案馆、重庆师范大学合编:《中华民国战时首都档案文献》(第3卷·战时社会),重庆出版社2008年版,第279页。

〔2〕 参见《民国二十六七八年年度司法统计》(上),国民政府司法行政部1943年编印,第44页。

〔3〕 《民国二十八年下半年度重庆地方法院工作总检阅报告表》,重庆市档案馆藏,档案号:0110-326。

的案件数并不因空袭而大幅下降。从1942—1946年所受理的刑事案件数看[1](见表1),刑事案件增长迅速,1944年、1945年度分别以44%、34.5%的速度增加。1946年案件数负增长,案件数量下降与国民政府还都南京,大量政府机关、工矿企业回迁,人口减少有一定关系。刑事案件迅速增长,表明重庆地区犯罪率不断攀升。

表1 1942—1946年度重庆地方法院受理刑事案件情况表

年度	类别	受理件数			终结	未结
		共计	旧受	新收		
1942	刑事	4353	98	4254	3804	549
1943	刑事	6033	449	5584	5981	272
1944	刑事	8684	261	8423	7282	1402
1945	刑事	11714	1402	10312	9840	1874
1946	刑事	9580	1874	7706	8353	1227

2. 罪名

犯罪行为之处罚,以行为时之法律有明文规定者为限。按1935年修订的《中华民国刑法》及各单行条例规定罪名区分,大后方各地方法院受理的第一审刑事案件主要包括渎职、妨害公务、妨害秩序、妨害投票、脱逃、伪证、诬告、公共危险、伪造文书印文、妨害风化、赌博、杀人、伤害、遗弃、妨害自由、妨害名誉信用、窃盗、抢夺强盗及海盗、侵占、诈欺背信及重利、恐吓及掳人勒赎、毁弃损坏、赃物、妨害兵役、违反国家总动员法、违反私盐治罪条例、违反所得税法、违反票据法等。1944年11月《特种刑事犯罪诉讼条例》实施后,内乱、外患、贪污、盗匪、汉奸、粮政、烟毒等案件陆续移归法院管辖。

3. 诸多犯罪与战争密切相关

为了适应战时环境,国民政府制定了一系列特别法令法规。部分法规冠之以"非常时期"或"战时"字样。主要包括以下几方面。第一,与军事、兵役直接相关的法令。如《防空法》《防空法施行细则》《战地守土奖励条例》《军事征用法》《军事征用法施行细则》《兵役法》《修正兵役法施行暂行条例》《妨害兵役治罪条例》《战时补征兵员实施条例》《非常时期征集国民兵抽签实施办法》《申请免役缓召须知》《陆军兵役奖励办法》《陆军兵役惩罚条例》《非常时期监犯调服军役条例》《抗战人员家属保障

[1] 数据来源:《重庆地方法院1942—1946年各年度司法统计报表》,重庆市档案馆藏,档案号分别为:0110-3-112、0110-3-116、0110-3-109。

办法》《抗战功勋子女就学免费》《优待出征抗敌军人家属条例》《出征抗战军人婚姻保障条例》等。第二，单行刑事法令。如《处理汉奸条例》《惩治汉奸条例》《惩治贪污条例》《惩治盗匪条例》《妨害国币惩治条例》《惩治偷漏关税暂行条例》《非常时期维持治安紧急办法》《危害民国紧急治罪法》《非常时期违反粮食管理治罪条例》等。第三，实施经济管制的法令。涉及犯罪的主要有《非常时期过分利得税条例》《查禁敌货条例》《节约建国储金条例》《战时管理进出口物品条例》《战时消费税暂行条例及战时消费税税则》《战时烟类专卖暂行条例》《战时食糖专卖暂行条例》《盐专卖暂行条例》《战时征收土地税条例》《战时田赋征收实物条例》《非常时期过分利得税法》《战时紧急处置公有物资奖惩条例》等。

上述战时法令法规与军事、政治和经济关联，直接或间接地对战争产生影响，具体而言，包括内乱、外患、贪污、盗匪、汉奸、烟毒、破坏粮政、妨害兵役、违反物价管制、违反私盐治罪条例、违反国家总动员法令、违反所得税等刑事罪名。为了有效打击上述危害抗战之犯罪，国民政府一度将这些犯罪交由军法机构审判。抗战胜利后，部分法令法规被修正或废止，这意味着上述行为不再被认定为犯罪。

（二）抗战大后方的犯罪危害

1. 危害军事利益

军事利益指国家在防御外部敌人的武力威胁，保护自身安全活动中的利益，包括战时的动员、戒严、军队组建、作战指挥、后勤保障及平时的军事训练、物资储备、武器研制、国防教育以及对外军事交流等活动中的国家利益。军事利益作为国家利益的重要组成部分，历来为国家法律尤其是刑事法律所着重保护。抗日战争时期，间谍汉奸活动猖獗，具有直接破坏性，成为了日寇的军事帮凶，严重危害中国抗战。日寇除采用残酷的武力进攻外，还派遣和收买大批的汉奸混入党、政、军、群众团体进行阴谋破坏，从事侦谍破坏活动，手法多种多样。如利用女色刺探情报，利用土匪进行破坏活动，利用宗教组织散布谣言、刺探情报等。除汉奸问题外，妨害兵役行为也危害战时国民政府的军事利益。征兵过程中出现大量的兵役舞弊案件，其中以乡镇保甲长妨害兵役最为严重，为此 1938 年 12 月 10 日司法行政部训令[1]要求检察官加大检举力度：

---

〔1〕 参见《司法行政部二十七年十二月十日训字第四五九三号训令》，转引自李生波：《战时司法》，商务印书馆 1938 年版，第 16 页。

查应征兵役，固国民当尽之义务，而征集招募，均有一定之规章。近闻各地办理役政人员，间有故违法令，舞弊营私事情。不惟无以维系人心，抑且妨碍役政推行，其影响抗战前途，实属重大。检察官职责所在，自应随时注意，倘发现上开情弊，应予依法检举，以安民心，而重要政。

2. 危害政治秩序

抗战时期，国民政府官吏贪污是当时最大的政治问题之一。据《新华日报》战时公开报道的贪污案件，约略统计，1942 年为 22 件，1943 年为 34 件，1944 年猛增到 127 件以上，1945 年高达 165 件以上。[1] 抗战时期，国民党各级官吏，大到政府军政要员，小至基层一般职员，以权谋私，贪权纳贿，屡禁不绝。据 1944 年 8 月 15 日《新华日报》刊文说：重庆某政府机关，一年之中发生大小贪污案 110 多起，其中查清法办的有 23 人；其余的有些因来历太大，查办人员不敢在太岁头上动土，有的是私通关节，将就了之，有些是主管串通属僚贪污，暗中将主犯人员释放，还有些根本就查不出究竟。“除了这些虾子之外，还有许多吞舟之鱼，尚未落网。”[2] 除《新华日报》刊登国民政府各级官员营私舞弊、贪污受贿的新闻外，就连国民党中央社也不得不公开报道腐败问题，如 1944 年 12 月 21 日，国民党中央社报道了陆军某师军械主任刘安远盗卖轻机枪 4 挺、步枪子弹 65 箱，得款 50 余万元的丑闻。抗战时期，国民政府贪污腐败风气愈演愈烈，其普遍性和严重程度，大大超过了北洋军阀统治时期。贪污腐败行为不断蔓延，难以遏制，不但侵犯了国民的基本权利，还严重扰乱了战时大后方的经济、政治、社会和文化等层面的程序、规则和秩序，严重毒化了战时的社会环境，影响和破坏了抗日统一战线的凝聚力和社会秩序的良性运行及道德伦理观的取向。

3. 危害经济秩序

战时经济体制是一种特殊的与战争紧密联系在一起的经济类型；战局形势的变化，对经济活动有着强烈而直接的影响。抗战爆发以后，国民政府为长期抗战，集中全部的人力、财力、物力投入战争，以保证能最后获得胜利。因此，国民政府逐渐加强政府对于经济的控制，并最终实现和强化国家对经济的控制权，以适应战争的需求。为此，国民政府实施统制经济，对盐、糖、烟、酒等消费品实行专卖，以求稳定物价和增加财源，于必要

---

〔1〕 参见王彦民：《抗日战争时期国民党腐败之初探》，南开大学 1995 年博士学位论文。

〔2〕 韩辛茹：《新华日报史》，重庆出版社 1990 年版，第 358 页。

时对国家总动员物资进行征购或购办，对物资之生产、贩卖、使用、修理、储藏、消费、迁徙或转让加以指导、管理、节制或禁止，对民生日用品之交易价格、数量加以管制，以确立战时经济体系。以走私为例，日本通过向国统区大量走私其廉价商品的手段套购法币，并把从各地套购的法币，集中运往上海黑市，套取法币外汇基金，使国民政府的外汇损失严重。据统计，从 1938 年 6 月至 1940 年 5 月，日本套取的法币外汇金额在 2 亿元上下。[1] 在抗战全面爆发前后的两三年内，综合各路日货走私数额，每年在 4 亿元以上。[2] 日寇猖獗的走私活动严重破坏了抗战力量，在经济、政治和军事方面都给中国的反侵略战争带来巨大冲击，不仅使国民政府的关税收入锐减，而且还严重破坏了大后方的经济，削弱了国民政府的抗战实力。

4. 妨害社会秩序，损害人身财产安全

民国时期，匪患频发，土匪不仅人数众多，而且几乎遍布各地。这些大大小小的土匪，大都持有武器，有些甚至还拥有根据地，在一些偏僻的乡镇左右地方政权。据统计，四川当地报纸《新新新闻》1937 年 8 月至 12 月，有关匪患的报道达 74 条，每月平均近 15 条；1938 年的 1 月至 12 月，有关匪患的报道有 142 条，每月平均近 12 条，可见当时匪患发生的频率之高。[3] 另外，从 1938 年到 1945 年四川省历年剿匪次数与结果来看[4]（见表 2），抗战时期四川境内的土匪势力十分猖獗。

表 2　四川省历年剿匪次数与结果（1938 年—1945 年）

年　份	剿匪次数	毙匪人数	获匪人数	救护士绅人数
1938 年	1936	4003	505	83
1939 年	1653	5806	413	178
1940 年	915	2056	425	0
1941 年	819	2854	884	11
1942 年	260	505	237	60
1943 年	182	469	202	9
1944 年	274	1061	124	4
1945 年	773	2286	882	36
总　计	6812	19040	3672	381

〔1〕 参见孙宝根：《抗战时期国民政府缉私研究（1931—1945）》，苏州大学 2004 年博士学位论文。

〔2〕 参见常奥定：《经济封锁与反封锁》，1943 年版，第 32 页。

〔3〕 参见高远：《抗日战争时期四川匪患治理研究》，《西南大学学报（社会科学版）》2008 年第 2 期。

〔4〕 参见四川省档案馆编：《抗日战争时期四川省各类情况统计》，西南交通大学出版社 2005 年版，第 199 页。

通过对1937年至1942年四川省匪情严重地区的土匪情况粗略统计[1]（见表3）可以看出，土匪的主要危害表现在抢劫财物、杀人放火、绑架几个方面，情节恶劣、手段残忍。严重的匪患给当地民众的生命财产造成了巨大损失，严重影响了大后方的社会稳定。

表3　抗战时期四川省土匪危害统计略表

年　份	县　区	主要劣迹	资料来源
1937年	中江、资中、酉阳等县	11月，抢攻中江古店场，保长被杀；抢攻资中太平场，拉去“肥主”四人，提走枪支100多支。损失一万多元。	《四川月报》第十一卷第五期，第214页。
		12月，酉阳三带沟匪拘“肥主”百余，龙潭附近川湘路上发生大劫车案，乘客死七人，俘去三人。	《四川月报》第十一卷第六期，第261页。
1938年	阆苍、昭剑，宣汉、长寿、懋功、万源、潼南、南川等县区	1月，土匪设卡收税，川陕路发生劫车案；宣汉樊增店、长寿赵家湾被洗劫。	《四川月报》第十一卷第一期，第151页。
		2月，股匪攻占懋功县城；匪首王三春率众匪攻占万源县城。	《四川月报》第十一卷第一期第147页。
		5、6月，潼南县野猫溪被洗劫，并被纵火焚烧；南川股匪烧耿姓宅，烧死十一人。	《四川月报》第十一卷第五、六期，第282页。
1939年	成都罗家碾、泸县、隆昌等县区	11月15日夜，土匪手持新式手枪洗劫国军孙楚军长眷属住宅。	《新新新闻》民国28年11月20日，第八版。
		11月17日，泸县宜民匪徒抢劫打死住场口连长；隆昌土匪百余人白天洗劫集市绑走绅民数十人。	《新新新闻》民国28年11月19日，第六版。
1940年	酉阳、川湘边境等县区	5月，匪徒七八百人骚扰地方。	《新新新闻》民国29年5月29日，第八版。
1941年	绵竹等县	3月12日，土匪攻入县城杀死县长、党部书记。	《档案史料与研究》1990年第4期，第79页。
1942年	汚县川陕路	3月20日，匪徒冒充警察抢劫车辆。	《新新新闻》民国31年3月22日，第六版。

---

〔1〕 高远：《抗日战争时期四川匪患治理研究》，《西南大学学报（社会科学版）》2008年第2期。

（三）抗战大后方刑事犯罪的成因

自从人类社会出现阶级分化、产生国家和法律后，犯罪作为一种社会病态一直存在，并给人类社会带来了灾难。犯罪的存在，促使人们不断思考其产生的原因。柏拉图认为，人们为了金钱常常是许多犯罪的原因。亚里士多德指出："贫困导致造反和犯罪。"马克思、恩格斯则认为：

> 犯罪——孤立的个人反对统治关系的斗争。和法一样，也不是随心所欲地产生的。相反地，犯罪和现行的统治都产生于相同的条件。同样也是那些把法和法律看作是某些独立自在的一般意志的幻想家才会把犯罪看成单纯是对法和法律的破坏。[1]

犯罪的产生是有一定原因的。犯罪个案的产生都离不开相应的时间、地点及其他相关因素，如果缺乏一定的条件和因素，犯罪就不可能发生，就好像任何植物的成长都需要必要的土壤和气候条件，即使那株植物是有毒的。犯罪也正是因为有了适合它成长的土壤和气候环境，才会生根、发芽。犯罪作为人类进入阶级社会以来，各种社会形态中普遍存在的社会现象，在不同的社会形态中，存在着不同的产生犯罪的原因，而犯罪成因往往也是客观的、复杂的、多元的，它是各种因素相互作用而形成的多角度多变量的罪因系统。大后方的犯罪行为与当时的军事、政治、经济和社会等因素有直接关系，是多种因素作用下的结果，笔者将从以下几个方面分析之。

1. 军事和政治的原因

（1）战争的影响。全面抗战爆发后，国家的中心任务就是抵御日寇入侵、捍卫国家主权，随着国民政府及地方各级政府注意力的转移，各种团伙犯罪乘机作恶。另外，国民政府迁都重庆，确立了抗战大后方，使得西南地区成为支援前线抗战的生息之地，西南各省原来的地方武装力量包括一些维持地方的保安部队被相继调出省境支援抗战。军队及保安部队的调出，使地方维持治安的力量减弱，客观上造成了大后方境内土匪势力的活跃。如表2统计，1938年到1945年间，四川省累计剿匪6812次，击

---

〔1〕 中共中央马克思恩格斯列宁斯大林著作编译局编译：《马克思恩格斯选集》（第3卷），人民出版社1995年版，第379页。

毙土匪 19040 人,俘获 3672 人,这些统计数据从侧面反映出抗日战争时期四川省境内严重的匪患。同时,受战争影响的还有间谍汉奸等犯罪,为夺取战争胜利和达到侵占中国的罪恶目的,日本必然采取收买和利用汉奸“以华制华”的伎俩,派遣汉奸刺探军事情报、刺杀军政要员、散布谣言等。

“社会变化进程造成严重的社会危机,扰乱了现有的社会组织结构,并导致多人产生了失去生活手段的个人危机,违法犯罪成为谋求生存的唯一出路。”[1]战争直接带来动荡不安,引起政治、经济的巨大变化,致使相当多的人在这种突如其来的社会巨变中失去适应协调能力,不能辨明方向,不能分清是非,从而触犯法律导致犯罪。

(2)政局动荡。辛亥革命虽然推翻了封建帝制统治,但帝国主义在中国的势力并没有受到削弱,封建势力依然盘根错节,资产阶级革命果实落到了北洋军阀手里。南京国民政府组建之前,各地军阀以外国势力为靠山,争权夺利,扩充地盘,彼此征伐,形成拥兵割据和连年混战的局面。南京国民政府成立后,尽管有了一个集权的中央政府,但是各地军阀割据的情况并未好转,大小战争不断。抗战大后方的西南各省,混战不止,各种军事力量之间为争夺地方统治权争来斗去,从未停止。年年不断的征战和讨伐,加大了老百姓的赋税负担,军费开支极大,政府财政无力扶持地方经济,与民众生活密切相关的工业、农业、商业得不到有力发展,一些生活无以为继的百姓就落草为寇、占山为王以谋生存。另外,虽然国民政府实施禁烟禁毒政策,但由于军阀、土匪的参与、包庇及日本的走私贩运以及烟毒贸易巨额利润的引诱等原因,大后方各地烟毒问题仍相当严重,不但具体表现在种、贩、运、售等方面,更表现于庞大的吸食人群。

(3)行政低能与吏治腐败。抗日战争时期的国民政府,独裁专制、派系倾轧的官场风气使得各级官员无心政事,任人唯亲、卖官鬻爵等不当用人方式使得任用官员的素质低下,缺乏执政能力。当低素质的人掌握一定的权力后,容易独断专行,恣意妄为,贪污腐化,中饱私囊,对权责范围内的事情敷衍塞责,玩忽职守,使得整个国民政府的行政低能,有令不行和有令不止情况严重。一种法令由上传下,结果仅在掌卷地方多一卷宗,至于法令是否执行,人民有何反应,施行后有何利弊,这些问题没有人去过问。[2]

官清民安,官贪民乱。国民政府的官员用公权力来谋私利,破坏利益

---

〔1〕 陈显容、李正典:《犯罪与社会对策——当代犯罪社会学》,群众出版社 1992 年版,第 364 页。
〔2〕 参见单远慕等编著:《中国廉政史》,中州古籍出版社 1991 年版,第 285 页。

分配的正常格局和合理秩序，必然造成社会矛盾，损害社会公德。四川的鸦片生产片区，在每年鸦片新产时会举行贸易集会，俗称“烟会”。在西昌，来自外地的买主以军政要员的代理人为多，西昌的军政人员则亲自上市收购。宜宾的情况有如下述：

> 烟会开始后，市场也空前繁荣。每天上午下午烟土到处公开陈列，大小店铺和摊贩，遍街都是。尽管离此一千余里便是国民党的陪都——重庆所在地，但这里却无人说禁烟。省内外来到这里赶烟会的人，摩肩接踵，称斤讲价之声不绝于耳。旅馆食店，生意也特别兴隆，各种日用品、食品应有尽有。……随着烟生意而来，便是吃喝玩乐，烟、酒、嫖、赌，混迹其中，平时冷冷清清，连过路狗都要咬人的乡场，一时虚假繁荣，乌烟瘴气。烟贩们这种疯狂的争利和享乐，往往伴随着另一种乐极生悲。那就是烟会期间，抢劫与暗杀不断发生。烟会期间虽然热闹，但那只不过是烟土的陈列展览，所成交的是小量零星的烟、物而已。真正的大批鸦片买卖，是在暗中进行的，烟会市场上是见不到的。〔1〕

这样的情况使得国民政府的烟毒禁政形同虚设，成为一纸空文。在贯彻禁政的过程中，存在不能一视同仁的情况。实际上，公务人员犯禁令而被检举者寥寥无几，碍于情面，未能执法以绳。因而，禁令对某一部分人就没有了约束力。在实施兵役、补充兵员过程中，弊端百出，黑幕重重，存在着严重腐败现象。如在基层，主要依靠保甲长实行征兵，保甲长一般是有钱有势之人，在办理兵役时，或徇私受贿，或拦截商旅，抓丁充数，因而，“保甲长在征兵中的作用受到了彻底的贬评。……贵州的一位征兵官员指责他们是专横的愚昧的和腐败的。对于保甲长的这样的指控通常无疑是准确的。”〔2〕如是，吏治不靖使得大多数禁令无法落实，其社会评价极低，客观上滋生了各种危害行为。

2. 经济的原因

犯罪作为一种社会现象，由政治、经济、教育、文化、道德等多种社会

---

〔1〕 宜宾市政协文史办：《宜宾烟祸纪要》，载四川省省志编辑委员会：《四川文史资料选辑》（第12辑），1964年版，第139页。

〔2〕 ［美］易劳逸：《蒋介石与蒋经国（一九三七——一九四九）》，王建朗、王贤知译，中国青年出版社1989年版，第188页。

因素所决定。其中,经济因素占据主导地位,如马克思所说:"违法行为通常是由不以立法者意志为转移的经济因素造成的。"由于战争改变了整个大后方的经济形态,而产生了不同形态的经济犯罪。抗战时期,重庆从一个内陆商埠逐步变成一个近代国际都市,社会政治、经济、文化等各个方面出现了急剧的变化,如战时大后方贫困失业人口不断增加,物价猛涨,贫富差距加大,流动人口剧增,社会控制力不断减弱等,在社会矛盾严重和社会问题增多的情况下,大后方的犯罪率的上升是必然的。

如 1941 年 2 月 7 日,重庆市警察局制定的《防缉窃盗计划》中分析了重庆市窃盗活跃的原因:"最近本市迭遭空袭,灾区广大,灾民繁众。虽经赈济机关办理急赈,施行普济,然而僧多粥少,受惠仍微。因此生活无着之市民,乃多铤而走险,流为窃盗。""年来生活程度日高,物价飞涨,一般雇佣工人工资微薄,与无业游民无法生活,因而内外相应,巧计百出。复有少数侦缉人员不竭尽心力从事侦察,或缺乏刑事警察常识,致破案迟缓,因而窃盗之风日益加厉。"

就四川的匪患而言,根据抗战期间四川省对盗匪"为匪原因"的调查[1](见下表 4),从 1938 年至 1945 年的几年中,因"生活逼迫"为匪的,在 1941 年、1942 年、1945 年占第一位,超过了"蓄意为匪"等项,说明经济问题是导致匪患高发的重要因素,而"通匪渔利"这项原因亦能从侧面反映出生活困难的因素。

表 4　四川省历年捕获剿匪人数(为匪原因)(1938 年—1945 年)

年份	共计	为匪原因						
		蓄意为匪	生活逼迫	通匪渔利	胁从	诱惑	其他	未详
1938	2144	666	629	10	87	158	52	542
1939	957	232	259	26	36	94	267	43
1940	606	180	147	19	27	43	137	53
1941	832	275	346	21	70	48	50	22
1942	907	201	288	23	89	61	52	193
1943	767	190	175	15	57	112	146	72
1944	310	97	67	17	34	44	51	0
1945	1116	388	393	21	62	36	204	12
总计	7639	2229	2304	152	462	596	959	937

[1] 四川省档案馆编:《抗日战争时期四川省各类情况统计》,西南交通大学出版社 2005 年版,第 200 页。

3. 社会环境的原因

(1)城市化加剧。城市化进程的加速和人口迁移的急剧变动过程同社会监督制约水平之间不适应,导致大后方的犯罪高发。重庆定为战时首都后,内迁的城市人口不断增多,但城市文化教育和治安设施并未随之相应增加。整个抗日战争期间,大后方的政治、经济发生剧烈变化,大量人口内迁,并脱离了原来乡土社会的控制,人们生活在陌生的城市中无法形成原来的社会关系,加上经济条件的恶劣、政治上的不平等等因素影响,这些都加剧了违法犯罪行为的产生。

(2)帮会的影响。中国的教门、帮会迷信团体是封建落后社会的产物,它在传统封建社会濒临解体的历史条件下产生,在中国沦为半殖民地半封建社会后发展起来,盘根错节,枝叶繁茂,名目众多,分布广泛。进入民国以后,教门、帮会更以迅猛的气势向前发展。[1] 随着政府的迁都,沦陷区各大城市的青红帮头目纷纷来到重庆,与重庆的本土势力袍哥,一起构成了战时重庆的主要帮会势力。陪都市民中,80% 的男性成年人都不同程度地参加过袍哥,从繁华市区到偏远乡镇,到处都是大大小小的社会公口。以职业而言,军警宪特自不待说,士农工商、平民百姓,许多人都是袍哥的成员。[2]

(3)新生活方式的冲击与传统道德沦丧。国民政府迁都后,大量官员、商人、外国人和前清遗民栖居于此,随之带来浮华与奢靡的生活方式,逐渐养成追逐流行与时尚的消费心理与消费习惯,并不断影响普通群众。如穿西装、跳舞唱歌、吃西餐、看电影等新兴享乐方式,也成为普通市民追求的一种生活方式。拜金主义和享乐主义等消极思想,使人性张扬的同时,也变得扭曲,大后方出现的很多窃盗、贩毒、暴力等犯罪与此密切相关。

4. 个体的原因

由于人性不是一成不变的,是会随着外部环境变化而变化的,因而即使是有很好的人性基础,作为主体的人在各种不良思潮和利益的诱惑下也可能使道德制约作用弱化甚至丧失道德,从而导致犯罪行为发生。伴随着政府迁都,各种社会思想也大量传入后方,其中拜金主义和享乐主义等消极文化的侵蚀也给社会的治安稳定带来了不利影响。从大后方各种罪犯的身份、职业上来看,其中有无视法律、投机取巧者,也有因生计所迫而铤而走险者。

---

〔1〕 濮文起:《秘密教门——中国民间秘密宗教溯源》,江苏人民出版社 2000 年版,第 328 页。

〔2〕 陈文明编著:《帮会秘事:重庆旧闻录 1937—1945》,重庆出版社 2006 年版,第 118 页。

家庭状况同样也是产生犯罪的重要方面。家庭关系的巩固、完善,会对犯罪动态产生积极的影响,相反“家庭破裂,丧失父或母及其在教育方面的降低,家庭出现冲突和犯罪苗头,会对犯罪动态产生消极的影响”[1]。重庆1937年至1946年的男女比例,除前两年为100:73外,后面八年均在100:63左右[2],整个城市处于男多女少、性别比例失衡的状态中。

三、抗战大后方刑事审判改革的原因

虽然大后方不时受到战火冲击[3],但是其相对于沦陷区而言,整个政治环境较为稳定;大后方虽然受到战争的影响,但其司法体制却并未发生大的改变。立法机构基本保持正常运转。国民政府在组织抗战的同时,并未放弃立法工作。从1938年立法院在重庆重新开始集会到1945年国民党第六次全国代表大会召开时为止,其间立法院共开会155次,议决法案791件,其中法律案463件。[4] 立法院颁布的法令主要集中在军事、政治、经济以及司法等领域,战时法令的颁布给刑事审判提供了法律依据。

1. 战争的直接影响

战争使得中国国土暂时分裂,沦陷区和大后方的交通、通信中断,原本正常运作的司法体制支离破碎,如最高法院与沦陷区的各级法院、沦陷区各级法院之间的联系中断;战火直接威胁各地看守所的囚犯、参与庭审的相关人员的人身安全,若不能加快审理速度、化解积案,势必加大刑事诉讼参与人员的危险性。与之直接相关的还有,与战争直接关联的犯罪增加,如汉奸、违反军律犯罪、妨害兵役犯罪等大幅增加,给受理机构带来了很大的办案压力。

2. 制度的流弊

1935年修订施行的《中华民国民事诉讼法》和《中华民国刑事诉讼法》,这两部程序法典,程序繁杂,为国人诟病。孟长泳在1943年的《吾国司法之检讨》中谈道:“抗战发生以后,社会一切情形,均呈极剧烈之变迁。

---

〔1〕 陈显容、李正典:《犯罪与社会对策——当代犯罪社会学》,群众出版社1992年版,第141页。

〔2〕 数据来源:《陪都十年建设计划草案》。转引自重庆市档案馆、重庆师范大学合编:《中华民国战时首都档案文献》(第3卷·战时社会),重庆出版社2008年版,第21页。

〔3〕 1938年至1944年,日本为摧毁中华民族的抗战意志,对重庆及其周边地区实施“航空进攻作战”,开始了长达6年之久的战略轰炸。

〔4〕 参见《国民党第六次全国代表大会立法院工作报告》(1945年),南京图书馆特藏部藏。转引自陈书梅、陈红民:《抗日战争时期立法院的立法工作述论》,《苏州科技学院学报(社会科学版)》2005年第4期。

战前公布之民刑法规，多不足以应实际之需求，尤以诉讼程序部分，目前即有扞格难于行之处。”[1]司法行政部在其公文中也多次提出：“1935 年公布之民刑诉讼法对于诉讼程序规定过繁，应以简化以期便民。”[2]“现行民刑诉讼程序之繁复，司法人员办案之稽延，即轻微之案件，动辄经岁始得判结，当事人讼累不堪，社会秩序亦多受影响，确为现今司法之诟病，亟应彻底改进。”[3]司法工作，能否准情适法，为人民彻底的尊重，赤诚的拥护，以司法制度的优劣，和组织是否应全为转移。中国现行的司法制度，是否符合国情，是否取得人民的感信，是否适应时代的需要，是一个值得研究的问题，它的最大的流弊：审级的重叠，程序的复杂，和费用的虚耗，使富有者疲于奔命，穷苦者望洋兴叹，实际上很难享受到法律保障人权的利益。张庆桢在《抗战建国程序中的司法改造》中，具体对于司法制度的流弊阐述如下：

> 第一，审级的重叠：依现行的法院组织法，中国是实行三级三审制度。从形式方面看来，以地方法院，管辖第一审；以高等法院，管辖第二审；以最高法院，管辖第三审；秩然有序，整齐划一。但是，在实质方面，可议之处，所在皆有。譬如一个刑事的公诉案件，往往警察机关，转检察机关；由地方法院，而高等法院；而最高法院，要经过五种机关的审理，继后有确定的判决。而在这五种机关的辗转过程中，公文的往返，不知其有若十次；法官的更迭，又不知其有若干次；被告人趁此机会，翻供串证，饰词狡辩，诈伪百出，真相不明；结果，狡黠者，幸逃法网，无辜者，拖累无穷；而案件经年累月，不能解决；不但是虚耗国家的经费，而且司法的威信，也扫地无余，刑事如此，民事可知。所以审级愈多，经费的虚耗也愈大，而司法人才的集中，更觉不易。
>
> 第二，程序的复杂，诉讼的手续，贵在敏捷，然后继便利人民，减少当事人的痛苦，现在中国诉讼程序的复杂和琐碎，最容易为当事人所利用，一般狡黠健诉的人，往往藉抗告、再审、上诉、再上诉等等手续，使案件久悬不决，以欺压乡愚，蹂躏弱者，

---

[1] 孟长泳：《吾国司法之检讨》，《东方杂志》1943 年第 8 期。

[2] 台湾“司法行政部”编：《战时司法纪要》，台湾“司法院秘书处”1971 年版，第 7 页。

[3] 《司法行政部三十二年三月二十五日民字第一七九九号训令》，载台湾“司法行政部”编：《战时司法纪要》，台湾“司法院秘书处”1971 年版，第 150 页。

而到达操纵诉讼，左右当事人的目的。因为一个法官的一举一动，都要受程序法的束缚；所以，对于一个显然无理的案件，几句话可以判断，而必须专案审讯，至再至三。对于一个几百元诉讼标的的案件，而判牍连篇，文书盈尺；可以立刻判决，而不能判决；可以马上执行，而不能执行，拖延案件，莫此为甚。又譬如抗告制度。纯属程序问题，于一个案件的实际方面，并无关系可言。假如一个民事案件，在强制执行中，然一经抗告，法院就应该将卷宗送达到抗告法院，依法审理，而执行的法官，便无卷可凭，不得不无形停顿。甚至案已上诉第三审，因违背专属管辖规定，又必须移送于第一审法院，重为审理。因此，法官的有用精神，大半消耗于无谓的诉讼程序中，而当事人的生命财产，又往往牺牲于诉讼手续中，而不自觉。这是如何痛心的事情！

第三，诉讼费用的繁重。稍稍有诉讼经验的人，没有不知道，中国法院，征收诉费的苛刻与繁琐。譬如一个民事案件，开始审理后，其诉费的征收，确是名目繁多，不胜枚举：如审判费，状纸费，抄录费，勘验费，送达费，上诉费，甚至于鉴定费，查封费，翻译费，广告费。最可怪者，民事判决确定后，依法强制执行，为法院固有的职权，本不应要当事人声请的。乃必须当事人缴纳声请费用，呈递书状，方能执行。而此项声请，又费一次所能济事。如声请查封，声请拍卖，声请估价，声请减价，每一次的声请，必须缴纳一次的费用，经过多次的声请，必须缴纳多次的费用，到了终结，更须缴纳强制执行费用，其他如吏警的狼狈为奸，衙役的需要赏资，剥削株求，无所不用其极，假如遇着一位奉公守法、办事敏捷的执行推事，则虽耗费了许多费用，还可以稍有所得。否则，遇着一位堂高廉远、毫不负责的执行推事，即一再拖延，迟迟不理，虽一再声请，而因循如故，致当事人虚耗费用，而毫无所得，以法院为畏途，视推事如蛇蝎，审判的威信，坠丧无余，这又是何等痛心的事情！俗语说得好，"衙门八字开，有理无钱莫进来"，以现在的中国司法制度而言，确是千真万确的事实。——虽有"诉讼救助"的规定，但在实际上，是很少实行的。

孟德斯鸠说过："法律，是规律人类共同生活的轨范。不但是，要与国家的政权，国土的质狭相适合；而且，对于遭遇的时势，民智的程度，国民自由的范围，及人民多数的意向，无不宜详加考虑，务求其当。"法律如此，其制度，何独不然。所以，一个国家的司法制度，最重要的条件，就是要顾及人民的实际生活，适应时代的人群需求，不背国情，不违潮流。……因此，作者认为改造司法制度，也是抗战建国同时进行中的最基本最重要的工作，同时，也是争取最后胜利的最基本最重要的条件。[1]

3. 法院的困顿

战时大后方的法院经费紧张，入不敷出。尽管从1941年起，针对司法经费因由地方政府负担，容易发生行政干涉司法的弊病，司法行政部会同财政部商定，全国无论战区或非战区的司法经费均由国库负担。[2] 这稍微缓和了大后方法院财政的紧张状况，但是法院经费短缺仍然严重。抗战后期，由于物价高涨、通货膨胀等原因，法院经费更为困顿。如表5[3]所示，1944年重庆地方法院的赤字率近180%，1945年近94%，1946年竟达到330%；其中职工工资发放不足额，1944年为六成，1945年为七五成，1946年为七成。

表5　1944—1946年度重庆地方法院预算和支出报告表（单位：法币元）

年　份	类　别	共　计	俸　薪	办公费	购置费	特别费
1944年	预算	488360.00	302244.00	102648.00	24852.00	58616.00
	实支	1357300.73	185478.02	1002941.92	108581.00	60299.79
	赤字	868940.73	116765.98	-900293.92	-83729.00	-1683.79
1945年	预算	2960112.00	295860.00	1583652.00	216000.00	864600.00
	实支	5732800.37	222143.40	3524773.17	1098016.00	887867.80
	赤字	-2772688.37	73716.60	-1941121.17	-882016.00	-23267.80
1946年	预算	4000000.00	326400.00	1642000.00	621000.00	1410600.00
	实支	17238537.22	231535.58	7389367.90	628260.00	8989373.74
	赤字	-13238537.22	94864.42	-5747367.90	-7260.00	-7578773.74

法院经费紧张，工资发放不足，导致职员生活困苦，无心本业。尽管国民政府给予法院职员一定的生活补助，如1945年1月国民政府就对重庆地方法院全体职员192人，按等级和薪俸基数给予战时生活补助。其

〔1〕张庆桢：《抗战建国程序中的司法改造》，《新民族》1938年第4期。

〔2〕台湾"司法行政部"编：《战时司法纪要》，台湾"司法院秘书处"1971年版，第399页。

〔3〕数据来源：《民国卅三年度重庆实验地方法院机关事业行政经费报告表》《民国卅四年度重庆实验地方法院机关事业行政经费报告表》，档案号：0110－3－116，重庆市档案馆藏。《民国卅五年度重庆地方法院机关事业行政经费报告表》，档案号：0110－3－109，重庆市档案馆藏。

中院长11750元，首席检察官10400元，庭长8600元，推事8300元，最低者庭丁2380元。[1] 但仍是杯水车薪，如四川高等法院第一分院全体录事联名上书给院长，要求改善待遇，内称：

> 为生活增高，协恳设法救济，以维现状事：自近月以来，百物腾涨，薪桂米珠，数倍曩昔。职等所有微薪实感入不敷出，寅食卯粮，债台高筑，不但仰事储蓄之不能，即个人生活亦大有不能维持之势，深知国难方振，凡我青年，均宜卧薪尝胆，努力从公，以尽国民天职，但衣食为重要问题，今职等食不饱，衣不足，焉能尽力办公？虽蒙钧长迭次设法维救，然今生活程度逐日增高，已成杯水车薪之势，各级长官虽曾代清津贴以资救济，迄今半载，仍属画饼充饥，无补实际。职等现尚能勉力支持者系以衣物、被褥等典卖以补不足，若长此如斯，实维为继，为此协恳钧和、首席，俯鉴微衷，迅赐设法维持现状，以济眉急，不胜迫切待命之至。[2]

抗战期间，各级法院职员也有增加，但是增加人数不多，且多为书记官、庭丁、录事和执达员，法院职员的流动性较大，特别是推事和检察官。如1944年重庆地方法院到职52人，离职35人。1945年到职124人，离职26人。[3] 除了正常的调迁外，有些司法人员辞职去当了律师。如此，法院的人手不足，但是案件受理数不断增加，人均办案数不断上涨。如以重庆地方法院职员总数来计算，1943年、1944年、1945年法院人均年办案数分别为81.6件、76件、99.9件；以推事人数计算，1943年、1944年、1945年，推事年人均办案分别为811件、1059件、1199件。[4]

---

[1] 参见《民国三十四年一月重庆实验地方法院职雇员请领战时生活补助清单》，重庆市档案馆藏，档案号0110－4－15932。

[2] 四川省高级人民法院院志编辑室编：《四川审判志》，电子科技大学出版社2003年版，第76页。

[3] 参见《民国卅三年度重庆实验地方法院机关事业行政人员报告表：本年内离职人数、学历与出身》《民国卅四年度重庆实验地方法院机关事业行政人员报告表：本年内离职人数、学历与出身》，重庆市档案馆藏，档案号：0110－3－116。

[4] 重庆地方法院收案总数：1943年12164件，1944年15884件，1945年17983件。资料来源：重庆地方法院1943—1945年各年度司法统计报表，档案号分别为：0110－3－112、0110－3－116、0110－3－109。重庆地方法院职员总数：1943年149人，1944年209人，1945年180人，法定推事人数为15人。资料来源于重庆市档案馆馆藏的以下档案：《民国卅二年度重庆地方法院职员学历表》，档案号：0110－3－113；《民国卅三年十二月底重庆实验地方法院各部分员役与薪饷机关事业行政人员报告表》《民国卅四年度重庆实验地方法院机关事业组织报告表》，档案号0110－3－116。

4. 案件积压、久拖不决

在大后方法院经费、人手均不足的情况下，各类案件激增，案件积压和超审限办结的现象严重。如时任司法院长的居正在《一年来司法之设施》中总结了最高法院在1938年度的收案结案统计：

> 最高法院迁渝之初，遵紧缩办法，裁减民刑九庭，本年（1938年）九月因积案过多，始饬复一庭，除在上海特区所设之分庭外，现有民事三庭，刑事五庭，又以卷宗繁重，运轮困难。本年三月始分批开齐，首将选论以前已结案件。未及缮印裁判正本发送卷宗者，先赶办送出，至未结案件，在本年一月份原积压至一万二千一百余件，现经努力清理结果，至十一月底止已减少至九千余件，其中大部分均为无法办理者，综计十一月来，最高法院共收案件一万一千零二十三件（十一月份上海分庭收案未列入），内民事收案五千五百三十七件，刑事收案五千四百八十六件，共结案一万三千四百七十件（十一月份上海分庭结案未列入），内民事结案六千九百八十六件，刑事结案六千四百八十四件。[1]

又如重庆地方法院在1943年、1944年、1945年、1946年度未结案件分别为695件、1752件、2436件、2123件，分别占同年度受理案件总数的5.7%、11%、13.5%、14.4%。刑事案件分别占各年未结案总数的39%、80%、76.9%、57.8%。[2] 再如，1944年度重庆地方法院受理刑事案件总共8684件，其中第一审案件5014件占57.7%，附带民事诉讼案件占6.3%，其他案件占36%。终结案件7282件占受理案件的83.9%。终结案件中，第一审案件占49.9%，附带民事诉讼案件占7.3%，其他案件占42.8%。其中一个月内终结案件，第一审案件占40%，附带民事诉讼案件占5%，其他案件占55%。三个月终结案件，第一审案件占49%，附带民事诉讼案件占6.4%，其他案件占44.6%。超过三个月终结案件，第一审案件占66%，附带民事

---

〔1〕 居正等：《抗战与司法》，国立出版社1939年版，第14页。

〔2〕 虽然未结案件中包括部分新收案件，但未结案件远超过该年月平均收案数，也超过该年月平均结案数。参见重庆地方法院1942—1946年各年度司法统计报表，档案号分别为：0110－3112、0110－3116、0110－3109，重庆市档案馆藏。

诉讼案件占 29%,其他案件占 5%。[1]

对于诉讼效率低下的情况,司法行政部屡屡对法院工作进行督促。从《司法行政部二十八年三月三日训字第八五三号训令》[2]可以窥见一斑:

> 查各省未普设法院,各县设置县司法处审判,派有专司,将以祛积弊而解民困也。乃近查各该处,诉讼案件乃不免多所积压,非特使当事人感拖延之苦,抑恐贻社会,以指谪之端况,诉狱延不请、羞羁押即多稽滞。丁兹国难严重时期,因是重增人民疾苦,尤非所宜。本部长惩前毖后,良用滋惧,各该院院长负有监督之责,丞应体察各处情形,按照实际需要,酌就呈准登记分发该省各院办事法官,分别调往清理积案,如各处同时进行人员,或感不敷,可先就积案较多之处着手,俟该处清理完毕,再行调赴他处。务期人尽其才,案无留牍,以安定后方,而促进法治。至此项调派清理人员,除仍支原领生活费外,并得酌给津贴及旅费,用示体恤。关于经费来源暨如何分配,即由该院长妥筹办法呈报候核。一面将各县法收切实整顿,俾收入增加籍资挹注,除分令外,合行令仰,遵照此令。

1943 年 3 月 25 日,司法行政部训令强调:“现行民刑诉讼程序之繁复,司法人员办案之稽延,即轻微之案件动辄经岁始得判结,当事人诉累不堪,社会秩序亦受影响”,“各级司法人员对于诉讼案件务须依照法令迅速办理,凡刑事不得逾越审限规定之期限,民事亦不得稍有稽延,务期促进司法效率,增加司法威信”。[3]

于是,在种种内因和外力的推动下,国民政府认识到战时法制改革的必要性与紧迫性,便在大后方开展了一系列调整和改革,以适应整个社会环境剧变所带来的新形势。[4]

---

〔1〕 资料来源:《民国卅三年度重庆实验地方法院第一审刑事案件总报告表》,重庆市档案馆藏,档案号:0110-3-116。按照《刑事诉讼审限规则》规定,刑事案件除简易程序外,应在 22 日内审结,复杂或牵连之案件,可展期一次,但最长不超过 44 日。

〔2〕 参见台湾“司法行政部”编:《战时司法纪要》,台湾“司法院秘书处”1971 年版,第 146—147 页。

〔3〕 《台湾“司法行政部”训(民)字第一七九九号训令》,载台湾“司法行政部”编:《战时司法纪要》,台湾“司法院秘书处”1971 年版,第 150 页。

〔4〕 参见张伟:《抗战大后方刑事审判改革研究》,《河北法学》2013 年第 3 期。

第二章 抗战大后方刑事审判的法律依据

法律需要稳定,但更需要变更。

南京国民政府是中国近代史上法律制度发展到巅峰时期的典型代表,其在继承清末、北洋政府法制的基础上,展开了频繁的立法活动。[1]在成立后的数年里,国民政府先后制定和颁布了刑法、民法、刑事诉讼法以及民事诉讼法等,"六法体系"基本完成,奠定了国民政府的法律基础。《中华民国刑法》《中华民国刑事诉讼法》成为国民政府刑事审判重要的法律依据。

1937 年七七事变后,中国进入全面抗战时期。"自抗战军兴,全国局势与社会状态均起剧烈之变化,平时法律多不适用,或须订立新法,以期适应抗战形势之需要。"[2]为此,抗日战争时期,当整个中华民族最重要的任务是抵抗日寇侵略和保家卫国时,国民政府根据战时社会的政治、经济状况,颁布了诸多战时法令,以惩治犯罪,维护社会稳定和民众生命财产安全,以支持抗战。这些战时特别法令,成为当时司法审判的主要法律依据。下面将重点梳理和探讨国民政府在战时刑事方面的立法调适。

一、《中华民国刑法》与战时特别刑法

司法审判不可能脱离实体法而独立存在,它与实体权利联系密切。"审判程序和法律应该具有同样的精神,因为审判程序只是法律的生命形式,因而也是法律的内部生命的表现。"[3]"如果审判程序只归结为一种毫无内容的形式,那么它就没有任何价值了。"[4]由于实体法决定了司法裁断的内容,无论经过何种程序,法官最终都要寻找到适合于具体案件的实体法律规定。程序法的规定始终是为了支持一个案件可以最终找到恰当的实体法律,从而实现实体权利,而实体权利是由实体法律规定的。战时大后方的刑事审判,其依据的实体法律是《中华民国刑法》及大量刑事单行条例。

---

〔1〕 参见陈金全主编:《中国法制史》,中国人民大学出版社 2008 年版,第 289—290 页。

〔2〕 孙科:《抗战四年来之立法》,载军事委员会政治部编:《抗战四年》,军事委员会政治部 1941 年版,第 31 页。

〔3〕 中共中央马克思恩格斯列宁斯大林著作编译局编译:《马克思恩格斯全集》(第 1 卷),人民出版社 1965 年版,第 178 页。

〔4〕 中共中央马克思恩格斯列宁斯大林著作编译局编译:《马克思恩格斯全集》(第 1 卷),人民出版社 1965 年版,第 178 页。

（一）《中华民国刑法》

国民政府定都南京后，于1928年3月10日颁布了《中华民国刑法》，作为南京国民政府的第一部刑法典。施行不久，“即感觉其诸多内容既不甚符合国情，又未能吸收各国最新立法经验”，各地法院纷纷请示最高法院和司法行政部要求释法。加上各类特别刑事法令有增无减，层现叠出，不能划一。于是，立法院于1931年底成立刑法起草委员会，草拟修正案，耗时近三年，四易其稿。1934年下半年，立法院三读通过修正案。1935年1月1日，国民政府公布了修正后的《中华民国刑法》，同年7月1日起实施。

修正后的《中华民国刑法》史称“中华民国新刑法”，包括总则、分则两编，共357条。总则编主要规定：法例、刑事责任、罪数、量刑、保安处分等。分则编规定具体罪名，如有内乱外患罪、渎职罪、妨害投票罪、杀人罪、公共危险罪、妨害风化罪、伪证及诬告罪、妨害婚姻及家庭罪、鸦片罪、伪造货币及有价证券罪、赌博罪、伤害罪、窃盗罪等。在刑种方面，分别规定了主刑和从刑。主刑分为死刑、无期徒刑、有期徒刑、拘役和罚金五种。从刑分褫夺公权与没收两种。其中，有期徒刑的刑期为2个月以上、15年以下，最高累加至20年。拘役期限为1日以上、60日以下，最高不超过120日。罚金为1元以上。褫夺公权主要指剥夺公务员录用资格和行使选举权、罢免权、创制权、复决权的资格。违禁物、供犯罪所用或供犯罪预备之物、因犯罪所得之物均可没收，没收亦可单独适用。

作为对刑种的补充，修正后的《中华民国刑法》设立了刑罚易科制度。对于一些轻微犯罪，虽然依法作出刑罚判决，但由于存在某些特定原因，对于罪犯不执行刑罚更为适当时，可根据刑罚易科制度，而改以其他方式替代刑罚的执行。[1] 刑罚易科主要有三种方式：易科罚金，易服劳役，易以训诫。

同时，修正后的《中华民国刑法》将刑事责任年龄改为14岁，并设立了“保安处分”专章，有以下内容：未成年人犯罪之感化教育处分，精神病人犯罪之监护处分，吸毒酗酒者之禁戒处分，习惯犯和懒惰成习而犯罪之强制工作处分，患性病和麻风病者之强制治疗处分，外国人犯罪之驱逐出境处分，宣告缓刑和其余处分实施前可付保护管束。引入保安处分制度标志着刑法理论由客观主义转向主观主义、由行为责任转向行为人责任，

---

〔1〕 朱勇主编：《中国法制通史》（第9卷），法律出版社1999年版，第650页。

体现着时代特征。

刑法修正案通过后，梅汝璈[1]发表如下感慨，一语中的：

> 我们中国是一个政治落后，经济落后，教育落后的国家，这是毋容讳言的。但是在法律方面，我们却又顶欢喜采纳世界上最时髦最进步的制度和条文。所以结果常是那些制度和条文在实际上每每形同虚设，等于具文。即拿现行刑法而论，它有缓刑制度，它有假释制度，它有感化教育，它有监护制度。可是，在实际上，这些制度几乎等于虚设！这是稍微关心中国司法实况的人们都知道的。这次修正案又凭添了许多种的保安处分，如戒酒，戒烟，强制工作，强制治疗……几乎应有尽有。然而，它们在实际上将来是否能够不等同具文，是否能够不和其他种种制度陷于同一的命运，那却是一个绝大的疑问。我们虽不愿责备立法当局只务高远，不顾国情；但是我们却不能不希望司法和行政当局加倍努力。以期立法和司法行政能够渐渐地走到一根水平线上去。换句话说，我们希望条文上的法律制度和实际上的法律制度能够渐渐地趋于一致，不要彼此的距离相差太远。[2]

（二）战时特别刑法

刑事法律，是规定国家具体的刑罚权之存否及其行使程序之法规。国家行使刑罚权，本以犯罪为前提。然实施何项行为，方构成犯罪；对该犯罪，应科以何种刑罚；在现今采罪刑法定主义，为其刑事立法根本原则之诸文明国均以法律明文规定之。其规定此罪行之法规，谓之刑法；遇有犯罪案件发生时，对之应如何追诉，如何审判及如何执行。其规定此项程序之法规，谓之刑事诉讼法。刑法乃规定国家具体的刑罚权之存否之实体的法规；而刑事诉讼法，乃规定国家行使刑罚权之程序的法规。故刑法为实体法，刑事诉讼法为程序法。刑事法，即包括刑法及刑事诉讼法而言。因其适用范围之不同，尚得分为普通与特别二类。其规定在国权所

---

〔1〕 梅汝璈（1904—1973年），江西南昌人，法学家及律师，1946年于远东国际军事法庭任中国代表法官，参与东京审判。

〔2〕 梅汝璈：《刑法修正案的八大要点评述》，载何勤华、李秀清主编：《民国法学论文精萃》（刑事法律篇），法律出版社2004年版，第40页。

能及之范围内,不论何人、何时、何地、何事项一般所适用者,为普通刑事法。如《中华民国刑法》及《中华民国刑事诉讼法》是其规定特定之人、时、地或事项所适用者,为特别刑事法。如《危害民国紧急治罪法》《私盐治罪法》《矿业法》《公司法》《破产法》《海商法》《票据法》《船舶法》《著作权法》《军机防护法》《禁烟治罪暂行条例》《禁毒治罪暂行条例》《县司法处办理诉讼补充条例》《县司法处刑事案件覆判暂行条例》等皆属之。[1] 国民政府时期,凡现行刑法及刑事诉讼法以外之一切特别刑事法规均称为特别刑事法。其关于实体之规定者,为特别刑法;关于程序之规定者,为特别刑事诉讼法。特别刑法,为普通刑法的补充,也分单行刑法和附属刑法。

特别刑事法,不论其为特别刑法,抑系特别刑事诉讼法,其内容均以补充普通刑事法而设之特别规定。按特别法优于普通法之原则,普通刑事法与特别刑事法同有规定时,固应适用特别刑事法之规定。其未规定者,乃适用普通刑事法或其他特别刑事法之规定,如《危害民国紧急治罪法》第10条、《禁烟治罪暂行条例》第23条、《禁毒治罪暂行条例》第22条等均定有明文。特别刑法,其效力与普通刑法相同,始于公布施行,而终于废止。

南京国民政府于1928年颁行第一部刑法典后,还不时公布了一些单行刑法,如1928年3月公布《暂行反革命治罪法》,1928年11月公布《惩治绑匪条例》,1929年9月公布《陆海空军刑法》,1930年10月7日公布施行《陆海空军惩罚法》,1931年1月31日公布《危害民国紧急治罪法》。繁杂的特别刑法,使得法官们无所适从,颇感困难。为此,国民党中央政治会议决议废止部分刑事特别法。故1932年4月,国民政府命令废止《惩治绑匪条例》《惩治土豪劣绅条例》等特别法,而《危害民国紧急治罪法》《惩治盗匪暂行条例》两个条例仍继续施行。但整个刑事法律体系中相互冲突、重复交叉的状况并未得到改观。1935年刑法修正施行后,国民政府仍旧出台了一些特别刑法,如1935年7月15日公布的《妨害国币惩治条例》,同年10月28日公布的《禁烟治罪暂行条例》和《禁毒治罪暂行条例》。国民政府之所以偏爱特别刑法,下面一段话可以说明:

> 民国成立以还所颁行之刑法典,虽三易其内容,但所采者无非西洋之立法原则,殊少顾及中国文化之精神……中国现行刑

---

[1] 参见陈璞生:《中国特别刑事法通论》,中华书局1937年版,第1页。

法之施行所以尚称顺利，实因吾国不时处于动乱年代，刑法之主要条文，悉为特别刑法越俎代庖，设一旦特别刑法废止，而西洋之道德观念未遍及于国人之间，则现行刑法不合中国社会之需要，显而易见。[1]

全面抗战爆发后，中国社会的政治、经济均发生巨变，原社会运行模式中断，原有法律赖以存在的社会基础发生改变，难以适应当时形势。因此，为解决战争带来的一系列问题，在刑事立法方面国民政府及其立法机构修正或颁行一些特别刑法，力图有效打击犯罪，维护社会秩序稳定。

1.《惩治汉奸条例》

战事爆发后，汉奸猖獗，严重危害抗战。国民政府迅速确定和颁布了一系列惩治汉奸的法令。1937 年 8 月 23 日，国民政府军事委员会公布《惩治汉奸条例》，同年 12 月 10 日修正。1938 年 8 月 15 日，重新修正公布了《惩治汉奸条例》，表示对汉奸严惩不贷。该条例共有 19 条，主要规定了汉奸的定性范围及惩处办法，如第 2 条规定，凡通谋敌国而有下列行为之一者，定为汉奸，处死刑或无期徒刑：（1）图谋反抗本国者；（2）图谋扰乱治安者；（3）招募军队或其他军用人工役夫者；（4）供给贩卖、或为购办运输军用品，或制造军械弹药之原料者；（5）供给贩卖、或为购办运输白米麦面杂粮或其他可充实粮之物品者；（6）供给金钱资产者；（7）泄漏传运侦察或盗窃有关军事、政治、经济之消息、文书、图画或物品者；（8）充任向导或其他有关军事之职役者；（9）阻碍公务员执行职务者；（10）扰乱金融者；（11）破坏交通通讯或军事上之工事或封锁者；（12）于饮水食品中投放毒物者；（13）煽惑军人公务员或人民逃叛通敌者；（14）为前款之人犯所煽惑而从其煽惑者。

对于上述汉奸行为未遂犯、预谋或阴谋犯，均罚之。如包庇纵容上述汉奸行为的，以共同正犯论处。明知为汉奸而藏匿不报者，处无期徒刑或七年以上有期徒刑。故意陷害诬告他人犯本条例之罪者，处各该条之刑罚。汉奸罪所得或供犯罪所用，或供犯罪预备之物，不论属于犯人与否，均予没收。犯第 2 条之罪者没收其全部财产，并应酌留家属必需之生活费，由该管地方行政机关执行之并应由执行机关公告之。

关于对汉奸罪的审判，该条例第 14 条规定，犯本条例之罪者，由有军法审判权之机关或部队审判之。其当发生管辖权争议时，呈中央最高军

[1] 蔡墩铭：《唐律与近世刑事立法之比较研究》，台湾五洲出版社 1968 年版，第 346 页。

事机关核定。第 15 条规定,依本条例判决之案件,应于宣判后五日内缮具判决正本,并令被告人提出声辩书,连同卷证呈送中央最高军事机关核定。但有紧急处置必要者,得叙明犯罪事实、适用法条及必须紧急处置理由,电请核示。在接战地域,前项案件授权于战区司令长官代核,补报备案。第 16 条规定,中央最高军事机关于前项呈核之案件得行提审派员莅审或转移管辖。[1]

抗战胜利后,1945 年 12 月 6 日,国民政府修正了《惩治汉奸条例》,主要规定:犯汉奸罪但情节轻微者处五年以上有期徒刑;曾在伪组织或其所属之机关团体服务凭藉敌伪势力为有利于敌伪或不利于本国或人民之行为而为第 2 条所未列举者概依其处断;曾在伪组织或其所属机关团体担任职务未依本条例判罪者,仍应于一定年限内不得为公职候选人或任用为公务员,其详细办法由考试院会同行政院定之;汉奸案件应迅速公开审判。

大后方的各级政府亦制定法令,采取多种措施,奖励人民检举汉奸。如 1939 年 2 月,川康绥署发布七条训令,奖励人民检举汉奸,实行保甲制度中的"连坐法",以防汉奸匿迹活动。1940 年 4 月,为打击汉奸用电台为日寇轰炸重庆报告天气,重庆卫戍司令部悬赏十万元查缉汉奸电台。1940 年 9 月 9 日,又再次悬赏奖励市民捉拿汉奸,捕获者可得千元以下奖金。[2]

2.《惩治贪污条例》

为打击抗战中军人和政府官员的贪污腐败行为,国民政府于 1938 年 6 月 27 日颁行《惩治贪污暂行条例》,共 11 条。这是战时第一个惩治贪污的刑事法规。正文共分贪污的解释、处罚及审判三个部分,在贪污的量刑及处罚审判等方面作出了明确规定。

1943 年 6 月 30 日颁行的《惩治贪污条例》,共 14 条,该条例第 1 条规定,军人、公务员或受公务机关委托承办之人,于作战期内犯本条例之罪者,依本条例处断。其非军人、公务员而与为共犯者亦同。办理社会公益之事务,以公务论,其财物以公有财物论。第 2 条规定,有克扣军饷、盗卖或侵占军用品、索取回扣、违背法令收募税捐公债或擅提截留公款等七种行为之一者,处死刑、无期徒刑或十年以上有期徒刑。第 3 条规定,有盗卖侵占或窃取公有财物、利用职务上之机会诈取财物、要求期约或收受贿

---

〔1〕 参见司法行政部编:《司法法令汇编》(第 2 卷 · 刑事法令),上海法学编译社 1947 年版,第 30—32 页。

〔2〕 参见孟国祥、程堂发:《惩治汉奸工作概述》,《民国档案》1994 年第 2 期。

赂或其他不正当利益等行为时，处死刑、无期徒刑或七年以上有期徒刑。

关于违背职务之行为，若是军人或公务员，要求期约或交付贿赂或其他不正当利益者，处一年以上七年以下有期徒刑，但自首者减轻或免除其刑，在侦查或审判中自白者得减轻其刑。第 5 条规定未遂犯罚之。第 6 条规定，预备或阴谋犯贪污罪者处五年以下有期徒刑。第 7 条规定，犯本条例之罪者，其所得之财物除属于公有者应予追缴外，依其情形分别予以没收或发还被害人。前项财物之全部或一部无法追缴或不能没收时，追征其价额或以其财产抵债，但其财产价额不及应追征之价额时，应酌留其家属必需之生活费。第 8 条规定，直属长官明知属员贪污有据而予以庇护或不为举发者，以共犯论，但得依其情节酌量减轻。第 9 条规定，办理审计会计及其他人员因执行职务明知他人贪污有据不为告发者，处三年以下有期徒刑或拘役。第 10 条规定，诬告他人犯本条例之罪者依刑法之规定从重处断。第 11 条规定，贪污罪按特种刑事审判程序[1]审理。第 12、13 条规定，本条例所定之罪如其他法律定有较重之处罚者，依其规定，刑法总则之规定与本条例不相抵触者仍适用之。第 14 条规定，本条例自公布之日起实施。[2]

抗战结束后，国民政府于 1946 年 1 月 1 日修正了该条例；主要是删除了第 1 条“于作战期内”的时间规定，规定贪污罪的审理从快并公开，规定修正后的条例施行期间为二年。

3.《惩治盗匪条例》

匪患，一直是民国社会的一大毒瘤，南京国民政府成立后，为肃清匪情，于 1927 年 11 月 18 日颁行了《惩治盗匪暂行条例》。该条例共 12 条，列举了 16 种盗匪行为，凡有其一者，均处死刑，但未遂或情有可原者，减刑处罚。盗匪依本条例判处死刑者，由该管司法机关、江宁地方法院、上海临时法院或驻在地之高级军官审实后，分别报转各该省政府、司法部或最高级军事长官复准后执行，但如认为有疑误时，得饬令再审，或派员会审，或提交复审。本来该条例规定施行期间只有 6 个月，但经反复延长，直至 1935 年 7 月 1 日因与新刑法欺诈、恐吓、强盗等罪重复而被废止。颁行数年，盗匪之风并不因之稍息，“民不惧死，奈何以死惧之”。

1944 年 4 月 8 日，国民政府颁行《惩治盗匪条例》，共 11 条。主要规

---

〔1〕 特种刑事审判程序，在后文有详细论述，此处不赘。

〔2〕 参见司法行政部编：《司法法令汇编》（第 2 卷 · 刑事法令），上海法学编译社 1947 年版，第 45—47 页。

定凡触犯该条例之罪者为盗匪;对于实施聚众为匪、强占城市乡村铁道或军用地、强劫而故意杀人或使人受重伤、在海洋行劫、强劫且放火强奸、意图勒赎而掳人等严重行为,规定处以死刑,其中预备犯处五年以下有期徒刑;强劫水陆空公众运输之舟车航空器、强劫而持械拘捕、聚众强劫而执持枪械或爆裂物、聚众持械劫夺依法逮捕拘禁之人、聚众走私持械拘捕、意图行劫而煽惑暴动致扰乱公安、意图扰乱治安而放火烧毁、决水浸害或以其他方法毁坏公署或军事设备、意图扰乱治安而放火烧毁、决水浸害供水陆空公众运输之舟车航空器或现有人聚集之场所或建筑物、意图扰乱治安以前款外之方法毁坏,供水陆空公众运输之舟车航空器或现有人聚集之场所建筑物或铁道、公路、桥梁、灯塔标识,因而致人于死、强劫因而致人于死或重伤等十种行为,处五年以下有期徒刑;意图勒赎而盗取尸体、聚众持械毁坏棺墓而盗取殓物,盗取或毁坏有关军事之交通或交通器材致令不堪用、意图取得财物投置爆裂物,因而致人于死或重伤等行为,处死刑、无期徒刑或十年以上有期徒刑;以强暴胁迫、药剂催眠术或他法致使不能抗拒而取他人之物或使其交付、发掘坟墓而盗取殓物、藏匿或包庇盗匪处无期徒刑或七年以上有期徒刑;团队官兵或有查缉盗匪职责之人员犯本条例之罪者,处死刑;盗匪所得之财物,应发还被害人,除应抵债被害人者外,得没收之。触犯该条例之犯罪行为,依《特种刑事案件诉讼条例》[1]之规定审理。该条例施行期间定为一年,必要时得以命令延长之。[2]

1945 年 4 月 26 日,国民政府颁令将《惩治盗匪条例》施行期间展期一年。[3]

4.《妨害兵役治罪条例》

抗战爆发后,兵员需求日益增多,征兵工作刻不容缓。但由于时间仓促,很多兵役筹备和执行工作还不完善,地方保甲制度不够健全,征兵过程中不可避免地出现很多弊端,各级役政人员徇私舞弊和部队士兵逃亡现象层出不穷。国民政府不得不加强兵役管理,对恶意妨害役政的行为予以刑事制裁,以纠正各种弊端。

1940 年 6 月 29 日,《妨害兵役治罪条例》得以颁行,该条例共 24 条。主要内容为:对于应服兵役壮丁隐匿不报者,处三年以下有期徒刑或拘

---

〔1〕 1944 年 11 月 12 日国民政府颁行《特种刑事案件诉讼条例》,陆续将烟毒、汉奸、盗匪、贪污等特种刑事案件移归普通法院审理,本章第三节将详细论述之。

〔2〕 参见司法行政部编:《司法法令汇编》(第 2 卷 · 刑事法令),上海法学编译社 1947 年版,第 57—60 页。

〔3〕 该条例直至 2002 年 1 月才被台湾地区立法机关废止。

役;编造现役及龄壮丁名簿故为不确实之记载者,处七年以下有期徒刑;配偶五亲等内之血亲或三亲等内之姻亲犯前项之罪者得减轻其刑。(第2条)对于缓役免役停役禁役除役开具虚假证明者,处五年以下有期徒刑;办理兵役人员故纵或便利应服兵役之壮丁逃避兵役者,处五年以上十二年以下有期徒刑;非办理兵役人员庇护或便利前项壮丁逃避兵役者,处七年以下有期徒刑;配偶五亲等内之血亲或三亲等内之姻亲犯前项之罪者得减轻其刑。(第3、4条)办理兵役人员对于职务上之行为要求期约或收受贿赂或其他不正利益者,处七年以上十年以下有期徒刑得并科五千元以下罚金,因而违背职务之行为者,处无期徒刑或十年以上有期徒刑得并科一万元以下罚金;对于办理兵役人员要求期约或交付贿赂或其他不正利益者,处三年以下有期徒刑,但自首者减轻或免除其刑,在侦查或审判中自白者得减轻其刑;犯第一项至第三项之罪者,所收受之贿赂没收之,如全部或一部不能没收时追征其价额。(第5条)强迫不应征集之壮丁使服兵役或对于壮丁为凌虐之行为者,处五年以上十二年以下有期徒刑;因而致人于死者处死刑或无期徒刑,致重伤者无期徒刑或七年以上有期徒刑。(第6条)对于逃亡之壮丁不依法送由有权机关审判而越权处分者,处一年以上七年以下有期徒刑,其越权擅杀者处死刑;负有管理壮丁职务之人员,以诈欺方法取得壮丁或其亲属之财物者,处一年以上七年以下有期徒刑得并科一千元以下罚金并追还其财物交回被害人,前项之未遂犯罚之。(第7、8条)玩忽兵役法令不依限征送新兵者,处三年以下有期徒刑。(第9条)意图为自己或他人避免兵役而为变造毁弃损坏或隐匿关于兵役之文书者,处一年以上七年以下有期徒刑,嘱托者亦同。(第10条)有纵役停役原因消减应行回役而不依法呈报者、对于身体检查抽签或受征集而无故不到者、平时受召集无故不到逾五日者、居住所迁移而无故不报者等行为之一而意图避兵役者处一年以下有期徒刑或拘役。(第11条)征集后入营前逃亡者、战时受召集无故不到逾期在一日以上三日未满者等意图避免兵役的行为之一者,处三年以下有期徒刑。(第12条)意图避免兵役,捏造缓役、免役、停役、除役原因者,处三年以下有期徒刑;故意毁伤身体者,处五年以下有期徒刑。(第13、14条)使人顶替兵役者,处死刑、无期徒刑或七年以上有期徒刑,顶替或介绍顶替者亦同。(第15条)意图避免兵役对于办理兵役人员执行职务时施强暴胁迫者,处一年以上七年以下有期徒刑;结伙三人以上持械者,处三年以上十年以下有期徒刑,意图避免兵役,公然聚众持械反抗者,处七年以上有期徒刑,首犯处死刑、无期徒刑或十年以上有期徒刑;犯前二条之罪因而致人于死或重伤者,处死刑或无期徒刑。(第16、17、18条)煽惑他人避免兵役者,平时处三年以下有期徒刑,战时处一年以上七年以下有期徒刑;意图妨害兵役而造谣惑众者,处三年以上十年以下有期徒刑;意图妨害兵役对于办理兵役人员公然侮辱者,处一年以下有期徒刑。(第19、20、21条)

第22条规定管辖问题,军人犯罪由军法机关审判,非军人犯罪由司法机关审判。第23条规定废止了《违反兵役法治罪条例》。第24条规定该条例自公布之日起施行。[1]

5.《禁烟禁毒治罪暂行条例》

近代以来,中国烟毒泛滥,给国家和民族带来了深重的灾难。民国历届政府均制定了大量禁烟禁毒法令,以铲除烟毒。南京国民政府成立后,1927年9月,财政部颁行《禁烟暂行章程》,共13条。1927年11月颁布《修正禁烟条例》,共20条。1928年3月《中华民国刑法》设立"鸦片罪"专章,同年4月再次修正《修正禁烟条例》,同年9月颁行《中华民国禁烟法》及施行条例。1929年7月修正《中华民国禁烟法》(1935年5月废止)。鉴于烟毒屡禁不绝,1935年4月1日,国民政府军事委员会委员长蒋介石发布"禁烟通令",宣布实施"二年禁毒、六年禁烟"计划,同时公布禁烟禁毒实施办法。1935年10月15日颁行《禁烟治罪暂行条例》和《禁毒治罪暂行条例》(两个条例于1936年6月和1938年4月两次修正)。1940年年底"六年禁烟"计划届满,但吸毒人群有增无减。同年12月,国民政府颁布《肃清烟毒善后办法》,施行断禁政策,要求抗战结束后两年内肃清烟毒。

1941年2月19日,国民政府颁行《禁烟禁毒治罪暂行条例》,共24条。第1条规定,鸦片罂粟及罂粟种子为"烟",吗啡、高根、海洛因及其化合物或配合而成之各色毒丸为"毒"。栽种罂粟或制造鸦片或毒品者,处死刑。运输或贩卖毒品者处死刑,意图贩卖而持有毒品者处死刑或无期徒刑;运输或贩卖鸦片者处死刑或无期徒刑。对于聚众抗铲烟苗者的首谋或在场指挥者处死刑,共同实施者处七年以上有期徒刑,在场协助者处三年以上七年以下有期徒刑。意图营利为人注射吗啡或设所供人吸食毒品者、注射吗啡或吸用毒品者处死刑,容留他人吸食鸦片者处死刑或无期徒刑。第8条规定,提供作案工具者处三年以上十年以下有期徒刑得并科三千元以下罚金;制造器具者处五年以下有期徒刑或一

---

〔1〕参见司法行政部编:《司法法令汇编》(第2卷·刑事法令),上海法学编译社1947年版,第76—80页。

千元以下罚金。

第11至13条对公务员军警的行为作出规定，公务员军警犯本条例第3条至第5条之罪者处死刑，犯第6条第2项或第7条至第10条之罪者依各该条最高刑处断；若利用权力强迫他人犯本条例第2条之罪者处死刑；若包庇或要求期约收受贿赂而纵容他人犯本条例第2条至第8条之罪者处死刑，放纵、盗换、隐没查获之鸦片毒品者亦同，犯本条例第1项之罪者所收受之贿赂没收之，如全部或一部不能没收时追征其价，经追征而无力缴纳没收其财产抵债但其财产价值不及应追征之价额时，应酌留其家属必需之生活费。第14条规定，犯本条例第2条之罪而能供出罂粟种子或毒品原料之来源因而破获者，得减轻其刑；犯本条例第4条至第7条之罪而能供出鸦片或毒品来源因而破获者，得减轻其刑，犯本条例第6条第2项之罪如在未发觉以前自动戒绝经调验确实者，得减轻或免除其刑。第15条规定未遂犯处罚。第16条规定，犯本条例之罪，其罂粟种子鸦片毒品及专供制造或吸用鸦片毒品之器具均没收销毁之，确系专供制造毒品之材料亦销毁。第17条规定，犯本条例各条之罪受6月以上有期徒刑之宣告者，剥夺公权一年以上十年以下。第18条规定，犯本条例第2条至第5条之罪者得没收其财产之一部或全部；没收财产之执行适用强制执行法治规定。第19条规定死刑的执行方式为枪毙。第20条规定本条例所未规定者依其他法令之规定。第21条规定，供医药及科学用之鸦片、吗啡、高根、海洛因及其同类毒性物或化合物依照《麻醉药品管理条例》办理，不适用本条例之规定。第22条规定，烟毒罪由有军法职权之机关审判之或军事委员会委员长委任各级地方政府代为审判；依前项规定所为之裁判非经呈奉军事委员会委员长核准不得执行。第23条规定，该条例施行期间为三年。第24条规定，该条例自公布日起施行。[1]

同时，国民政府发布训令，延长暂停适用《中华民国刑法》第20章（鸦片罪）的期间。

1945年1月30日，国民政府命令延长《禁烟禁毒治罪暂行条例》施行期间，从1945年2月19日至抗战结束后二年为止。

6. 其他战时颁行的特别刑法

抗战期间，国民政府出于适用战时形势和稳定社会秩序的需要，在刑事实体法方面，还颁行了很多特别法。以下择重要阐述之。

---

〔1〕 参见司法行政部编：《司法法令汇编》（第2卷·刑事法令），上海法学编译社1947年版，第62—66页。

为惩治军人的战时犯罪,1941年4月4日,国民政府颁行了《中华民国战时军律》,共22条。主要内容为:对于抗令弃守阵地至军事重大损失者,临阵退却或托故不进攻者,敌前抗令或不听指挥者,叛乱、妨害抗战扰乱后方者,造谣惑众动摇军心者,纵兵殃民者,抢劫、强奸、包庇走私者,处死刑;玩忽职守等行为处无期徒刑或十年以上有期徒刑;战时不履行军事物质供需合同者处三年以上十年以下有期徒刑,贻误军机者处死刑;无故遗弃伤员者处七年以上有期徒刑;战区司令长官对于现行犯可行紧急处置权。[1]

国民政府于战时为集中运用全国人力物力,加强国防力量,贯彻抗战目的,于1942年3月29日制定了《国家总动员法》。同年6月29日,公布《妨害国家总动员惩罚暂行条例》,共15条。其规定,凡违反或妨害国家总动员之法令或业务者依该条例惩罚,所涉犯罪由有军法审判权之机关审判呈由中央最高军事机关核准后执行。违反有关政府对总动员物资的征购征用、价格管制、进出口管制、金融管制、资本管制等命令的,处七年以下有期徒刑得并科十万元以下罚金。违反有关政府对总动员物资的运价管制、不动产征用、指定生产、组建行会等命令的,处三年以下有期徒刑得并科五万元以下罚金。公务员假借职权利用国家总动员之机会发布命令致人受损害者,处三年以上十年以下有期徒刑;情节重大者,处死刑或无期徒刑。[2]

在刑罚执行上,国民政府1944年6月17日公布《减刑办法》,共5条。主要规定,1944年6月1日以前发生的犯罪可减本刑二分之一,但犯唯一死刑之罪者不予减刑。应减刑之人犯已经判决确定尚未执行或尚未执行完毕者的具体减刑办法为:原处死刑者减为无期徒刑、原处无期徒刑者减为有期徒刑十五年;原处有期徒刑、拘役、罚金者减其刑期或金额二分之一;数罪并罚者减所定执行刑三分之一;已执行之日数或金额算入减刑后之刑期或金额。缓刑或假释中之人犯按规定减刑。减刑案件未经裁判者于裁判时进行,已经裁判确定者由最后审理事实之法院或其他相当官署裁定。

此外,战时国民政府在粮政、盐政、物价管制、经济统管、金融财政、赋税、军婚保障、电影出版、农矿工商、水利、渔业等方面均制定或修订了法

〔1〕 1943年5月14日修正第1、10条。参见司法行政部编:《司法法令汇编》(第2卷·刑事法令),上海法学编译社1947年版,第1—3页。

〔2〕 参见司法行政部编:《司法法令汇编》(第2卷·刑事法令),上海法学编译社1947年版,第80—81页。

律法规和单行条例，试图规范各种社会关系，并引入大量的刑事责任条款或科以重罚，用刑罚的手段来维护统治利益。如1941年5月20日颁行的《非常时期违反粮食管理治罪暂行条例》规定，囤积居奇按涉案数量分别处罚：谷物5000石或小麦3000石以上者处死刑或无期徒刑，谷物3000至5000石或小麦1800至3000石者处无期徒刑或十年以上有期徒刑，谷物1000至3000石或小麦600至1800石者处三年以上十年以下有期徒刑，谷物500至1000石或小麦300至600石者处三年以下有期徒刑，谷物200至500石或小麦100至300石者处六个月以上一年以下有期徒刑，谷物50至100石或小麦30至100石者处拘役或1000元以下罚金，并没收全部粮食。[1] 再如，1942年7月2日，修正了《中华民国营业税法》，第18条规定："营业商号意图逃脱而伪造账簿或虚伪填报营业收入额或营业资本额者，除责令补税外，处以所漏税额一倍至五倍之罚锾；情节重大者并得处一年以下有期徒刑或拘役。"[2] 1942年8月11日颁行的《出征抗敌军人婚姻保障条例》规定，在出征抗敌军人出征期间内，其妻与他人订婚者，除婚姻无效外，处六月以下有期徒刑或拘役或1000元以下罚金；重行结婚者，除撤销婚姻外，处七年以下有期徒刑并科5000元以下罚金；与人通奸、相奸者处三年以下有期徒刑并科3000元以下罚金；未婚妻与人通奸、相奸者处六月以下有期徒刑或拘役或1000元以下罚金。[3]

关于国民政府战时的特别刑事立法，毛焕明在《抗战环境下之民刑法律问题》中评价道：

> 战时之社会，较平时尤须整谧，否则将影响前方之战斗力量。故安定社会秩序，为当前急务。惟整饬社会秩序，刑事法规之理，实不容轻视。但一般刑事法规因系就平时社会情状，而为规定，故适用于战时之社会，多失其妥当性，在战时需要实行特别刑事法规，了无疑义。[4]

---

〔1〕 参见司法行政部编：《司法法令汇编》（第2卷·刑事法令），上海法学编译社1947年版，第90—91页。

〔2〕 参见司法行政部编：《司法法令汇编》（第2卷·刑事法令），上海法学编译社1947年版，第115页。

〔3〕 参见司法行政部编：《司法法令汇编》（第2卷·刑事法令），上海法学编译社1947年版，第94—96页。

〔4〕 毛焕明：《抗战环境下之民刑法律问题》，《中华法学杂志》第2卷第1期。转引自居正等：《抗战与司法》，国立出版社1939年版，第45页。

二、《中华民国刑事诉讼法》与战时特别刑事诉讼法

刑事诉讼是指在国家专门机关的主持和相关诉讼参与人的参加下，查明犯罪事实，追究、惩罚犯罪和保障人权的活动。[1] 有关刑事诉讼活动的进行、诉讼的方式、内容及效力的各种法律规范的总和，就是刑事诉讼法。它具有应用性和实用性的特点，是一种“行法法”。程序与实体是相对应的一组法律概念，也是诉讼过程中必不可少的两个因素，两者共同推动诉讼的进行和结束。马克思曾就程序法和实体法两者的关系作出了精辟的阐述：

> 审判程序和法二者的关系如此密切，就像植物的外形和植物的联系，动物的外形和血肉的联系一样。审判程序和法律应该具有同样的精神，因为审判程序只是法律的生命形式，因而也是法律内部生命的表现。[2]

（一）《中华民国刑事诉讼法》

南京国民政府成立之初，各地适用刑事诉讼法律不同，如西南数省用《刑事诉讼律》，而北方各省用《刑事诉讼条例》。1928 年年初，为了解决两法并行的问题，司法部在同年 3 月新制定的《中华民国刑法》公布后，“在北洋军阀政府刑事诉讼法条例的基础上，拟定了刑事诉讼法草案，交国民党政府决议转法制局审查。该局审查完毕之后，送国民党中央政治会议讨论通过，同年七月由国民党政府公布，是为国民党政府第一个刑事诉讼法。”[3]《中华民国刑事诉讼法》于同年 9 月 1 日起施行，分总则、第一审、上诉、抗告、非常上诉、再审、简易程序、执行、附带民事诉讼等九编。

《中华民国刑事诉讼法》施行六年后，1933 年 6 月司法行政部草拟修正草案，呈请行政院转送立法院审议，云：

---

〔1〕 参见樊崇义主编：《刑事诉讼法学》，法律出版社 2009 年版，第 2 页。

〔2〕 中共中央马克思恩格斯列宁斯大林著作编译局编译：《马克思恩格斯选集》（第 1 卷），人民出版社 1995 年版，第 178 页。

〔3〕 张国福：《中华民国法制简史》，北京大学出版社 1986 年版，第 284 页。

> 本部现参酌近今世界立法之趋势，及二十年来法院办理刑事案件之经验，拟定《修正刑事诉讼法草案》，共分9编，都538条。……合依《修正立法程序纲领》[1]第2条之规定，检同是项草案计5册，呈送钧院核定后，提出立法院审议。[2]

立法院于1934年11月29日表决通过。修正后的《中华民国刑事诉讼法》于1935年1月1日公布，同年7月1日与修正后的《中华民国刑法》一起施行。仍为9编，516条，在编章体例结构上和修正前的差不多，第二、三、四、七、八、九编相同，第一编总则；第五编为再审；第六编为非常上诉。

修正后的《中华民国刑事诉讼法》，删除了事实上很少适用的条款，如有关补充推事的内容；删除了一些不适当的规定，如证人赔偿费和罚锾易科拘役的规定；对原附带民事诉讼的规定过于简略的情况，加以详细补充，以解决援引民事法律的不便。

刑事诉讼是国家利益与公民利益在权利和义务上冲突和协调的集中体现，体现着一个国家民主和人权保障的程度，同时也是国家权力在刑事诉讼中运行的典型代表，标志着刑事诉讼制度法治化的程度。1935年修正的《中华民国刑事诉讼法》吸收了当时世界刑事诉讼制度的先进理念，从当时的实际情况出发取消了一些不合时宜的规定，如审级制度由四级三审制度向三级三审制变化，扩张自诉范围、规定审判期限以保护被害人权益；简化案卷移送手续、规范法官庭前准备工作以提高诉讼效率；增加军人军属之犯罪，除军法之罪外均适用的规定体现了诉讼平等原则；推行保安处分制度等，力求“程序简便，结案迅速，减少诉累，防止流弊”。

南京国民政府时期，刑事诉讼制度随着“西化”的深入而不断完善，刑事诉讼规范越来越细密，越来越凸显现代化的特征。因此，“一定程度上，国民政府的刑事诉讼法尤其是1935年刑事诉讼法代表了南京国民政府刑事审判程序规范发展的最高水平。它贯彻了司法独立、审判公开等比较先进的司法原则，同时加强对犯罪嫌疑人的权利保障，强调审判公正与

---

[1] 1932年6月23日，国民党第四届中央执行委员会第25次常务会议通过《立法程序纲领》，同年7月14日被修改。1933年4月20日，国民党第四届中央执行委员会第67次常务会议决议修正《立法程序纲领》，后转令立法院执行。该纲领肯定了立法院为专门立法机关，对法律案的提起、草拟、立法原则的拟制，法律案的审议，已决议法律案的修正等进行了规定，同时赋权给国民党中央政治会议对立法原则的拟制、审定和立法院已议决法律案的修正。该纲领为战前立法活动的最高指导文件。

[2] 谢振民编著：《中华民国立法史》（下册），中国政法大学出版社2000年版，第1022页。

审判效率的统一,增加了预防犯罪的保安处分规定。这些制度的设计标准充分表明,南京国民政府在刑事审判制度方面的现代化水平,为刑事司法的现代化奠定了基础。"[1]

(二)战时特别刑事诉讼法

1939 年,司法院院长居正云:"法律是社会反映,国家遇有战争发生,在社会经济上会起巨大的变动,在法律的形态上,自然也要起不同的变化。"[2]抗日战争爆发后,在这一历史大变动的关键年代,国民政府除了加强抗战建国建设外,在处理刑事诉讼方面,适应时局现状,先后出台了一系列特别法,对非常时期刑事诉讼作了不同的规定。

《特种刑事案件诉讼条例》是其中比较重要的一部特别刑事诉讼法规,因此下一节中专门论述,本处不赘言。

1.《非常时期刑事诉讼补充条例》

"1935 年公布之民刑诉讼法对于诉讼程序规定过繁,应以简化以期便民。"[3]1941 年 1 月,司法行政部通令各省司法机关:"若案件合于适用简易程序者,即应厉行简易程序。检察官对于刑事简易案件,并应尽量声请以命令处刑。法院就简易案件所为之判决,除民事判决内之事实及理由得仅记载要领外,其刑事判决,亦得以简略方式,仅记载被告姓名、判决主文并犯罪事实及适用之法条,以期便捷。"[4]在法院积案过多、人手不够、经费紧张的背景下,国民政府于 1941 年 7 月 1 日公布施行《非常时期刑事诉讼补充条例》,共 38 条。该条例对非常时期办理刑事诉讼案件的范围,移转管辖案件的裁定及移送处所,非常时期刑事案件追诉权的时效,因战事迟误之战区案件的办理,有欠缺起诉,上诉、抗告,申请案件的补正,有误判决案件的重新审判,自诉案件的裁定,抗告案件的裁定,覆判案件的审理,上述抗告或申请再审案件的审理,已裁判确定案件、未裁判确定案件的效力等项内容进行规定。同日公布施行《非常时期民事诉讼补充条例》。该条例共 30 条,对法院管辖、期间迟误、诉讼救助、卷宗灭失、当事人之间的法律关系等方面,规定了变通补救办法。《非常时期刑事诉讼补充条例》主要内容如下:

---

[1] 谢冬慧:《南京国民政府时期刑事审判制度述论》,载陈兴良主编:《刑事法评论》(第 26 卷),北京大学出版社 2010 年版,第 451 页。

[2] 居正:《法治精神与抗战建国》,《中华法学杂志》1939 年第 2 卷第 2 期。

[3] 台湾"司法行政部"编:《战时司法纪要》,台湾"司法院秘书处"1971 年版,第 7 页。

[4] 罗福惠、萧怡编:《居正文集》,华中师范大学出版社 1989 年版,第 178 页。

非常时期办理刑事诉讼除该条例有规定者外，仍适用《刑事诉讼法》及其他有关之法令；案件经直接上级法院斟酌战时交通或其他情事，认为有移转管辖之必要者，虽无刑事诉讼法第十条各款所列之情形亦得以裁定将该案件移转于其管辖区域内同级法院；当事人因有管辖权之法院在战区不能行使审判权声请移转管辖者，得呈明移转之法院，但移转管辖时不受其呈明之拘束；呈明移转之法院与有管辖权法院不隶属于同一高等法院或分院者，由最高法院裁定之，陈明移转之法院隶属于最高法院分庭者得由该分庭裁定之；法院虽无刑事管辖权而认为有管辖权已就该案件为裁判者，以有管辖权论；犯最重本刑为五年以上有期徒刑以上之刑罪，因战事致侦查起诉或审判之程序不能开始或继续时，其追诉权时效依刑法第八十三条之规定停止进行；告诉乃论知罪，因战事不能于告诉期间内告诉者，其不能告诉之期间应不算入；战区案件因战事迟误刑事诉讼法第六十七条第一项、第七十条所定各期间者，得于该区域战事结束经法院布告办公后六十日内声请回复原状；因战事迟误刑事诉讼法第四百十七条所定期间者，得声请回复原状其声请期间按准用前条之规定；起诉上诉抗告声请之程式或代理人之代理权有欠缺可以补正者，审判长应定期间以裁定命其补正；告诉乃论之罪未经告诉在第一审辩论终结前向法院呈明原告诉者，与起诉时向检察官告诉有同一之效力。

确定判决有法院误认上诉为不合法而为驳回之判决、法院误认为无审判权而为不受理之判决、覆判审应为复审裁定而为不受理之判决等情形之一者，经提起非常上诉后应将原判决撤销由原审法院仍应判决前之程序更为审判必要时并得发交与原审同级之他法院；自诉案件有应谕知免诉、应谕知不受理、行为不罚应谕知无罪、犯罪嫌疑经调查结果显然不足应谕知无罪等情形时，以裁定行之；自诉案件应谕知管辖错误者，以裁定行之；自诉案件经谕知免诉不受理或无罪之裁定者，其附带民事诉讼应以裁定驳回之，但经原告声请时应移送管辖法院之民事庭；抗告法院认为抗告有理由将原裁定撤销者，得将该案件发回原审法院或发交与原审同级之他法院；对于抗告法院就第十七条之抗告所谓裁定不得再行抗告；自诉案件如法院误认为无审判权而为不受理之裁定者，于确定后得依刑事诉讼法所定之非常上诉程序提起非常上诉；案件已裁判确定而裁判原本及正本均因战事减失，且无其他方法证明裁判内容者，视为未裁判其起诉文件亦减失者视为未起诉；案件卷宗因战事减失不能证明已裁判者，视为未裁判已裁判不能证明其确定者视为未确定；第一审案件有起诉文件而裁判原本及正本均减失且无其他方法证明裁判内容者，仍应为第一审审判，其起诉文件亦减失者视为未起诉；第二审案件有上诉文件而第二审之裁判原本及正本均减失且无其他方法证明裁判内容者，仍应为第二审审判，原审裁判原本及正本均减失且无其他方法证明裁判内容者，以裁定移送原审或其同级之他法院审判其起诉文件亦减失者视为未起诉，该第二审之上诉毋庸裁判；第三审案件有上诉文件而第三审之裁判原本及正本均减失且无其他方法证明裁判内容者，仍应为第三审审判，原审裁判原本及正本或原审及第一审裁判原本及正本亦均减失且无其他方法证明裁判内容者，以裁定分别移送原审或第一审或其同级之他法院审判，其起诉文件亦减失者视为未起诉，该第三审之上诉毋庸裁判。

抗告案件有抗告文件而抗告法院之裁定原本及正本均减失且无其他方法证明裁判内容者，仍应就该抗告为裁定，其原审裁定原本及正本均减失，且无其他方法证明裁定内容者，以裁定移送原审或其同级之他法院；声请再审案件有声请文件而管辖再审法院之裁定原本及正本均减失，且无其他方法证明裁判内容者，仍应就该声请为裁定，原确定裁判原本及正本均减失，且无其他方法证明裁判内容者，该再审声请毋庸裁定其已裁定开始再审者亦毋庸为再审之审判；覆判案件有呈送覆判之文件而覆判之裁判原本及正本均减失，且无其他方法证明裁判内容者，仍应覆判，原审之裁判原本及正本均减失且无其他方法证明裁判内容者，以裁定移送原审或其他县司法处县政府或其同级之他法院审判，其起诉文件亦减失者视为未起诉毋庸覆判；上诉抗告或声请再审之文件减失，而上诉抗告人或声请人能释明其确已上诉抗告声请或法院有文书可查者，审判长应定期间以裁定命其补行上诉抗告或声请之程序，逾期不补行者视为撤回上诉抗告或声请；上诉抗告或声请再审之案件，因卷宗减失不能证明其为不合法者视为合法；卷宗减失之案件依本条例规定毋庸裁判者经法院审核后，应命书记官将其情形通知当事人及其他应受裁判之人；已裁判确定案件因卷宗裁判原本正本减失，经重行裁判后，复发见原确定裁判者，其确定后所为之裁判失其效力；未裁判确定案件，因卷宗裁判原本正本减失经重行裁判后复发见原裁判者，原裁判失其效力。[1]

《非常时期刑事诉讼补充条例》在战时的特殊环境下出台，对于繁杂的刑事诉讼程序起到了简化作用，对于各级法院加快刑事案件的审理速度，减少积案，减轻各级法院的审判压力起到了积极作用。

2. 军法审判方面的程序法规

抗战爆发后，国民政府认为司法审判不足以应对剧变形势，应加强军法审判，限制司法管辖审判范围。在战争期间，国民政府以法院审理刑事案件多囿于法律，且审判程序十分繁琐，不利于快速结案为理由，将绝大部分特种刑事案件分别交由军法机关审理。[2] 为此，国民政府或有立法权的机关制定了一些关于军法审判方面的程序性法令。

(1)《县长及地方行政长官兼理军法暂行办法》(1928 年 5 月 15 日军事委员会公布，同日执行)共 15 条，规定：凡依法令应归军法审判之案件得由县长或地方行政长官兼理，地方行政长官以直接施政者为限；县长或地方行政长官兼理之军法案件，中央最高军事机关得随时提审派员立审或移转管辖；对于军人犯刑事或惩罚法令之案件，应于三日内呈报中央最高军事机关核实，并通知其所属部队或机关之长官，非经中央最高军事机关授权不得审判；对于部队移送之军法案件，不得以非其辖境拒绝受理；受理之军法案件如因调查证据不便或有其他质疑时，得移转其他县长或地方行政长官审判；辖境内设有其他军法机关者由最先受理案件之机关审判，但设有卫戍警备或戒严司令部之区域，凡与军事或治安有关之军法案件不问受理先后均送由该卫戍警备或戒严司令部审判；对于兼理军法案件之管辖有争议时，呈中央最高军事机关指定；办理军法案件应受中央最高军事机关之指导；可以设置承审员及书记员助理军法事务，但仍须该县长或地方行政长官于判决书内联署盖章；于宣判后十日内缮具判决正

---

[1] 司法行政部编：《司法法令汇编》(第 2 卷・刑事法令)，上海法学编译社 1947 年，第 166—173 页。

[2] 国民政府为了服务战争和维护社会治安，于战前或战争期间所制定的一系列单行法规和条例，如《惩治盗匪暂行条例》《危害民国紧急治罪法》《惩治贪污暂行条例》《军机防护法》《战时军律》《妨害国家动员惩罚暂行条例》，在战时得以运用。根据这些特别刑事法律的规定，内乱、外患、妨害秩序、烟毒、贪污、盗匪、汉奸等案件为特种刑事案件，由军法机关审理。

本并令被告人提出申辩书连同全案卷证，呈由各省高级军事机关核转中央最高军事机关核定；各省高级军事机关核转军法案件时应先予审查，如认原判不当者，得迳行发还复审或附具意见；中央最高军事机关对于送核之军法案件事实明确罪行允当引律无误者予以核准，对于事实明确罪行未当或引律有误者予以纠正，对于事实未明确者发还复审于必要时并可提审或转移管辖。

(2)《各省高级军事机关代核军法案件暂行办法》(1938 年 5 月 15 日军事委员会公布，同日执行)共 8 条，主要规定：有权代核机关为中央军事最高长官行营，或绥靖主任公署，或全省保安司令，或常设之高级军事机关代核；代核之案件有：(1)军人犯罪士兵处有期徒刑五年以下，尉官处有期徒刑二年以下，或违反军风纪应予撤职以下之处分而该军人属于该管直辖部队或机关者；(2)犯禁烟法令判处有期徒刑三年以下或犯修正剿匪区内惩治土豪劣绅条例判处有期徒刑五年以下者；(3)犯其他法令判处有期徒刑十年以下者；不合前条规定之案件如因特殊情形于呈核确有质疑者，中央最高军事机关得临时委任各省高级军事机关代核；具体程序适用《县长及地方行政长官兼理军法暂行办法》；中央最高军事机关如认代核案件有疑义或发觉错误时，可以调卷复核予以纠正或发还复审。

(3)《战时军法案件委任代核暂行办法》(1939 年 3 月 13 日军事委员会公布，同日施行)共 12 条，规定县长或地方行政长官兼理之军法案件委任代核机关：广西、广东、江西由桂林行营代核，陕西、甘肃、宁夏、青海由天水行营代核，山西由太原绥靖主任公署代核，福建由驻闽绥靖主任公署代核，新疆由新疆边防督办公署代核，江苏、浙江、安徽、山东、河南、河北、察哈尔、绥远由各省保安司令代核；而军事机关部队办理之军法案件委任代核机关为警备司令部、戒严司令部、保安司令部及其他属于地方性质之军事机关。四川、西康、云南、贵州、湖北、湖南各县长及地方行政兼理之军法案件仍依《县长及地方行政长官兼理军法暂行办法》及《各省高级军事机关代核军法案件暂行办法》办理；海军总司令部、航空委员会宪兵司令部、各军法执行监部及直属于中央最高军事机关办理之军法案件均呈由中央最高军事机关核定。对于代核权限有争议时呈由中央最高军事机关指定。该办法施行后，所有以前委任代核之命令一律失效。

(4)其他战时适用的军法审判程序法。如 1930 年 3 月 24 日，国民政府颁行的《陆海空军审判法》，共 8 章 56 条，主要对于军人犯罪的审判程序进行规定，如秘密审判，军法会审不准旁听；军法会审之组织分为简易、普通和高等三种，分别审理军衔不同的军人犯罪；各级司令部副官或军法官、宪兵长官、县戍司令部或警卫司令部稽查官长担任军事检察官；军法判决均需呈上级机关核准，并可申请覆判，覆判不加刑。该办法是战时军法审判的程序法，内乱、外患、妨害秩序、烟毒、贪污、盗匪、汉奸等特种刑事案件在 1944 年《特种刑事案件诉讼条例》出台前均按照该办法审理。1941 年 10 月 24 日，国民政府颁行了《战时陆海空军审判简易规程》，对军人犯罪适用简易程序审理，并提高了军人呈核被查的起刑点，如《陆海空军审判法》规定死刑者、将校官及同等军人处徒刑，尉官及其同等军人处五年以上有期徒刑者，由该最高级官长以诉讼书类连同判决书呈由总司令部或军政部、海军部呈请国民政府核定后宣判；但《战时陆海空军审判简易规程》规定呈请核定的刑期为：将官处三年以上有期徒刑，校官处十年以上徒刑，尉官处无期徒刑以上及士兵处死刑。在军事优先、集权专制成为当时政治常态的情况下，军法审判急剧膨胀，一发不可收拾。

3. 其他特别法令

《非常时期处理刑事案件暂行办法》共 7 条。抗战初始，最高法院就加快刑案上诉审理，于 1937 年 10 月 18 日制定该办法，主要内容为：刑事案件，除原判宣告刑为死刑或者无期徒刑者外，一律适用法律审；自诉人为被告不利益而上诉之案件，适用法律审；法律审案件，刑事各庭办理刑事案件，应力求发回更审案件之减少；凡未决人犯在押者，应优先办理。[1]

此外，国民政府还颁布一些涉及巡回审判、检察官、地方实验法院、辩护人等方面的法规法令，因在后面的内容中有详论，本处不再赘述。

"法律既是从整个社会的结构和习惯自下而上发展而来，又是从社会中的统治者们的政策和价值中自上而下移动。法律有助于对这两者的整合。"[2]在梳理战时大后方刑事审判的法律依据时，也不能忽视司法判例、司法解释和民间习惯的影响。《中华民国宪法》中明确规定：最高法院所公布的判例对各级法院的判例具有法律约束力，即下级法院判案要参照上级法院的判例。除了司法判例是对制定法的重要补充外，司法解释同样是刑事法律的表现形式。如《国民政府组织法》中规定，司法院作为国民政府的最高审判机关，拥有法令解释权，具体由司法院经最高法院院

〔1〕 参见李生泼：《战时司法》，商务印书馆 1939 年版，第 13—14 页。

〔2〕 [美]哈罗德·J. 伯尔曼：《法律与革命——西方法律传统的形成》，贺卫方等译，中国大百科全书出版社 1993 年版，第 665 页。

长及所属各庭庭长会议议决后执行。司法解释有助于法院在刑事审判适用法律中的分歧和疑义的统一,使静态的法律文本与动态的社会生活相结合,从而生动起来。

1940 年 2 月 22 日,最高法院就非常上诉案件作出总决议案[1],具体规范非常上诉的程序适用和主文用语等;同年 11 月 26 日,最高法院关于刑事第三审上诉案件作出总决议案[2],该案主要对第三审的调查范围、证据规则、改判等问题进行了明确规定。

从以上最高法院战时颁布的司法解释来看,刑事实体法方面,主要就刑法典与特别法冲突适用时如何衔接进行规定,其余对刑罚裁量、刑罚执行、罪数等方面进一步细化,增加审判操作性。刑事程序法方面,主要集中在告诉、自诉、上诉、第三审、抗告、附带民事诉讼、送达等方面,扩大自诉范围、简化诉讼程序以迅速解决刑事纠纷。结合战时刑事审判运作的实际情况,并总结吸取经验,战后国民政府于 1945 年 12 月 26 日,公布了《中华民国刑事诉讼法修正案》并于同日施行,对于刑事诉讼法中的 46 个条文进行了修正,主要涉及管辖异议时的指定,羁押期间,具保、责付,监视居住,近亲属作证时具结、撤回告诉自诉时不受刑罚轻重影响,不起诉酌情经告诉人同意、告诉人自诉人经合法传唤而不到庭时按撤诉论,增大

---

[1] 《关于非常上诉案件之总决议案》主要内容为,规定无论系违反实体法或程序法,均属判决违背法令,应依刑事诉讼法第 440 条第 1 款将其违背法令之部分撤销;原判决为不利于被告者,固应将原判决撤销,另行判决,其效力及于被告;刑事诉讼法第 371 条所列各款情事,除第 4 款第 5 款第 12 款系属判决违法外,其余各款均认为诉讼程序违背法令;无效判决不发生判决之效力,不得提起非常上诉;原审之诉讼程序违法不影响于判决者,不得提起非常上诉;非常诉讼程序明文准用刑事诉讼法第 386 条之规定外。其他之一二三审程序之条文虽无准用之规定,但非常上诉经认为有理由,依法应撤销原判决另行改判时,本系代替原审就其裁判时应适用之法律而为裁判,则原审所应援用之刑事诉讼法条文非常上诉之判决内仍应予以援用,以为裁判之根据。

[2] 《关于刑事第三审上诉案件之总决议案》主要内容为,规定第三审的调查范围,除法院之管辖、免诉事由之有无、受理诉讼之当否、对于确定事实援用法令之当否、原审判决后刑罚之废止变更或免除,均得依职权调查外,应以上诉理由所指摘之事项为限。原审得采用之证据方法采自由心证主义,对于证据之种类并未设有限制,认定事实所凭之证据不以直接证据为限。即间接证据亦可谓证据方法;原判决对于从刑或执行刑之谕知系属不当者,固可只将该部分之判决撤销,另行改判,如系原判决漏未谕知者,即应将其全部撤销改判,否则遇有检察官或自诉人专对该部分上诉时,第三审之判决主文只能单独为从刑或执行刑之谕知;刑事诉讼法第 389 条虽规定上诉有理由者应将原审判决中经上诉之部分撤销分别为后四条之判决,但原审判决之违法仅系不应裁判而裁判者(如就未上诉之部分予以判决之类),第三审除将原审改部分之判决撤销外,既不应更为如何之裁判,亦只以引用刑事诉讼法第 389 条为已足,毋庸再引第 390 条第 1 款之规定。

法律审中法官的职权调查范围、延长附带民事诉讼的审限、附带民事诉讼均能移交民事庭审理等。

国民政府刑事纠纷的最终解决就是法院在依据刑事实体法和程序法，结合司法判例、司法解释中完成的。当然，在抗战时期，由于战争的特殊社会环境，刑事审判所依据的实体法律和程序法律都会有所变化，刑事审判实践显得凌乱不堪，法官和检察官们无所适从，但是不能否定的是战时大后方的刑事纠纷化解总体上还是处于正常状态，后文将详论之。

三、《特种刑事案件诉讼条例》[1]

抗战期间，大后方的各级法院对民刑案件的审理适用1935年修正的《中华民国民事诉讼法》和《中华民国刑事诉讼法》，这两部程序法典，程序繁杂，为国人所诟病。同时由于战时剧变，带来诸多不便，在法院普遍面临经费困难和人员不足的问题的情况下，大后方各法院案件久拖不决，积压严重。

为提高司法效率，便利民众诉讼，司法院或司法行政部亦发布多个通令对民刑诉讼中的问题进行指示，要求厉行简易程序或变通诉讼程序。必须指出的是，军法审判越来越不合时宜。军法审判程序较简单，不公开审理，不实行辩护制度；在战时特殊环境下，这能提高打击犯罪的效率。但是，军法审判程序简单，审判过分追求迅捷，轻程序，不重证据，以致存在严重的草率和舞弊情况，不断受到民众的质疑。到了抗战后期，大后方的宪政运动兴起，民主政治和司法独立成为人民关注的焦点。而此时，国内矛盾尖锐，美国政府建议国民党政府以民主政治缓和国内矛盾。在国内外的双重压力下，国民政府于1944年11月12日颁布实行《特种刑事案件诉讼条例》，陆续将烟毒、汉奸、盗匪、贪污等特种刑事案件移归普通法院审理。

(一)《特种刑事案件诉讼条例》的制定与实施

1. 制定过程

战前《立法程序纲领》《立法院议事规则》为立法院成立后关于立法

〔1〕参见张伟、曾代伟：《抗战时期国民政府的刑事审判程序改革探析——以〈特种刑事案件诉讼条例〉为中心》，《求索》2013年第9期。

活动的纲领性规范性文件，规定了法律案的提出，法律案原则的草拟与审定，法律案的审议、通过，法律的复议与公布一套程序规则，详尽而具体。战后，国民党中央执行委员会设置国防最高委员会，统一党政军领导，代行国民党中央政治委员会职权，国民政府、五院、军事委员会及下属各部会均兼受其指挥。于是，在抗战期间，原逐步确立的规范化、体系化的立法程序由于战争的影响，发生了较大的变化。国防最高委员会及后设立的军事委员会几乎包办了战时刑事特别法的整个立法流程。

《特种刑事案件诉讼条例》事关军法审判，而且系首创，于是就关于改革特种刑事案件审判制度实施问题，行政院曾经召集司法行政部、司法院、军事委员会、军法执行总监部、军政部会商，商讨结果称：

> 现由军事审判之刑事案件移归司法机关办理，正由司法行政部遵照国防最高委员会决议案拟定特别审判程序关于此种案件移交之过渡办法及军法判决人犯之执行，应由司法行政部就其与特别审判程序有关者于程序内，尽量规定关于军法审判人员之安置及军事人犯之管理与囚粮问题，应俟特别审判程序核定后，另案办理。[1]

1943 年 4 月 17 日，行政院在训令中指出：

> 现行法令规定应由军事审判之特种刑事案件除军人为被告外移归司法机关，按照另行订定之特别审判程序办理，其实体法则仍使用现行特别刑事法规并以曾经国防最高委员会核定公布或立法院决议公布者为限，至特别审判程序应由司法行政部从速草拟，依法送请立法院审议，立法院对于现行特别刑事法规应随时体察情形，于必要时量予修正。[2]

同年 6 月 14 日，司法行政部草拟了十二项“特种刑事案件诉讼条例

---

〔1〕《行政院三十二年五月十日仁捌字第九九六九号训令》，转引自台湾“司法行政部”编：《战时司法纪要》，台湾“司法院秘书处”1971 年版，第 72 页。

〔2〕《行政院三十二年四月十七日仁捌字第八八七二号训令》，转引自台湾“司法行政部”编：《战时司法纪要》，台湾“司法院秘书处”1971 年版，第 71 页。

立法原则"呈行政院核转立法院。[1] 6月28日,行政院第6199次会议修正通过了十二项立法原则。7月31日,国防最高委员会第115次常务会议决议照立法院法制专门委员会审查意见通过立法原则。9月16日,司法行政部拟定《特种刑事案件诉讼条例(草案)》。

2. 实施概况

1944年1月12日,《特种刑事案件诉讼条例》由国民政府公布,同年11月12日施行,期间三年嗣复奉命延长施行一年,所有准备及实施情形如下:(1)烟毒案件仍暂由军法机关受理;(2)条例施行前已系属于军法机关之案件仍由原机关依原程序终结执行;(3)各级法院办理此类案件指定富有经验之推检担任并与当地军警团队取得密切联系;(4)特种刑事人犯如监所不敷收容,应与当地军法机关商洽将原借普通监所返还,如另设有监所者商请移交;(5)规定特种刑事案件移送书式;(6)制颁特种刑事案件报部办法,死刑、无期徒刑专案具报,其余按月列报;(7)各省司法机关受理此类案件应增加之经费、人员及囚粮等编制概算呈准追加。[2]

---

〔1〕"特种刑事案件诉讼条例立法原则"主要内容如下:一、现由军事机关审理之特种刑事案件除军人为被告外,一律适用本条例审理,本条例未规定者仍使用刑事诉讼法及其他有关之法令。二、现由司法机关依照通常程序审理之刑事案件得按其内容列举数种,使用本条例审理。三、司法警察机关移送之案件得由法院迳行审理以提起公诉论,移送机关对于此项案件之判决得声明不服。四、第一审判决为死刑无期徒刑者,应由该管上级法院复核,其他判决如有声明不服者亦同。五、应行复核之案件应由第一审法院检同判决正本及卷宗证物呈送复核法院,但盗匪及汉奸案件,如所犯为唯一死刑之罪而又判处死刑,证据确凿且于该管区域镇压匪乱维持治安有重大关系者,得先行摘述事实证据及必须紧急处分之理由,电请,复核法院核准后,检卷呈核。六、复核法院对于应行复核之案件除提审莅审外,应于第一审法院将判决正本及卷宗证物送到后,二十日内分别核准或更正之判决,并不得经言词辩论以书面审理。七、复核法院得为不利益于被告之判决。八、对于复核法院之裁判不得声明不服。九、判决确定后发现,确实之新证据或漏未审酌之证据,足认原判决显有重大错误者得为受判决人之利益或不利益声请再审。十、违法判决确定后,经非常上诉撤销者,应另行改判,其不利益之效力及于被告。十一、复核再审及非常上诉撤销原判决时,其效力亦及于有同撤销理由之共同被告。十二、牵连犯、连读犯等一部分之犯罪事实系特种刑事案件时,除有特殊情形外,概适用特种刑事诉讼程序审判。转引自台湾"司法行政部"编:《战时司法纪要》,台湾"司法院秘书处"1971年版,第74页。

〔2〕1946年3月国民政府颁布法令,烟毒案件应即依照《特种刑事案件诉讼条例》移归司法机关审判,唯山西、甘肃、河南三省因情形特殊奉令仍暂由军法机关审判以一年为期至1947年10月始由司法机关接收,1946年12月颁布的《绥靖区及东北九省军政紧急措施办法》规定,绥靖区及东北九省之盗匪案件由军法审判。1947年12月《戡乱时期危害国家紧急治罪条例》规定,危害国家案件及重大之盗匪案件应设置特种刑事法庭审判,并将军政紧急措施关于盗匪案件由军法审判之规定予以废止。转引自台湾"司法行政部"编:《战时司法纪要》,台湾"司法院秘书处"1971年版,第71页。

(二)《特种刑事案件诉讼条例》的内容

1. 适用范围

《特种刑事案件诉讼条例》第 1 条规定:"依法律规定适用特种刑事审判程序之案件及本条例施行前依法令规定由军事或军法机关审理之案件,除军人为被告者外,均依本条例之规定审理之。"《特种刑事案件诉讼条例》作为特别法优先适用,如其没有规定的,适用《中华民国刑事诉讼法》及其他有关之法令。"前项案件由地方法院或县司法机关审理之,但系危害民国、汉奸、违反战时军律及妨害军机之案件由高等法院或分院审理之。"照此规定,内乱、外患、妨害秩序、烟毒、贪污、盗匪、汉奸等案件除军人为被告外,均依照该条例规定的程序审理。

该条例在第 2 条规定,按照《中华民国刑法》规定的牵连犯(从一重罪论断)和连续犯案件其一部之犯罪事实应依该条例审理时,全部应依该条例审理之。如在程子全(原任綦江县北渡乡第五保保长)、赵南江(该乡第一保保队附)、李仲华(任綦江县国民兵团服务员)等贪污案中,原审法院四川綦江县法院判决认定声请人程子全、赵南江、李仲华,于 1944 年 6 月 4 日夜间,伙同在逃之蔡长厚假借清匪拉丁名义,前往告诉人赵愚诚家将其捆吊勒索财物未付,即将其拘至白鹤寺保长办公处内私吊迫交一万九千元后,始行释放,遂判决被告三人贪污罪、勒索财物罪成立。被告三人不服,声请覆判。四川高等法院第一分院判决:原判决关于程子全、赵南江、李仲华勒索财物部分撤销,发回四川綦江地方法院更为审理;并在理由中阐明:"至声请人等共同妨害兵役部分系触犯普通刑法罪名,经原审谕知无罪后,未经原审检察官声明不服该部分即属确定并予指明。"[1]类似案件还有很多,如"金俊甫妨害兵役案"[2](妨害兵役罪与贪污罪牵连)、"项治民、刘文哲、刘泽普栽赃诬告案"[3](烟毒罪与诬告罪牵连)等。

2. 简化检察程序

该条例第 3 条规定:"司法警察官署移送案件于法院时,应用移送书记载下列事项:一、被告之姓名、性别、年龄、职业、住所或居所、其他足资辨别之特征。二、犯罪事实及证据并所犯法条。司法警察官署依前项规定移送之案件以提起公诉论,法院得迳行审判。"第 4 条规定:"依前条移

---

〔1〕《四川高等法院第一分院特种刑事判决(三十五年度特复字第一一〇号)》,重庆市档案馆藏,档案号:0109-1-28771。

〔2〕金俊甫妨害兵役案,重庆市档案馆藏,档案号:1-10。

〔3〕项治民、刘文哲、刘泽普栽赃诬告案,重庆市档案馆藏,档案号:101-6-1016。

送之案件审判期日，检察官得不出庭。”第5条规定：“依第三条移送之案件，原移送官署不得撤回。”照此规定，警察局（包括各省或区保安司令部、卫戍司令部及警备司令部）有权就特种刑事案件径直送法院审判，如胡荣生吸毒案[1]即由重庆市警察局查证后，径直移送法院审理。（见表1）但移送书若记载事项不完整，将被认为起诉程序违背规定，而不受理。尽管检察官不出庭参与该类案件的公诉，但是检察官仍为公诉人。[2] 省掉检察官的侦查起诉环节，让警察机构径直面对法院，亦是为了简化刑事案件的诉讼流程，缩短判案时间，从而达到加快刑事诉讼的目的。

表1　胡荣生吸毒案移送书

（重庆市警察局）特种刑事案件移送书[3]					民国三十六年三月二十二日 法审萍字第六四八号		
被告	姓名	性别	年龄	职业	特征	住所或居所	附记
	胡荣生	男	五十六岁	代书		渠家沟十八号	
关系人	姓名	性别	年龄	职业	何种关系	住所或居所	附记
	/	/					
右被告因吸毒案件，本局认为应行移送审判并详开各项于后							
犯罪时期	三十六年三月十二日						
犯罪地点	凤凰台						
犯罪事实	上被告吸毒由第五分局查获解案，经侦查终结认为应以审判						
犯罪证据	毒品一小包						
所犯法条	胡荣生犯禁烟禁毒治罪条例第八条第一项之罪嫌						

---

〔1〕 胡荣生烟毒案，重庆市档案馆藏，档案号：0110－6166。

〔2〕 最高法院编辑：《最高法院刑庭会议记录类编》，上海法学编译社1948年版，第152页。

〔3〕 1944年12月22日司法行政部关于检发特种刑事案件移送书给各省高等法院下达《训刑字第八二三零号训令》，其中附带说明：

（一）特种刑事案件包括：（1）已法律规定使用特种刑事审判程序之案件（如惩治贪污条例、惩治盗匪条例等）；（2）特种刑事案件诉讼条例施行前依法令规定由军事或军法机关审理之案件（如军机防护法、危害民国紧急治罪法、惩治汉奸条例、非常时期违反粮食管理治罪暂行条例、中华民国战时军律、妨害国家总动员惩罚暂行条例等）除军人为被告者外均得由司法警察官署用本移送书移送普通司法机关进行审判。

（二）被告在逃或未到案者应将其身体五官之特征记载明确。

（三）关系人包括告诉人、告发人及证人。

（四）移送机关对于本案有何意见得于“对于本案之意见”栏内记明之。

（五）附送人卷证件应分别记明“附送”栏附送人，有在保者，应将保状附送。

（六）犯危害民国汉奸罪、违反战时军律及妨害军机之案件应移送该管高等法院或分院审理，除移送该管地方法院审理外。

（七）“犯罪事实”栏如不敷填，其载时得用另纸记载，粘贴于后。

续表

对于本案之意见	人卷并送法院审判
附送	嫌疑犯胡荣生一名，软烟一小包，卷一宗
此致 重庆地方法院（或县司法机关） 重庆市警察局 （移送机关长官署名盖章）	

3. 声请覆判程序

《特种刑事案件诉讼条例》第7条至第23条以及第26条、第27条均为对于特种刑事案件的上诉及声请覆判的程序规定，主要内容有：对于依该条例所为之判决不得上诉但得声请覆判，对于覆判法院之判决不得声请再覆判；对于依本条例所为之裁定得依法抗告但不得再抗告，对于覆判法院之裁定不得抗告；依该条例所为之判决经声请覆判者，应由原审法院送直接上级法院覆判，但宣告死刑或无期徒刑之判决应不待声请，依职权径送最高法院覆判；声请覆判得由依刑事诉讼法有上诉权之人或依其他法令有申诉不服权之人为之[1]；声请覆判期间为十日，自送达判决后起算，但判决宣示后送达前之声请亦有效力；声请覆判应以书状提出原审法院为之；法院应于送达之判决正本内载明得声请覆判之期间及提出声请状之法院；有声请覆判权之人得舍弃其声请权，声请覆判于覆判法院判决前得撤回之[2]；送覆判之案件，原审法院应速将该案卷宗证物送交覆判法院；判决一部应覆判者应将全案覆判，其经共同被告声请覆判者亦同[3]；覆判案件以书面审理，但由高等法院或分院覆判者得提审或命推事莅审；覆判法院对于覆判案件之判决，应自接受卷宗证物之日起二十日内为之，但须提审莅审者其审判得酌量延长，不得过二十日，法院书记官接受判决原本后，除有特别规定外，应于七日内制作判决正本送达检察官、声请人或被告[4]；覆判法院认为声请覆判违背法律上之程式或其声请权已经丧失者，应以判决驳回之，但其情形可以补正者应定期间，命其补正；覆

[1] 参见最高法院编辑：《最高法院刑庭会议记录类编》，上海法学编译社1948年版，第154页。

[2] 此项案件不问有无舍弃声请权，均应予以覆判。参见最高法院编辑：《最高法院刑庭会议记录类编》，上海法学编译社1948年版，第155页。

[3] 判决一部应由最高法院覆判者，应就全案并予覆判。

[4] 覆判审限期间的计算，参照《刑事诉讼审限规则》办理。参见最高法院编辑：《最高法院刑庭会议记录类编》，上海法学编译社1948年版，第156页。

判案件认定事实适用法律无误或者诉讼程序虽系违背法令而显然于判决无影响时，覆判法院应为核准之判决，若有违背法律之点，应于判决内指正[1]；覆判法院为核准判决时，得同时谕知缓刑；覆判案件除应驳回或应全部核准者外，覆判法院应撤销原审判决，自为判决，但原审判决认定事实显有不当者得以判决发回原审法院或发交其同级之他法院更为审理；覆判法院得谕知较重于原审判决之刑。

从以上规定可以看出，该条例规定的覆判，目的在于限制上诉，减少审级，便捷快速审理。与普通案件覆判用以辅助上诉再审制度之不足相比，性质迥异。

4. 再审及其他规定

该条例第28条至第33条，均为再审程序的规定。如按照该条例作出的有罪、无罪、免于起诉或不予受理的一审判决确定后，发现确实之新证据者亦得为受判决人之不利益声请再审，发现漏审重要证据的，可以声请再审，但是应在收到判决后二十日内提出；声请再审由原判决法院管辖；原判决若被撤销时，应另行判决。[2]

第24条和第25条，规定汉奸、盗匪罪的死刑判决，如跟当地镇压匪乱维持治安确有重大关系时，原审法院可以先行摘叙犯罪事实、证据及必须紧急处分之理由，电请最高法院就死刑部分予以核准，随后补送卷宗证物；最高法院核准时或在收到卷宗证物后核准时应自接受电报之日起三日内，径电司法行政部令准执行其核准之电文，该电文视为核准判决并毋庸送达判决书。[3]

第34条，覆判法院之判决，除被告已因提审解送至覆判法院所在地之看守所或监狱者外，应由原审法院之检察官指挥执行之。

---

〔1〕 原审将特种刑事案件与普通刑事案件混同判决，被告对于普通刑事部分未经声请覆判，最高法院对于普通刑事部分因其不属覆判范围，应在判决理由内说明，并指示原审纠正程序上之错误。

〔2〕 该原审法院不包括最高法院。参见最高法院编辑：《最高法院刑庭会议记录类编》，上海法学编译社1948年版，第158页。

〔3〕 该死刑复核涉及三种不同的情形：一、最高法院对于汉奸盗匪案件电准执行死刑之部分应否补制覆判判决书？决议：电准死刑部分之电文视为核准判决。嗣后即毋庸制作覆判判决书。二、原审法院随后补送卷宗证物到院。如经审核后发见原电文有虚妄情形时，应如何办理？决议：原审随后补送之卷证经审核发见其原电有虚妄情形者，应由最高法院将卷证送由司法行政部核办。三、如原电仅摘述被告犯罪事实，而未将被告所犯法条记明者，应否予以核准？决议：原审法院电请核准死刑之电文仅摘述被告犯罪事实。而于其所犯法条漏未记明者，应不予核准。参见最高法院编辑：《最高法院刑庭会议记录类编》，上海法学编译社1948年版，第157页。

第35条和第36条,分别规定施行期间和生效日期。

《特种刑事案件诉讼条例》作为当时特定历史条件下的一部首创的刑事诉讼特别法,其立法基础先天不足,漠视被告人的诉讼权利保护,甚至剥夺了特种刑事案件被告人的上诉权,无视被告人的人权保障;忽视了对于冤假错案的预防机制及特种刑事案件证据制度的设计,片面追求特种刑案的诉讼效率,从而损害了刑事司法的公正性,降低了法律的公信力。但不能否定的是,其在打击犯罪、维护社会秩序稳定、保障民众生命财产安全、节省诉讼资源、减少积案提高司法效率方面作用明显,直接增强了抗战的力量,发挥了抗战大后方司法为战争服务的职能,其进步意义不容低估。

立法具有一定客观性,是对当时社会状态的法律反射。而立法者的首要职责就是"必须把经济上和社会上的要求与立法活动联系起来,制定出反映人民意志和愿望的法律"[1]。经济和社会发生变化,就会导致法律发生某种程度的变化。在战时特殊的环境下,国民政府的刑事立法"适时""宜民",既有着中国传统法律文化的烙印,也反映着西方法律文化的先进理念,在战火硝烟中步履蹒跚地走向现代化。

---

〔1〕[美]约翰·亨利·梅利曼:《大陆法系》,顾培东、禄正平译,知识出版社1984年版,第94页。

第三章 抗战大后方刑事审判制度改革

一、战时国民政府刑事审判制度述要

南京国民政府建立之后，在民初司法审判制度的基础上，借鉴了大陆法系许多国家的先进法制成果，在极短的时间内，快速、高效地制定了具有现代法意义的“六法全书”，使得司法审判有了成文法依据；从审判依据的渊源、结构、立法技术以及新式法院的设立、法官选任条件等角度看，南京国民政府司法审判制度的运行日趋成熟。下文将重点介绍 1935 年《中华民国刑法》和《中华民国刑事诉讼法》修正后，国民政府刑事审判制度方面相关内容。

（一）刑事审判原则

所谓刑事审判原则（主义）[1]是指用来指导刑事审判活动的规范和准则，贯穿于刑事审判活动的始终，并在审判活动的主要阶段起重要作用，对审判活动的开展具有普遍指导意义。刑事审判原则具有规范性、根本性、普适性和政策性的特点。[2] 各国因政治、经济状况和时代背景之不同，故所采用的审判原则亦不同。1935 年，刑事诉讼法修正后，国民政府采用的刑事审判原则主要有下列几项。

1. 以两造审理为原则，一造审理为例外

造者，至也，是指诉讼参与双方，在刑事诉讼中具体指控辩双方。两造审理，指法院必须审问两造，经两造当事人言词辩论后才为裁判；一造审理，指法院仅以到场当事人一造之辩论而为裁判。“不可听片言而断诉讼”，“当事人在诉讼进行中，往往仅提出有利于己之资料，仅听一造之陈述而为裁判，势必不利于他一造，必取一造之主张及证据为基础，并参酌他一造之主张及证据而为裁判，而后裁判可期公平”。[3] 一造审理，即缺席审判，违反了刑事诉讼中的客观真实原则。法官不得作出有罪推定，亦不能在被告缺席下作有罪判决。“惟民刑诉讼，贵在真实之发现，判断之公平，非听两造之主张及其证据，绝对不能达其目的。”[4] 如《中华民国刑

---

〔1〕 民国时期称诉讼原则为诉讼主义。详见左德敏：《诉讼法上诸主义》，载何勤华、李秀清主编：《民国法学论文精萃》（诉讼法律篇），法律出版社 2004 年版，第 108—121 页。

〔2〕 樊崇义主编：《刑事诉讼法学》，中国政法大学出版社 2012 年版，第 96 页。

〔3〕 左德敏：《诉讼法上诸主义》，载何勤华、李秀清主编：《民国法学论文精萃》（诉讼法律篇），法律出版社 2004 年版，第 114 页。

〔4〕 魏冀征：《我国诉讼法主义之研究》，载何勤华、李秀清主编：《民国法学论文精萃》（诉讼法律篇），法律出版社 2004 年版，第 128 页。

事诉讼法》第 260 条规定:“审判期日,除有特别规定外,被告不到庭者,不得审判,许被告用代理人之案件得由代理人到庭。”第 298 条规定:“法院认为应科拘役、罚金或应谕知免刑或无罪之案件,被告经合法传唤无正当理由不到庭者,得不待其陈述迳行判决。”上述规定说明了国民政府的刑事审判以两造审理为原则、一造审理为例外。学者对此评论道:

> 盖亦因恐采用一造审理主义,若轻信一造之主张,或其所提出之证据,而为判断之基础,则其判断之结果,势必至有失出失入之虞,此故以两造审理为原则,而以一造审理为例外,则双方兼顾,可谓完美,而近世立法,如德意志日本等,亦莫不皆然也。[1]

2. 直接、言词审理原则

直接、言词审理原则是指,法官必须在法庭上亲自听取被告、证人等的陈述,案件事实和证据必须以口头方式向法院提出,法庭调查必须以控辩双方口头辩论、质证的方式进行。

直接审理,以法官直接认知的诉讼材料为裁判基础,包括直接审理和直接采证,如《中华民国刑事诉讼法》第 285 条规定:“审判期日,应由参与之推事始终出庭,如有更易者应更新审判程序。参与审判期日前准备程序之推事有更易者,毋庸更新其程序。”第 260 条规定,被告不到庭者,不得审判。第 287 规定,被告心神丧失者,应于其回复以前停止审判,但无罪、免诉不受理、免刑时可缺席判决;被告因疾病不能到庭者应于其能到庭以前停止审判。第 265 条、第 172 条、第 184 条都规定了检察官、证人、鉴定人均须亲自陈述及辩论。这些规定体现了直接审理原则的具体运用。当然,事实上的困难,使得间接审理成为例外之规定。如第 258 条规定,合议审判的案件,为准备审判起见得以庭员一人为受命推事,于审判期日前询问被告及搜集或调查证据。第 297 条规定,被告拒绝陈述时可迳行判决,其未受许可而退庭者亦同。

言词审理,包括控辩双方口头进行询问、辩论,被告、证人、鉴定人口头进行陈述或作证,法官进行口头询问和宣判。言词审理比书状审理利多弊少,“使诉讼进行较为迅速;容易发现真实;可为判决之资料较易完备;因审判长之指挥,可免程序之重复或遗漏;随各事件之状态,以促辩论

---

〔1〕 魏冀征:《我国诉讼法主义之研究》,载何勤华、李秀清主编:《民国法学论文精萃》(诉讼法律篇),法律出版社 2004 年版,第 129 页。

之进行较为活泼便利；易达公开审理主义之目的。”[1]但是也有容易误解遗忘，难以明确复杂关系，更新审理时不免反复等缺点。言词审理与书状审理优劣互补，故《中华民国刑事诉讼法》第250条规定：“审判期日，应传唤被告或其代理人并通知检察官、辩护人、辅佐人。”第282条规定，调查证据完毕后应命检察官、被告、辩护人依次就事实及法律进行辩论。但是，在刑事第三审程序中，第三审法院之判决不经言词辩论为之，但法院认为有必要者得命辩论（第381条）；非常上诉之判决，不经言词辩论为之（第437条）。从这些规定可以看出，国民政府并非奉行英美法系国家通常采用的完整意义上的直接、言词原则，而是在一定程度上体现直接、言词原则，以间接、书状为例外。

3. 审判公开原则

审判公开是指法院在审理案件和宣告判决时都公开进行，包括审理过程公开、审判结论公开、审判对象公开，“昭示审判公正”。公开审判的优点主要有：“可以防止检察官审判官之专横；可以促进裁判之公平；可使诉讼关系人不敢为不实之供词；可以增高法院之威信；可促成法官之行为公正；可使律师或诉讼代理人热心事务。”[2]刑事诉讼法第44条规定审判笔录要载明不公开审理的理由；第371条规定非依法不公开审理为“违背法令”，可以撤销或改判，这可以看出公开审理的具体体现。[3]

和审判公开相对立的是审判密行，不允许公众旁听。秘密审判可以快速便利地收集证据，但是不利于司法公正，有损司法威信。国民政府在《中华民国陆海空军审判法》第2条规定“军法会审不准旁听”，对军法审判施行秘密审理。

此外，还有辩护原则、回避原则、无罪推定原则、罪刑适应原则、不得重复处罚原则、起诉便宜主义原则、起诉状一本主义原则等。

（二）刑事审判机构

在北洋政府时期司法建设的基础之上，南京国民政府按照“五权宪法”的制度架构，逐步建立了一整套相对完整的司法组织体系和审判运作

---

〔1〕 魏冀征：《我国诉讼法主义之研究》，载何勤华、李秀清主编：《民国法学论文精萃》（诉讼法律篇），法律出版社2004年版，第129—130页。

〔2〕 魏冀征：《我国诉讼法主义之研究》，载何勤华、李秀清主编：《民国法学论文精萃》（诉讼法律篇），法律出版社2004年版，第135页。

〔3〕 法律上亦有不公开审理的例外，如《中华民国法院组织法》第65条规定，有碍公共秩序和善良风俗时，可以不公开审理。

机制。按照1935年7月1日施行的《中华民国法院组织法》规定，普通法院分地方法院、高等法院和最高法院三级，其中地方法院设于县或市，也可合并数县设立一个地方法院，对于区域辽阔者，得设地方法院分院；地方法院及分院主要管辖民刑事第一审诉讼案件和非讼事件。高等法院设立于省、特别区、首都及院（指行政院）辖市，亦可设分院，高等法院管辖内乱、外患及妨害国交之刑事第一审诉讼案件、不服地方法院及其分院第一审判决而上诉或裁定而抗告的案件。最高法院设于国民政府所在地，且不设分院。

但由于南京国民政府成立初期，并未对全国实现真正的统一，加上近代中国的政局动荡，各自为政现象严重，于是在各地的基层审判机构设置混乱、名称差异较大。直至抗战爆发前，在大多数县级地区，还有由兼理司法机构来履行司法审判机构职能，处理基层的民刑案件；主要有县行政长官兼理司法、司法公署、司法处[1]几种模式。1935年9月16日，司法院召开全国司法会议，决议整理县司法，将所有兼理司法县政府改设司法处，以为将来设置地方法院作铺垫。嗣后，《县司法处组织暂行条例》颁行，决定以三年为期设立县司法处，作为普设正式地方法院的过渡。《县司法处办理诉讼补充条例》和《县司法处刑事案件覆判暂行条例》亦在其后不久公布。民刑事第一审诉讼案件（法律另有规定除外）和非讼事件由县司法处管辖；县司法处设立审判法官，独立行使审判职务，县司法处之检察及司法行政事务由县长负责。县司法处其辖区与县行政区域相同，审案依据可适用或准用民事诉讼法和刑事诉讼法及其他关于法院通用之法令。对于县司法处的刑事判决，可以提起上诉或抗告，但应向该管高等法院或分院为之。

（三）检察制度

检察制度是近代资产阶级革命胜利以后的产物。清末，随着西法东进，大陆法系的检察制度亦随之输入，检察机构亦成为中国司法制度上史无前例的一个新型机构。民国初年，北洋政府沿袭清制，实行审检分立的检察制度。南京国民政府成立后，立即撤销了独立检察机构并将原检察

[1] 县司法处是南京国民政府时期在县级地方所推行设立的司法审判机构，也是在其六年司法改良计划未果之后又设计的新的基层司法制度。1936年4月9日，《县司法处组织条例》公布实施，规定：凡未设法院各县，暂于县政府内设县司法处处理司法事务。县司法处受理本县境内除法律另有规定的民事、刑事第一审诉讼案件和非讼事件。县司法处设审判官一至两名独立行使审判职务，县长兼理检察事务。

官配置在法院中。[1] 根据1928年颁行的《中华民国刑事诉讼法》规定，检察官的职权主要有侦查、起诉、实行公诉、协助或者担当自诉、指挥刑事裁判执行等。1935年，在南京国民政府召开的全国司法会议上，检察制度的存废之争十分激烈，双方就检察权的本源、检察制度与遏制犯罪、检察制度与独立审判等问题各执己见。但是，出于打击犯罪和维护专政统治之需要，国民政府并未废除检察制度，且不断调整和完善之。

"检察官为国家之代表，凡有触犯国家刑章，均负检举职责。"在平时，凡关于刑事案件，均与检察官有关系，盖刑事诉讼并非只是被害人与被告之共同诉讼行为，而是国家与被告之共同诉讼行为，且非为被害者申其冤而为之报复，因为被告的犯罪行为侵犯国家之法权，"故代表国家之公益之检察官，对于刑事诉讼，除告诉乃论之罪外，均有干与检举之权。至战时国家代表之检察官，其职责更宜加重。"[2]

《中华民国刑事诉讼法》在1935年修正后，检察官的职权有所变化。如对于起诉与否的自由裁量权扩大，可以斟酌刑法之规定，准许检察官于刑法第61条所列各罪之案件，参酌刑法第57条所列事项，认为以不起诉为适当者，即得为不起诉之处分；另外，检察官行使侦查权时得指挥监督之人员范围有所扩大，如第208、209、210条规定，县长、市长、警察厅长、公安局长、警察局官长等依法令关于特定事项得行司法警察官之职权者，均属司法警察官，有协助侦查犯罪之义务。

（四）刑事审判程序

民初以来所进行的刑事诉讼法制建设，虽或暂时援用清末旧制，或草订新章，但扫除封建残余，采纳各国先进诉讼原则的指导思想贯穿始终，其中制定的刑事诉讼程序，已大异于中国封建时代的刑事法制，彰显出融入世界文明大势的特点。

1. 公诉与自诉

公诉者，乃对于自诉而称者，凡犯罪由检察官侦查起诉，以及因此开始之诉讼程序，谓之公诉程序。[3] 《中华民国刑事诉讼法》采用起诉法定

---

〔1〕 南京国民政府成立后，宣布"检察制度，体察现在国情，参酌各国法制，实无专设机关之必要，应自本年十月一日起，将各级检察厅一律裁撤。所有原日之检察官，暂行配置于各该级法院之内，暂时仍旧行使检察职权。其原设之检察长及监督检察官，一并改为各级法院之首席检察官。"转引自张培田、张华：《近现代中国审判检察制度的演变》，中国政法大学出版社2004年版，第271页。

〔2〕 李生泼：《战时司法》，商务印书馆1939年版，第16页。

〔3〕 参见戴修瓒：《刑事诉讼法释义》（下册），康焕栋修编，会文堂新记书局1937年版，第234页。

主义，规定各级检察官因告诉、告发、自首或其他情事知有犯罪嫌疑者应即侦查犯人及证据（第207条）；检察官依侦查所得之证据足认被告有犯罪嫌疑者应提起公诉（第230条），法院不得就未经起诉之犯罪审判（第247条）。即在刑事案件中，除由被害人自诉外，均应由检察官提起公诉。同时，又采用起诉便宜主义，即允许检察官对于已构成犯罪、具备起诉条件的刑事案件，从被告人及其罪行等具体情况以及刑事政策等出发，作出不起诉的决定，如第232条和第233条规定，检察官于刑法第61条所列各罪之案件，参酌刑法第57条所列事项，认为不起诉为适当时可以为不起诉之处分；被告犯数罪时，其一罪已受或应受重刑之判决，检察官认为他罪虽行起诉于应执行之刑无重大关系者，得为不起诉之处分。

所谓自诉，则是刑事被害人及其法定代理人等，以个人名义向法院提起诉讼，要求保护自身合法权益，追究被告人刑事责任的诉讼活动。修正前的《中华民国刑事诉讼法》规定，被害人提起自诉，以对于初级法院管辖之直接侵害个人法益之罪和告诉乃论之罪为限，但修正后规定，犯罪之被害人得提起自诉但以有行为能力者为限，极大地扩张了自诉的范围。[1]同时规定，自诉不适用于对直系尊亲属或配偶提起；对于告诉或请求乃论之罪已经不得为告诉或请求时，不能再行自诉；同一案件经检察官终结侦查后，不能再行提起自诉。

2. 上诉审程序

上诉审程序即为，原审的上一级法院根据当事人的上诉，对一审未生效的判决进行重新审批的诉讼程序。[2] 按照《中华民国刑事诉讼法》规定，当事人不服一审判决时可以上诉于上级法院，检察官为被告之利益亦可向上级法院提出上诉；被告之法定代理人或配偶可以为被告之利益独立提起上诉；原审之代理人或辩护人得为被告之利益而上诉，但不得于被告明示之意思相反；检察官对于自诉案件之判决得独立上诉。上诉期间为十日，自一审判决送达后起算，但一审判决宣示后送达前之上诉亦有效力。

---

〔1〕 亦有当时学者认为“是自诉范围之扩张，实弊多益少”，“惟按自诉制度之设，盖因某种犯罪，与公益无关，乃许被告人提起自诉，无须国家机关参与之必要。若不论何种犯罪，概许自诉，往往任意主张，淆乱事实，或用以为敲诈勒索之手段，或就民事问题，故意以刑事提起等等，徒臻审判之烦劳，于人民之权益，并非有补。”参见高熙：《新旧刑事诉讼法之比较》，载何勤华、李秀清主编：《民国法学论文精萃》（诉讼法律篇），法律出版社2004年版，第528页。

〔2〕 “上诉，系对于判决而设之救济方法……因其审级之不同，得分为第二审上诉与第三审上诉两种，对于地方法院之第一审判决上诉者，谓之第二审上诉；对于高等法院之第二审或第一审判决上诉者，谓之第三审上诉。”参见陈璞生：《刑事诉讼法实务》，台湾海天印刷厂有限公司1981年版，第460页。

第二审法院就上诉之内容，于事实和法律方面进行审理，认为上诉无理由者应以判决驳回上诉；认为上诉成立则改判或发回重审。至于第三审程序中，第三审法院仅就法律问题进行审理，非以判决违背法令为理由不得上诉至第三审法院〔1〕，但原审判决后，刑罚有废止、变更或免除者，可以启动第三审程序。

3. 覆判审程序

所谓覆判，即指对于非地方法院作出的一审刑事判决，不论当事人是否上诉，都要在一定的期限内将案件卷宗和审理结论送到高等法院去审查的一种特定自动上诉的制度。司法行政部在 1937 年 1 月 1 日废止《覆判暂行条例》前，于 1936 年 6 月 27 日公布实施了《县司法处刑事案件覆判暂行条例》。其规定：县司法处之刑事案件，未经上诉或撤回上诉或上诉不合法，未经第二审为实体上之审判时，应由高等法院或分院覆判。覆判审为救济非正式法院刑事案件判决之不当而设之特别刑事诉讼程序。

> 盖县司法处之组织，即较普通法院为简；且其审判官之资格，亦不如推事之严。而兼理检察事务之县长，每因是职之繁，忽于提起上诉，被告或其他有上诉权人，又不明法律，以致判决确定，事恒有之。轻微案件，其关系固较微小；若系重大案件，则影响人民之权益甚。乃制定本条例，使县司法处之刑事案件，由高等法院或分院覆判，以资纠正。〔2〕

原审县司法处，对于应行覆判之刑事案件，于上诉期间届满或上诉后，其卷宗及证物未送上诉法院者，应于五日内，将判决正本及卷宗证物，呈送该管高等法院或分院检察官。高等法院或分院检察官，于接受判决正本及卷宗证物后，除认为有提起上诉之必要时，得于十日内向法院提起上诉者外，应于五日内，转送该管法院覆判。至撤回上诉之案件，其卷宗

〔1〕《中华民国刑事诉讼法》第 371 条规定，下列情形之一者为违背法令：法院之组织不合法者；依法律或裁判应回避之推事参与审判者；禁止审判公开非依法之规定者；法院所认管辖之有无系不当者；法院受理诉讼或不受理诉讼系不当者；除有特别规定外被告未于审判期日到庭而迳行审判者；依本法应用辩护人之案件或已经制定辩护人之案件辩护人未经到庭辩护而迳行审判者；除有特别规定外未经检察官或自诉人到庭陈述而为审判者；依本法应停止或更新审判而未经停止或更新者；依本法应于审判期日调查之证据未予调查者；未予被告以最后陈述之机会者；除本法有特别规定外已受请求之事项未予判决或未受请求之事项予以判决者；未经参与审理之推事参与判决者；判决不载理由或所载理由矛盾者。

〔2〕陈璞生：《中国特别刑事法通论》，中华书局 1937 年版，第 177 页。

及证物,已送上级法院或上诉不合法,未经第二审为实体上之审判者,高等法院或分院,亦应径予覆判,毋庸检察官之转送。高等法院或分院,发现初判有疑义事项,得令原审县司法处查复。

覆判结果分为三种。一是核准。若发现案件法律事实相符;事实明了,仅系援用法律错误,不影响于科刑者;诉讼程序,虽系违背法令,而显然于判决无影响者,应为核准之判决。此项核准判决,既系维持初判之判决,自应以初判所认定之事实,为其根据。至初判所援用法律错误,及诉讼程序有违背法令者,自应于核准判决之理由内,纠正之。二是更正。若发现案件事实明了,援用法律错误,致罪有失入者;主刑之量刑失当者;从刑或保安处分失当者;缓刑不合法定条件者,则应为更正之判决。三是覆审。裁定覆审后,其原审判决视为撤销,且不得就覆审裁定提出抗告。若发现案件事实虽已明了,惟其主刑量刑失当,认为应加重至处无期徒刑或死刑者;或有上述核准或更正判决以外之情形者,如初判未经记载事实不明或认定事实错误等,应为覆审之裁定。

当社会变迁处于激烈的质变时,法律变革也呈现出一种全局性的根本变化,这种变化不是形式上的损益,而是涉及法律文化的类型转换和价值转换。它从根本上改变了旧的法律制度的本质和结构,确立了一种新的法律正义标准及其运作机制,从而给新的社会生活系统提供了有效的规范与制度支持。[1] 清末民初时期的法制变革正是如此。在这段历史时期中,南京国民政府所倡导的刑事诉讼原则的确立、刑事诉讼模式的选择、刑事审判制度的革新及现代司法机构的组织建设,都具有划时代的创新价值和意义。当然,我们也应该看到,整个刑事司法实践并未如法律体系本身这样完善,而存在法条与实践脱节的现象。[2]

二、战时刑事审判改革的主要举措

法律的属性决定了这样一个法制变革规律:肇始于社会历史变迁,产生于社会变革的直接要求,即社会变革发展到一定的阶段必然会对法制

---

〔1〕 参见[美]哈罗德·J. 伯尔曼:《法律与革命——西方法律传统的形成》,贺卫方等译,中国大百科全书出版社 1993 年版,第 23—25 页。

〔2〕 比如说,检察制度随着国民党政权的变更动荡,走过了一条扭曲的道路,检察制度由最初的价值理念逐渐转变为工具理念,特别是国民党一党专政独裁时期,随着“司法党化”的趋势,检察机关主要扮演起了镇压共产党人和进步人士、利用司法铲除异己的角色。可以看出,当时实践中检察制度背离了最初的设想,背离了司法独立原则的根本宗旨。

改革提出自己的要求,法制改革是社会变革的直接要求,法制变革的动力来自社会自身;反过来,法制变革又是社会实现自身变革的重要手段。[1] 在抗日战争硝烟中,国民政府司法机关在大后方竭力保持着司法机构和体系的完整,力图维持法律的稳定与司法审判功能的实现。为适应战争形势,国民政府对刑事审判制度进行了战时调整,主要有简化诉讼程序、试行巡回审判、改进检察制度、设立地方实验法院等,以增强抗战力量,更好地发挥司法为抗战建国服务的功能。

(一)检察制度方面

战时国民政府更为重视发挥检察官检举犯罪的职能。如针对抗战初期间谍汉奸活动猖獗的现象,1937 年 9 月 14 日司法行政部严令:

查自抗战以来,各地揭发汉奸,时有所闻。此辈因贪图微利,顿忘实祸,不惜甘心为敌利用,危害国家。非厉行检举,严于惩治,不足以期尽绝。检察官有检举犯罪之责,对于此类犯罪,务须随时随地严密注意,认真举发,以尽职责。是为至要!……此令。[2]

1938 年年底,再次训令:

……际兹国难日亟,一致御侮时期,岂容有丧心通敌之徒,致拟后方之安定。检察官职司所在,尤应厉行检举;并随时随地特加注意。如发现有汉奸嫌疑,应即严密侦查,依法检举,以绝根株……切切此令。[3]

另外,就征兵过程中,办理役政人员徇私舞弊等危害行为,司法行政部于 1938 年 12 月 10 日发布训令云:

查应征兵役,固国民当尽之义务,而征集招募,均有一定之规章。近闻各地办理役政人员,间有故违法令,舞弊营私事情。

---

[1] 参见韩秀桃:《司法独立与近代中国》,清华大学出版社 2003 年版,第 333 页。

[2] 《司法行政部二十六年九月十四日训字第五七四一号训令》,载李生波:《战时司法》,商务印书馆 1939 年版,第 16 页。

[3] 《司法行政部二十七年十二月十日训字第四五九二号训令》,载李生波:《战时司法》,商务印书馆 1939 年版,第 17 页。

> 不惟无以维系人心，抑且妨碍役政推行，其影响抗战前途，实属重大。检察官职责所在，自应随时注意，倘发现上开情弊，应予依法检举，以安民心，而重要政。除分令外，合行令仰该首席检察官遵照，并转饬所属一体遵照。此令。[1]

1944 年 4 月，司法行政部就检察制度详加检讨并斟酌实际情况，谋为有效之改进，制定了《改进检察制度方案》呈行政部报国防最高委员会审批：

> （一）高等以下各级法院仅配置检察官，废止检察处名义检察官，官印、官章撤销；
>
> （二）法院一切行政由院主管，关于行政事务检察官受院长之监督；
>
> （三）院长不由推事兼任，但得兼任推事办理刑事审判以外之事务；
>
> （四）检察官职权应加调整：告诉告发之案件统由法院依自诉程序迳行审判，其向检察官为之者，检察官应即移送法院，检察官检举犯罪非必要不得实施强制处分，检察官撤回公诉应得法院之同意，审判期日检察官得不莅庭，上诉第三审案件检察官得不提出答辩书并毋庸添具意见书，应送覆判案件径送法院毋庸经过检察官，刑事裁判由推事指挥执行；
>
> （五）法院预算内增加调查费专供检察官检举犯罪调查案情之用；
>
> （六）加强军警团队对于司法之协助；
>
> （七）另订检察官检举犯罪考核办法。

为了促使检察官自动检举犯罪并考虑到“最高法院检察官办理上诉案件已甚繁重，当无暇从事自动检举及事实上高等法院以上各级检察官自动检举案件极少”，1944 年 6 月，司法行政部公布《地方法院检察官自动检举案件考核办法》，共七条，主要规定了：地方法院检察官自动检举的案件，应将案由、件数、检举理由摘要按月呈送首席检察官审核，并附法律文

---

〔1〕《司法行政部二十七年十二月十日训字第四五九三号训令》，载李生泼：《战时司法》，商务印书馆 1939 年版，第 17 页。

书。首席检察官核加评语,并拟定成绩分数,列表密呈高等法院、转报司法行政部。成绩的评定以检举案件的数量多寡,犯罪事实是否真确及案情繁简轻重为标准。该成绩将作为年终考绩时的参考。[1]

为了提高检察官与推事调度司法警察的实效,1945 年 4 月 10 日,国民政府公布《调度司法警察条例》,共 14 条,明确了辖区内市长、县长、设治局长、警察厅长、警务处长、警察局长或警察大队长以上官长均有协助职责;警察分局长、宪兵队连长或以下官长应听指挥执行;警长警士、宪兵、铁路森林渔业矿业等各专业警察机关之警长警士、海关监场之巡缉员警为司法警察,应受检察官、推事之命令执行职务,不得藉词延搁。并规定司法警察办理本条例规定事项著有成绩或有废弛职务之情形者,该管首席检察官或法院院长得迳予嘉奖、记功、记大功或申戒、记过、记大过,其废弛职务情节重大者并得商请该管长官予以撤职或其他处分。[2]

战时检察制度之改进,一方面能加大检举犯罪、惩治犯罪的力度,实现对犯罪行为的有力打击;另一方面能扩大检察官的裁量权,将一部分非罪案件和微罪、存疑案件阻挡在法院的大门外,从而减少法院案件的审理数量和积压数量。这对于不堪重负的法院而言,无疑是减压之举。

(二)法院组织方面

1. 法院的机构调整

随着中央机关内迁重庆后,按照《中华民国法院组织法》规定,最高法院也迁至重庆。国民政府中央司法机关为维护司法统一,没有设立最高法院分院的先例。[3] 但因战火阻滞交通,不服各地高等法院裁判上诉抗告案件多有迟延,且相关卷宗证物汇票在邮递途中亦遭毁损。于是,国民政府决定在抗战期内,设立最高法院分庭。同时公布《最高法院设置分庭暂行条例》,规定最高法院为便于处理诉讼事件,可以就适当区域设置分庭,得设于该区域之高等法院或分院内;最高法院分庭,受理各该区域内不

---

〔1〕 参见台湾"司法行政部"编:《战时司法纪要》,台湾"司法院秘书处"1971 年版,第 26—27 页。

〔2〕 参见台湾"司法行政部"编:《战时司法纪要》,台湾"司法院秘书处"1971 年版,第 34—35 页。

〔3〕 1932 年,西南政务委员会曾就设立最高法院西南分院一事专门咨请最高法院和司法行政部,希望允准设立最高法院分院,但中央司法机关对此予以禁止,保持司法统一的态度极其坚决。详见《法律评论》第 466 期。但当时学界对于最高法院分院的设置,亦有持不同意见的。参见俞承修:《关于改良司法之我见》,载《法学杂志》第 8 卷第 4 期。转引自杨猛:《民国时期(1927—1937)司法审判制度研究——以河南地方刑事审判制度为例的考察》,河南大学 2007 年硕士学位论文。

服高等法院或分院之裁判而上诉或抗告之事件;最高法院分庭设推事五人至七人,以资深一人充庭长,处理该分庭一切事务,并兼民刑事庭审判长;最高法院分庭检察官之职务,得由各区域内高等法院或分院检察官代理。[1]

至于地方法院和高等法院的普设,也得到司法行政部重视,抗战期间逐年增设。从1938年至1944年法院增设统计表(见表6)[2]中可以看出司法行政部就普设法院所作的努力。

表6 1938年至1944年法院增设统计表 (单位:所)

		1938年	1939年	1940年	1941年	1942年	1943年	1944年
法院	地方法院	10	12	14	48	7	1	18
	高等法院	—	1	—	—	—	—	10
	高等法院分院	—	2	4	4	—	—	—
合　计		10	15	18	52	7	1	28

2. 新设地方实验法院

1942年,司法行政部以"诉讼程序规定过繁,应予简化以期便民"为由,在陪都重庆附近的璧山区域建璧山实验地方法院。该法院以《司法行政部定之实验地方法院办理民刑诉讼补充办法》为依据审理案件。实验结果颇见成效,结案进度很快,大多数案件在十五日内办结占百分之七十多,在五日内审结占百分之十三,其余一月内审结占百分之九,一日内办结者占百分之五,特殊情形超过一月办结者仅占百分之二,以视普通法院显见进步,但1944年因原有设立北碚实验法院的计划"需费甚巨,不得不暂从续议",而璧山实验法院的各项实验工作虽然"已收相当效果",但管辖范围不够广,诉讼案件比较少,实验效果还需要在通都、大邑再行实验后方可推行全国,所以行政院核准再就重庆地方法院改为实验法院,实验改革方案。[3]

作为战时重庆最早建立的实验地方法院,璧山实验法院根据《实验地方法院办理民刑诉讼补充办法》在刑事审判上主要有两个方面的改变。第一,扩张自诉范围以缩短诉讼程序。其规定犯罪之被害人及其他得为告诉之人,均得提起自诉,并可以言词方式提起。犯罪事实(重罪除外)一部分提起自诉的,其他部分虽然不得自诉,亦可以自诉论。可自诉的案件,经告诉的,除告诉人有反对表示外,检察官应即移送法院,按自诉程序办理。承办推事发现自诉人确系故意诬告,而未经被告提起反诉的,应移

---

[1] 参见居正等:《抗战与司法》,国立出版社1939年版,第10页。

[2] 参见台湾"司法行政部"编:《战时司法纪要》,台湾"司法院秘书处"1971年版,第3页。

[3] 参见台湾"司法行政部"编:《战时司法纪要》,台湾"司法院秘书处"1971年版,第7页。

送检察官侦查。第二,增加缓起诉规定以期情法之平。对于轻微刑事案件,检察官认为以缓起诉为适当者,可以给予一年以下缓起诉处分及停止追诉时效。检察官可命令被告向被害人道歉、立悔过书、支付百元以内的抚慰金。在缓起诉期内,受此处分者付保护管束。[1] 如在缓起诉期内,有故意犯罪,或应赔偿的损害不按期履行,或者违反保护管束规则情节重大等行为时,该缓起诉处分撤销,检察官随时起诉。处分期满,未经撤销者与确定的不起诉处分,具有相同法律效力。

司法行政部在重庆建设或者改造地方法院为实验地方法院,主要目的也是简化诉讼程序,降低诉讼成本,提高司法效率,减少民众诉讼负累,缓解战时的社会矛盾。1945 年年底璧山和重庆实验地方法院结束实验改革,其运行期间的实践经验为战后国民政府的诉讼法修改提供了重要参考。[2]

(三)内容体系方面

1. 简化诉讼程序

就民国诉讼程序繁杂问题,立法院院长居正认为:

> 民刑诉讼,程序繁重,最易失之于纾缓松懈,在平时已影响于行政效率,而在抗战期间,关系尤为显著。例如在接近战区地方,有随时受战区扩大的影响的可能,一案未决,地方沦陷,人民与政府之间俱感困难,所以在战争期间,改善诉讼程序以增加审判运行速度,实为必要。[3]

抗战初始,最高法院就加快刑案上诉审理,制定了《非常时期处理刑事案件暂行办法》呈请司法行政部核准:

> 查本院年来处理刑事案件,为数骤增,虽经竭力清理,现仍有八千余起,值兹非常时期,若不设法救济,迅予清结,不独案内人犯囚量、及其他一切支出,足以增加国库负担,而各省法院看

---

〔1〕 保护管束,又称保护观察,是保安处分的一种,是对危害性较小的犯罪人所采取的监督保护措施。

〔2〕 司法行政部根据实验法院的运行情况,于 1945 年 3 月拟订《民事诉讼法修正案》44 条,《刑事诉讼法修正案》22 条,后交由立法院议决,修正通过。

〔3〕 参见居正等:《抗战与司法》,国立出版社 1939 年版,第 13—14 页。

守所不时有敌机袭击之虞，尤难期在押人犯之安全。倘能将本院受理刑事各案早日清结，则案件既已确定，在押人犯，自当移送监狱执行，即可依照战时监犯调服军役办法，一律办理，其结果增加抗战力量，当亦匪尠。爰特拟定本院非常时期处理刑事案件暂行办法，以期积案早日清竣。[1]

该暂行办法的主要内容为：刑事案件，除原判宣告刑为死刑、无期徒刑者外，一律适用法律审；自诉人为被告不利益而上诉之案件，适用法律审；法律审案件，刑事各庭办理；刑事案件，应力求发回更审案件之减少；凡未决人犯在押者，应优先办理。

1938 年 9 月，司法院再三通饬各级法院，在法令许可范围内，对于诉讼程序，务求敏捷，裁判及其他书类制作，务求简单。1941 年 1 月司法行政部通令各省司法机关：

若案件合于适用简易程序者，即应厉行简易程序。检察官对于刑事简易案件，并应尽量声请以命令处刑。法院就简易案件所为之判决，除民事判决内之事实及理由得仅记载要领外，其刑事判决，亦得以简略方式，仅记载被告姓名、判决主文并犯罪事实及适用之法条，以期便捷。[2]

同年 7 月 1 日，国民政府公布施行《非常时期刑事诉讼补充条例》，共 38 条，主要规定了：战时办刑事诉讼案件的范围，移转管辖的裁定及移送处所，战时刑事案件追诉权的时效，因战事迟误之战区案件的办理，有欠缺起诉、上诉、抗告、申请案件的补正，误判、自诉、抗告、覆判、上诉抗告、申请再审案件的审理，已裁判确定案件、未裁判确定案件的效力等内容。

2. 司法管辖权的变更

抗战爆发后，为了从快打击犯罪，国民政府军事委员会于 1937 年 9 月成立军法执行总监部，开始扩张军法审判管辖范围。战争期间，国民政府以法院审理刑事案件程序繁琐、久拖不决等为由，将绝大部分特种刑事案件（烟毒、汉奸、盗匪、贪污）分别交由军法室、警备司令部等军法机关审理。这些案件“所以交由军事机关审判者，以其大足以影响国家民族之生命，小则

〔1〕 李生洟：《战时司法》，商务印书馆 1939 年版，第 13—14 页。

〔2〕 罗福惠、萧怡编：《居正文集》，华中师范大学出版社 1989 年版，第 178 页。

足以妨害社会与治安,均有碍于战事,故由军事机关审判,俾得迅速"[1]。

在战时特殊环境下,军法审判程序简单,秘密审理,不实行辩护制度,能提高打击犯罪的效率。但是,军法审判程序简单,审判片面追求迅捷,轻程序轻证据,以致存在严重的草率和舞弊情况,不断受到民众的质疑。到了抗战后期,迫于政治需要,国民政府将特种刑事案件改由普通法院审理。在此背景下,1944 年年末国民政府颁行了《特种刑事案件诉讼条例》,除军人为被告外的特种刑事案件移归普通法院审理。该条例共有 36 条,规定:汉奸、盗匪、烟毒、贪污等严重犯罪一律适用特种刑事审程序;司法警察官署移送的案件,以提起公诉论,法院可以迳行审判,检察官可以不出庭;判决不得上诉,只能声请覆判,宣告死刑或者无期徒刑之判决应不待声请,依职权迳送最高法院覆判等。在特种刑事案件的审理中,《特种刑事案件诉讼条例》作为特别法优先适用,《中华民国刑事诉讼法》补充适用。

3. 推行公设辩护人制度

南京国民政府的刑事辩护制度是在继承清政府与北洋政府的基础上发展而来的,1928 年制定《中华民国刑事诉讼法》时将指定辩护人制度修改成为公设辩护人制度,希望"裁判上之机会均等原则,诉讼之迟延,无产者不利益之等等弊端,将因公设辩护人制度之实现而消灭"[2]。随后,在 1935 年修订刑事诉讼法时,继续采用了公设辩护人制度,如第 31 条规定,对于最轻本刑为五年以上有期徒刑或高等法院管辖的第一审案件中,被告人未选任辩护人时,审判长应当为其指定公设辩护人。若前项案件中选任辩护人在开庭时无正当理由不到庭时,审判长得指定公设辩护人。但当时并未立即实施公设辩护人制度。

1939 年 3 月 10 日,国民政府公布《公设辩护人条例》。次年 7 月 1 日起实施,并在重庆、成都、桂林等地先行展开;而后在河南、广东、四川等地推行。

《公设辩护人条例》的主要内容是:关于公设辩护人的指定,被告可以以言词或书面形式声请法院为其指定公设辩护人,对于无资力声请者法院应当为其指定;刑事诉讼案件重大者,法院得依职权或因被告声请指定数位公设辩护人为被告辩护,但每一被告不得逾三人。公设辩护人不得充任辩护人,不得收受被告之任何报酬,应在法院内办公,应在现任或曾

---

〔1〕 李生泼:《战时司法》,商务印书馆 1939 年版,第 12—13 页。

〔2〕 朱显祯:《刑事裁判上之公共辩护人制度》,载何勤华、李秀清主编:《民国法学论文精萃》(诉讼法律篇),法律出版社 2004 年版,第 334 页。

任推事检察官、候补推事检察官成绩优良者中遴选，俸给比照推事检察官之俸给。有关公设辩护人的职务履行方面，公设辩护人对于法院及检察官独立行使其职务；对于法院指定案件负辩护之责并应尽量搜集有利被告之辩护材料；就承办之案件负诚实处理之责；应将诉讼进行情形及其他有关诉讼事项制作记录；应制作辩护书提出于法院；辩护案件经被告上诉者因被告请求应代作上诉状、上诉理由书或答辩书；应将关于诉讼之文书编为卷宗；对于承办案件应造具月报表报由该管法院院长转呈司法行政部；不得无故缺席，其因不得已之事故呈准给假者应由其他公设辩护人代理；对于搜集辩护材料应互相协助。其他还有，公设辩护人受该管高等法院院长之监督；其考绩准用关于推事检察官考绩之规定等。

该条例实施后，各施行地法院能照章办理，如在彭文长等妨害兵役案[1]中，检察官因一审法院判决保长彭文长强拉壮丁之行为无罪，故提起上诉，其指定辩护人重庆市公设辩护人张凯向四川高等法院第一分院撰写辩护书，内容如下：

辩　护　书

上诉人：彭文长、刘维齐

上开上诉人因妨害兵役事件，原审检察官不服中华民国三十三年三月二日长寿地方法院第一审判决提起上诉，指定本辩护人予之辩护。兹提出辩护意旨如下：

按就故意之行为不为罪为刑法第十二条所明定，查被告人彭文长为傅河乡第十九保保长、刘维齐充保队附，于去年废历五月间将告诉人周万顺之胞弟周明钟拉服兵役为被告人等在原审所不否认，虽告诉人诉称其弟已经分居独立门户而且并未中签，不应拉服兵役等情，惟查按照多丁之家抽送壮丁早为长寿县政府所明定，而接收部队驻扎本地限日送交壮丁两名，经乡公所发出紧急命令催促实行，被告人等因而将呈有兄弟多人之周明钟拉服兵役纯系按照县政府命令办理，既非上诉人等自己主裁，核之前开法条显不能认为犯罪，且按长寿县政府六九八号代电关于壮丁抽签直至三十一年十一月方始举办回溯，是年五月间长寿县属尚无中签壮丁，告诉人殊不能藉口中签与否为之攻击。原审查核被告等确系遵照县政府命令办事，与故意拉壮丁本不同，因判决宣示无罪诿无不合原

[1] 彭文长等妨害兵役案，重庆市档案馆藏，档案号为0109－2－91300。

审，检察官不服上诉所称强拉壮丁应认犯罪难属不无片面理由，试问县政府代电催丁急为星火，是否能容被告径容劝导有无其他方法抗不遵行？该检察官在上诉理由中并未加以阐明，混言强拉即为犯罪似难认为有理。据上陈述应请贵庭维持原判、驳回上诉。

此致

四川高等法院第一分院刑二庭

重庆市公设辩护人：张凯

四月二十七日

后本案中公设辩护人参与二审庭审活动，四川高等法院第一分院二审判决撤销原判。

针对普通民众对此条例内容知晓甚少，司法行政部于 1941 年 5 月 4 日训令各高等法院，要求将该条例布告周知，张贴在“递状及到候审等处，不得除去，以便诉讼人随时查阅”[1]。1942 年 1 月 2 日，司法行政部为防止诉讼人因程序繁杂而贻误或不知利用公设辩护人办法导致权利受损，特规定高等以下各级法院设立民刑诉讼程序询问处，以解答诉讼人各种程序上的疑惑。[2]

司法行政部认为《公设辩护人条例》的规定过于简单，自施行以来，关于公设辩护人办理刑事案件的各种程序、办法均无详细规定，遂于 1945 年 6 月 5 日制定《公设辩护人服务规则》，报行政院核准备案后实施。该规则主要内容为：规定公设辩护人除受高等法院院长监督外，亦受各办公地法院院长监督，其助理由院长指定，并应遵守各所在法院之作息、考勤、请假等制度；公设辩护人的回避同推事回避之规定，公设辩护人接到通知后立即阅卷、会见或收集证据；公设辩护人应在文书上署名并加盖私章，其辩护书应于开庭前提交；公设辩护人出庭时坐律师席位，其服饰与律师服制同，但镶边和帽徽嵌字不同；裁判文书应送公设辩护人；公设辩护人应归档整理好承办案件，并按月填表呈报；等等。

从制度设计的角度来讲，公设辩护人制度能直接保护刑事被告的合法权利，有着重要的进步意义。公设辩护人有一定的薪酬保证，专门从事

---

〔1〕 详见《司法行政部三十一年五月四日训（参）字第一九一五号训令》，台湾“司法行政部”编：《战时司法纪要》，台湾“司法院秘书处”1971 年版，第 236 页。

〔2〕 参见台湾“司法行政部”编：《战时司法纪要》，台湾“司法院秘书处”1971 年版，第 233 页。

刑事辩护工作,能有效地维护被告人的合法权利。同时,审判中公设辩护人的参与可以提高诉讼效率。

(四)其他举措

为应对物价高涨、法院经费紧张、人手不足的情况,1942 年 1 月,司法院提出四项变更诉讼法规的办法,并经国防最高委员会第 75 次会议通过。其内容如下:

> 按照现行诉讼法规定,裁判文书应以正本送达于当事人,而正本字数较多,自非油印不可。近来蜡纸价格飞涨,法院全部办公费往往不足开支此项蜡纸费用,且市面缺货,复难购买。兹拟将裁判文书改以节本送达,当事人即用油墨抄写。同时准许当事人声请抄录全文,以资救济。此其一。
>
> 又法院配置检察官员额除事务较繁外,均配置一员出外勘验,往返动需数日,因之院内应办事务遂有停顿之虞。兹拟斟酌案情,得以曾在法律学校毕业之书记官代替检察官出外勘验,藉免增置检察官多支费用。此其二。
>
> 执达员与法警原系分别依据民刑诉讼法执行送达等职务,惟法院设置此项员警,名额无多,往往不敷分配,而民刑案件之繁简,又时有变迁。为平均劳逸,兼免诉讼延滞起见,拟对于执达员与法警承办事务,准期互相替代,藉得统筹支配节省人力。此其三。
>
> 按现行法律除了民事简易案件之外,关于证人、鉴定人之传唤,亦应送达传票。兹为经济及便利起见,拟将一切民刑案件关于证人、鉴定人之传唤,均得以便宜方法行之。例如以电话或其他方法通知,均无不可。此其四。[1]

同年 3 月 11 日,司法行政部发出第八九二号训令,就上述四项办法具体细化,主要有:起诉书、不起诉处分书均得以节本送达;应受送达人得随时自行抄录全文或缴费声请法院代抄;法院代抄由缮状人办理其收费标准与缮状费同,但应受送达人确系无力缴费经核准者得免予收费;法院代抄应从

---

〔1〕《司法院三十一年一月三十一日修字第三七八号训令》,载台湾"司法行政部"编:《战时司法纪要》,台湾"司法院秘书处"1971 年版,第 149—150 页。

速办理，尤应注意应受送达人进行诉讼程序之期间，并加盖戳记等。[1]

此外，为节省人力物力，司法行政部还指示各级司法机关办案人员，要求在言词辩论终结时，能即时宣判者应即时宣判，训令云：

> 查……宣示刑事判决，应自辩论终结之日起七日内为之，其当庭所为之裁定亦应宣示，为……刑事诉讼法第二百零三条、第三百零三条所规定。而各司法机关办理民刑事案件，其于言词辩论终结期日宣示判决以及指定宣示裁判之期日即于言词辩论终结时告知命其到场者尚属寥寥，因之诉讼不免稽延。为期结案较速及便民起见，嗣后各司法机关办案人员，无论民刑事案件，务须于言词辩论终结时，告知宣示裁判期日并令当事人务于是日到庭，即时交付裁判节本并详细说明裁判之理由，如能于言词辩论终结时即时宣判者并应即时宣判。[2]

同时，还大力推行以面告送达方式代替传票送达，训令称：

> 查审判长所定之期日，经面告诉讼关系人命其到场时，与送达传票有同一之效力，又对于到场之被告经面告以下次到场之日时处所，及如不到场得行拘提并记明笔录者与已送达传票有同一之效力，民事诉讼法第一百五十六条及刑事诉讼法第七十二条定有明文。此外，刑事诉讼法并定有，证人、自诉人、鉴证人及通译直接或间接准用第七十二条之规定（参照刑事诉讼法第一百六十三条、第三百十九条第三项、第一百八十四条、第一百九十八条），此种以面告方法代送达传票之立法意旨，全在节省不必要之人力与物力。当兹抗战极感人力物力维艰之际，此种规定尤宜加意运用，以资撙节，乃各司法机关办理民刑案件，每将法定面告之方法疏于运用，致增传票之劳。殊夫立法及战时紧缩政策之本意。嗣后，对于上开规定，务须切实遵行。[3]

---

〔1〕 参见《司法行政部三十一年三月十一日训（参）字第八九二号训令》，载台湾“司法行政部”编：《战时司法纪要》，台湾“司法院秘书处”1971年版，第150页。

〔2〕《司法行政部三十一年四月十五日训（民）字第一五六零号训令》，载台湾“司法行政部”编：《战时司法纪要》，台湾“司法院秘书处”1971年版，第150页。

〔3〕《司法行政部三十一年三月十九日训（民）字第一五六一号训令》，载台湾“司法行政部”编：《战时司法纪要》，台湾“司法院秘书处”1971年版，第150页。

另外,由于国民政府主导的正面战场不断溃败,各战区司法审判基本停滞,但是国民政府也试图通过巡回审判制度、免除诉讼费用、行政机关协助审案等办法,维持战区的司法秩序。如面对战争使得战区交通阻隔,给当事人诉讼带来不便的问题,国民政府在战区审判中就审判组织和诉讼程序上删繁就简,以适应动荡不安的战区环境,于 1938 年年底和 1939 年年初先后颁布《战区巡回审判办法》和《战区巡回审判民刑事诉讼暂行办法》,在战区实行巡回审判制度[1]。这种因地、因时制宜的审判形式是战区二审诉讼程序的主要形式,使国民政府在法理上维持着全国性的统一。

三、抗战大后方刑事审判制度改革之评价

(一)法律文化渊源分析

1. 刑罚世轻世重

"刑罚世轻世重"指统治阶级在刑事立法、定罪量刑上的宽严、轻重,是依照当时、当地的社会斗争形势的缓和或者激烈等不同情况来决定的,是中国传统上一种非常重要的立法原则,其起源于西周时期,有关理论研究和实践几乎贯穿了整个封建时期。

如《周礼·秋官司寇》记载:"掌建邦之三典,以佐王刑邦国,诘四方。一曰刑新国用轻典,二曰刑平国用中典,三曰刑乱国用重典。"而《尚书·吕刑》中更为明确:"轻重诸罚有权,刑罚世轻世重,惟齐非齐,有伦有要。"孔子曰:"政宽则民慢,慢则纠之以猛;猛则民残,残则施之以宽。宽以济猛,猛以济宽,政是以和。"商鞅提出:"各当时而立法,因事而制礼;礼法以时而定,制令各顺其宜。""治世不一道,便国不必法古。汤、武之王也,不修古而兴;殷、夏之灭也,不易礼而亡。"韩非则阐明:"故治民无常,唯治为法。法与时转则治,治与世宜则有功。""时移而治,不易者乱。"这种因时、因地制宜的法律思想受到中国历代统治者和思想家的普遍重视。

如前所述,具体在抗战时期的大后方,物价飞涨、民不聊生、犯罪高发、社会动荡,于是在取得民族独立的前提下,国民政府采取了严厉的刑罚手段来维持社会秩序,保障抗战进行和政权生存。如前文介绍的特别

---

[1] 此项制度于抗战时期历年推行于湖北、广东、河南、浙江、江苏、安徽、江西、山西、山东九省。后因抗战结束,《战区巡回审判办法》及《战区巡回审判民刑诉讼暂行办法》于 1945 年 12 月被同时废止。

刑法，对于内乱、外患、盗匪、汉奸、烟毒、贪污等严重破坏社会秩序、干扰抗战的刑事犯罪在立法上课以严刑重罚，审判中则采用军法审理且不许上诉。[1] 但是，对于轻微罪行，情节可悯恕者，参酌案情，检察官下达不起诉处分，予以犯人多开自新之路，并期减少讼累。这些刑事立法和审判实践均是"刑罚世轻世重"思想的折射。

2. 重刑主义思想

法家倡导重刑思想，视重刑为治理国家和消灭违法犯罪行为的最好方法。战国时期商鞅主张："禁奸止过莫若重刑。""行罚重其轻者，轻者不来，重者不来，此谓以刑去刑，刑去事成。"韩非亦认同："所谓重刑者，奸之所利者细，而上之所加焉者大也。民不以小利加大罪，故奸必止者也。"通过严厉的刑罚打击犯罪，使民众不敢犯罪；重刑主义的特殊预防和一般预防的作用不可忽视。抗战时期，一种极端的重刑主义理论在司法理论界和实务界盛行。该理论主张"刑乱世用重典"，废除无期徒刑，增加死刑的适用，认为司法机关应使用类推解释代替罪刑法定主义。

重刑理论得到了当时一些法律人的支持。[2] 国民政府的立法机构和司法机构在实践中亦吸收着重刑思想。比如，诸多刑事特别法令，对于刑罚规定非常重，对死刑和无期徒刑的判决程序简捷，几乎无视被告的上诉权力，更有甚者可以立即执行而后报备。如《战时军律》第 19 条规定：犯本军律之罪者，在作战区域战区司令长官对于专科死刑之现行犯有权为紧急处置径以命令处刑，事后呈报备查。

3. 无讼思想

战时，司法行政部多次下发训令不断强调，要求民事纠纷调解结案。至于刑事纠纷，有妨害风化罪、妨害婚姻及家庭罪、妨害自由罪、妨害名誉及信用罪、妨害秘密罪、盗窃罪、侵占罪、欺诈及背信罪、毁弃损坏罪等轻微违法犯罪可以在区、乡、镇、坊调解委员会调解[3]，若调解成功则可毋庸告诉或自诉，"不独人民课省讼争之累，法院亦减少案牍之繁。"同样，对

---

〔1〕 即在《特种刑事案件诉讼条例》施行后，对于汉奸、盗匪罪的死刑判决，若跟当地镇压匪乱维持治安确有重大关系时，原审法院可以电请最高法院就死刑部分予以核准。

〔2〕 浦乃钧认为"严法峻刑"应为战时立法四大立法原则之一。参见浦乃钧：《抗战期中之立法政策》，转引自居正等：《抗战与司法》，国立出版社 1939 年版，第 39 页。陈顾远认为"'刑乱国用重典'的古训，也值得采为战时立法原则的，如无峻刑严法以镇慑之，也足以妨害战争之胜利。"参见陈顾远：《对战时法规之认识》，《中华法学杂志》1940 年第 3 期。

〔3〕 1931 年《区乡镇坊调解委员会权限规程》公布，1935 年修正。该规程第四条规定，于所举各条之罪，有调解之权。1943 年制定的《乡镇调解委员会组织规程》亦有相同规定。

于进入诉讼的告诉或自诉案件,推事们也厉行调解,如1942年,重庆地方法院已结案件中和解结案比重为1%;1944年,和解比重为7.2%;1945年度,和解比重为7.4%。1942年、1944年、1945年、1946年,重庆地方法院刑事一审案件撤回告诉方式结案数占同年度终结案件数比例分别为5.6%、9.5%、34.7%、36.0%。[1] 总之,“法院办理民刑案件,均本息事宁人,使民无讼之旨;惟对于为恶不悔、作奸犯科者,仍当依法严惩,不稍宽贷,以彰国法,而安定社会,自不待言。”[2]

(二)抗战建国与战时刑事审判改革

战时,国民政府对刑事审判进行改革,目的就是为了更好地实现刑事审判的价值,而所谓刑事审判价值的实现是指刑事审判活动的目的得以现实化的过程与结果,也是刑事审判在价值方面产生实际影响及其效果的过程。在国家安全和公共利益的需要面前,刑事审判价值发挥的方向必然受到法律运行环境的引导,刑事审判活动更多地只是实现刑罚功能的一种合理的程序手段。在战争这种特殊社会状态下,刑事审判活动的目的与平时是不同的,其服从于整个国家、社会的中心大局。

争取抗战胜利、捍卫民族独立,是当时国民政府的首要任务。于是,司法院院长居正认为国民政府战时司法的任务,“于维护后方安宁外,并须协助党政军机关办理民众训练及组织,策动战区司法官战时工作,改善诉讼程序,变更法院管辖,举办战区巡回审判,厉行监犯调服军役移垦等事,俾司法机构之运用及其动向之重心,与党务政治军事经济相协调,而发挥其非常时期之效能。”[3]

就抗战期间的刑事审判而言,在大后方推行的一系列刑事审判改革举措均以服务于“抗战建国”这个宗旨为目的。种种涉及刑事审判改革举措的实施,客观上有利于“抗战建国”,实现了社会效果与法律效果的统一。比如,简化审判程序,提高诉讼效率,以降低司法成本、节约社会资源;推行军法审判,从快从重打击严重犯罪,以维护社会秩序;促使检察官检举犯罪,以维护稳定;减少积案,加快案件审理过程,以安抚民心、化解纠纷等。

---

[1] 转引自罗金寿:《战争与司法——陪都时期重庆的法院及审判》,西南政法大学2010年博士学位论文。

[2] 李生泼:《战时司法》,商务印书馆1939年版,第36页。

[3] 罗福惠、萧怡编:《居正文集》,华中师范大学出版社1989年版,第168页。

（三）大后方刑事审判改革的不足之处

特定历史条件和社会背景下推进的刑事审判改革，有其局限性和不足之处。如，整个改革过程中漠视人权保障（对受害人的保护和对犯罪人的保护），限制当事人诉讼权利；片面追求诉讼效率，忽略了司法公平和司法公正；特种刑事案件中，剥夺了被告的上诉权、简化司法监督程序、从快执行死刑，使刑事审判沦为维护国民党专政独裁统治的工具。这些改革举措的不足之处值得我们今天反思。[1]

---

〔1〕 参见张伟：《抗战大后方刑事审判改革研究》，《河北法学》2013 年第 3 期。

第四章 抗战大后方刑事审判实践

刑事审判实践是指国家刑罚权具体实现的过程，最终归结到犯罪惩治和犯罪预防上来。而惩治犯罪即是通过法定刑罚对罪犯造成一定的痛苦，剥夺其一定的权利与利益，并以此实现国家法律惩罚犯罪的目的。惩治犯罪作为刑事审判的价值目标之一，是国家履行公共管理职能，保护公共利益的需要。犯罪侵犯了社会法益，是对社会公共秩序的严重破坏，国家作为社会公共利益的代表者，有责任运用国家资源和暴力机构，采取法定手段及时查获罪犯，并通过法定程序使之受到应得的惩罚，借以恢复被犯罪行为所侵害的法益，维护被犯罪行为所破坏的社会秩序。[1] 因此，在"卢沟桥事变"爆发后，争取抗战胜利已经成为全中国的首要任务，而在抗战大后方，严厉打击各类犯罪行为，就成为了直接支援抗战的一种手段。

为应对复杂多变的战争形势，国民政府在抗战期间颁行了大量的战时法令法规，它们与军事、政治和经济关联，直接或间接对战争产生影响。于是，与这些战时法令法规密切相关的案件也被称为抗战案件[2]。1942年、1944年、1945年、1946年，重庆地方法院受理的部分抗战案件中，妨害兵役、妨害秩序、贪污、盗匪、烟毒案件数量相对较多。1942年违反税法案件占该年第一审刑事案件总数4353件的4.6%，1945年妨害兵役案件比上年度增加46.9%，该年第一审刑事案件总数9080件；贪污案件占3.3%，盗匪案件占1.2%。与上年度相比，1946年的贪污案件增长24.3%，盗匪案件增长27.8%；该年受理第一审刑事案件7742件，贪污案件占4.8%，盗匪案件占1.8%。该烟毒案件开始由法院审理，数量达925件之多，占该年第一审刑事案件总数的12.0%。[3] 因此，本章将重点考察妨害兵役、汉奸、贪污、盗匪、烟毒等刑事案件。

鉴于军法审判在抗战期间的泛滥，故就整个大后方而言，能留给各级司法机关审理的刑事案件管辖权十分有限。尽管如此，在诸多法律人的共同作用下，大后方的刑事审判仍旧彰显了打击犯罪、化解纠纷、保障人权的意义。本章下面将以重庆市档案馆馆藏司法档案为中心，力图展现大后方各级司法机构刑事审判的实然状态，以期把握刑事审判与服务抗战之间的联系。

---

〔1〕 参见杜宝庆：《刑事审判价值论》，重庆大学2008年博士学位论文。

〔2〕 具体而言，主要包括：内乱、外患、贪污、盗匪、汉奸、烟毒、破坏粮政，妨害兵役、违反物价管制、违反私盐治罪条例、违反国家总动员法令、违反所得税法等案件，以及关于军工、军事、交通、税务，优待抗属的案件。

〔3〕 参见罗金寿：《战争与司法——陪都时期重庆的法院及审判》，西南政法大学2010年博士学位论文。

一、维护军事利益:整顿役政与保护军婚

国家军事利益指国家在防御来自内外部敌人的武力威胁,保护自身政权安全活动中的利益,一般包括战时的动员、戒严、军队组建、作战指挥、后勤保障及平时的军事训练、物资储备、国防教育等活动中的国家利益。就抗战大后方而言,全力支持抗战自是要务,从而打击在兵役动员中的徇私舞弊、贪赃枉法的行为和破坏军人婚姻的行为,亦是一种直接支持抗战、维护国家军事利益的行为。

(一)惩治兵役妨害

全面抗战爆发后,战争的惨烈性和广泛性前所未有,国民党主导的正面战场上中国军队伤亡惨重,兵源补充不足,战斗力日渐低下。于是,1937 年 8 月 30 日,国民政府颁发征兵令,动员参军:

> 东邻肆虐,侵我疆土,自非全民奋起,合力抵抗,不足以保卫国家之独立,维护民族之生存。在此非常时期,凡属兵役适龄之男子,均有应征入营服行兵役之义务。兹特依《兵役法》第三条之规定,着由行政院转饬各兵役主管机关,得随时征集国民兵,俾资服役,而固国防,此令。[1]

为保证前线部队的兵力补充,国民政府改革了兵役制度,由募兵制改为征兵制。国民政府针对 1933 年颁行的《兵役法》过于简单而不具有操作性的缺点,结合实际,于 1943 年修正了《兵役法》,规定兵役分为国民兵役和常备兵役两种。其中国民兵役分初期、甲种、乙种,服役初期国民兵役人必须年满 18 周岁,为期两年,年满 20 岁之男子服常备兵役;经过身家调查、体格检查、抽签、征集等征兵处理程序后入伍;并增设了具有募兵性质的志愿兵制和女子入伍服任军事辅助勤务制度。对于身体畸形、残疾或有痼疾不堪服役者免服兵役;对于身体疾病不堪行动、独子、直系血亲或配偶死亡未满一个月者等情形延期征集。

作为抗战大后方基础的重庆市和四川省,在人、财、物上为抗战作出

---

〔1〕 重庆市档案馆、重庆师范大学合编:《中华民国战时首都档案文献》(第 2 卷 · 战时动员),重庆出版社 2008 年版,第 499 页。

巨大贡献，尤其是在人力上，为抗战输出了大量的兵员。据1945年统计，抗战八年，四川应征的壮丁总数300万人左右，这八年间，全国征兵总数为1400余万，四川就占了五分之一强，而当时四川人口总数不过4000多万，这就是说平均14人就有1个人参加了抗日战争。[1] 然而，征兵过程中出现了诸多弊端。如随着兵员征集任务加大，出现了强行拉丁入伍的现象；县区长、保甲长等各级役政人员徇私舞弊、贪污贿赂的情况层出不穷；擅杀逃兵、滥施体罚的现象也见怪不怪。有鉴于此，国民政府不得不加强兵役管理，对恶意妨害役政的行为予以刑事制裁，以纠正各种弊端。1940年6月29日，《妨害兵役治罪条例》得以颁行，针对征兵中的种种不法行为，规定了严厉的刑事处罚。下面选取一则最高法院的终审判决书来分析：

最高法院刑事判决[2]

三十二年度上字第九二八号

上诉人 李金廷，男，年五十三岁，业农，住铜梁县新与乡

上列上诉人因妨害兵役案件，不服四川高等法院第一分院中华民国三十一年十月九日第二审判决，提起上诉，本院判决如下：

主文

上诉驳回。

理由

查上诉人充任铜梁县新与乡保长，有同县木口乡人苏荣卿，于民国三十年三月二十八日（旧历三月初一日）至其住居新与乡于父张锡卿家看望其下堂母陈氏，上诉人因奉令送壮丁入营甚无，于次日早晨迫遣其子李国卿率领保内壮丁到张国卿家将苏荣卿拉送行至椏口地方由上诉人接同强迫验，苏荣卿即取屠刀自伤手指，因之乡公所未予验收等情，业经苏荣卿指述无异，是上诉人亦供认："苏荣卿非中签壮丁亦非其保内住民，因常常在保内张锡卿家住起，乡长教我们有游民可以任意拉送。催壮丁

[1] 参见阮永熙：《四川人民对抗战的巨大贡献》，载章德华主编：《西南民众对抗战的贡献》，贵州人民出版社1992年版，第6页。

[2] 李金廷妨害兵役案，重庆市档案馆藏，档案号：2666－2670。

又甚急，我自己有病，李国卿是我的儿，是我喊他同甲长一路去的，拉到椏口我儿才喊我去，苏荣卿随取屠刀自伤手指、送到乡公所未验起未要他去，乡长是到县政府受过训的，他教我们怎样做，我当保长跟到他做，我是农人，不懂法律”等语，亦已尽情自白无遗。原审采取此项供证凭以认定犯罪事实自不能指为违背采证法则。

上诉意旨谓到：刑事诉讼以实体真实发见主义为原则，被告虽经自白，仍应调查不要之证据以察其是否真实，虽属上诉人保内张锡卿应出壮丁，县政府饬令征送甚急，队丁前往张锡卿家原在征送张锡卿之子，并不知苏荣卿为其寄子，原审未尽职权调查，竟以自白为唯一之铁证，不服者一构成犯罪须有意思、行为、结果三要件，上诉人在征送张锡卿之子并无故意，且上诉人并未前往强迫拉送，亦无实施行为，至于队丁将苏荣卿拉送，该苏荣卿抓取屠刀自伤其指，此乃意外之结果，非上诉人所能预料，是上诉人对于本件犯罪之构成，既无上述三要件，应不成立犯罪。原审对此亦不祥究不服者□等语。

查苏荣卿并非中签壮丁，亦非上诉人保内之人，因其常在张锡荣家，因此将其拉送至椏口地方由上诉人接同强迫送验，因苏荣卿以刀自断手指，乡公所不予验收，业经上诉人自白属实，核与苏荣卿之供述及验明其左手二指相连，三指失去一节之伤单亦复相符，何得以不知苏荣卿非张锡卿之子，而谓自白与事实不符，指摘原审未尽调查职责，而上诉人明知苏荣卿不应服役乃于队丁拉出后中途自行送验，既已供认无异，虽因苏荣卿自断手指乡公所不予验收，惟强迫不应征集之壮丁使服兵役，只须知为不应征集之壮丁而有强迫之服役之行为已足，而于该壮丁实际是否应征入营服役并非该罪成立之要件，此观于《妨害兵役治罪条例》第六条无未遂之规定亦可了然无疑，自亦不得无意无行为之结果而主张不负罪责，至苏荣卿自断其手指原非上诉人所能预见，但两审并未令上诉人负伤害罪亦不能执此以为争辩第一审认定上诉人犯《妨害兵役治罪条例》第六条第一项强迫不应征集之壮丁使服兵役之罪，以其因公获遣、情堪悯恕。援引该条项及《刑法》第五十九条减处上诉人有期徒刑二年六个月，原审认无不合予以维持并予补正漏引之《刑法》第十一条于法并无违背，上诉论旨难认为有理由。

据上论结，应依《刑事诉讼法》第三百八十八条第一项，判决如主文。

中华民国三十二年五月七日

最高法院刑事第二庭
审判长推事　张于浔
推事　孙祖贤
推事　林尚滨
推事　吴奉璋
推事　刘毓俊
上正本证明与原本无异
书记官　朱鸿堃
中华民国三十二年六月

从以上判决书中可以看出，一方面，铜梁县新与乡保长李金廷征兵任务之繁重，“催壮丁又甚急”，于是“乡长教我们有游民可以任意拉送”；另一方面，青壮劳动力大量被征，造成了劳动力的缺乏，加上出征壮丁的待遇相当低下，而且在征兵过程中的抽签程序并非公正公开，造成了许多民众都不愿意应征出丁。为了避免出征服兵役，纷纷采取举家外徙，或者雇人顶替，甚至不惜自残等措施。上述案中的被害人苏荣卿“并非中签壮丁，亦非上诉人保内之人”，在强迫送验的情形下“以刀自断手指”，从而避免服役。当然，在司法实践中，对于保甲长的处罚还是从轻的，就如该案中所述“以其因公获遣、情堪悯恕”，于是，比照《妨害兵役治罪条例》第六条第一项规定的五年刑期的起点刑期，从轻减处为有期徒刑二年六个月。当然，对于大量保甲长被控事件，国民政府的官员呼吁，要求制止滥讼之风，如1944年6月师管区司令秦靖宇函军政部称：“我国抗战方酣，民智未开，今日办理役政实为众怨所积，因之役政人员亦为众矢之的……开罪豪绅乃为必然趋势，挟恨控告于焉以起。在役政人员本身或不尽全无瑕疵可指，但一经豪绅捏控便死有余辜，轻则派查，重则押解不问，讯判之结果如何，即此辗转驳诘，已受尽无穷之累。”[1]

---

〔1〕 转引自黄小彤：《民国时期民控官的途径与控案处置——以川政统一后的四川基层政权为例》，四川大学2007年博士学位论文。

但是,有时候,基层法院对于保甲长的“有意”轻判,亦会遭到上级法院的改判。如上一章提到的“彭文长等妨害兵役案”[1]中,检察官因长寿地方法院判决保长彭文长强拉壮丁之行为无罪,故提起上诉,其指定辩护人公设辩护人张凯律师为其辩护道:

> 原审查核被告等确系遵照县政府命令办事,与故意拉壮丁本不同,因判决宣示无罪,诿无不合原审。检察官不服上诉所称强拉壮丁应认犯罪,难属不无片面理由,试问县政府代电催丁急为星火,是否能容被告径容劝导有无其他方法抗不遵行?该检察官在上诉理由中并未加以阐明,混言强拉即为犯罪似难认为有理。据上陈述应请贵庭维持原判、驳回上诉。

但是,二审法院并未采纳该辩护意见,而是支持了上诉意见,撤销原审判决,判决书如下:

四川高等法院第一分院刑事判决[2]

三十三年度上判字第五八一号

上诉人:四川长寿地方法院检察官

被告:彭文常即彭文长,男,年四十二岁,长寿傅河乡保长

刘维齐,男,年二十八岁,长寿傅河乡保队附(副)

指定辩护人:张凯,重庆市公设辩护人

上列上诉人,因被告妨害兵役案件不服四川长寿地方法院中华民国三十三年三月二日第一审判决,提起上诉,本院判决如下

主文

原判决撤销

彭文常前充长寿傅河乡第十八保保长,刘维齐充该保保队附,民国三十一年七月十一日(即废历五月二十八日)共同强拉不应征集之壮丁周明钟使服兵役,经周明钟之弟周万顺诉由长寿地方法院检察官侦查起诉。

[1] 重庆市档案馆藏,档案号为0109-2-91300。

[2] 重庆市档案馆藏,档案号为0109-2-91300。

理由

本件被害人周明钟并非中签之壮丁，系上诉人等于民国三十一年七月十一日（废历五月二十八日）共同强拉送服兵役，乃为被告不争之事实。纵令长寿县政府，于民国三十一年十一月间始经规定抽签办法，以前征送壮丁，均未实行抽签并经该县政府令由各保发起三丁运动，尔周明钟弟兄二人又系多丁之家但查征送壮丁，应经抽签之程序，此在兵役法及战时征补兵员实施办法，均有明文规定。彭文常等均为办理兵役人员，自不得诿称不知乃明知之而竟不待经过抽签之程序，即将周明钟强行拉送兵役，即不得于事后以奉有上级公务□□命令为藉口希图免除刑责。

惟查被告系因公犯罪，情堪悯恕，量刑上自不妨酌从末减。原判决疏于详查，遂论知被告等无罪，未免失当，上诉为有理由□。刘维齐经合法传唤无正当理由不到庭，应不待其陈述，迳行判决。

依上论结，合依《刑事诉讼法》第三百六十一条第一段，《刑法》第十一条、第二十八条、第五十九条，《妨害兵役治罪条例》第六条第一项，判决如主文。

本件经检察官彭时俊莅庭执行职务。

中华民国三十三年六月二十七日
四川高等法院第一分院刑事第二庭
审判长推事　胡　恕
推事　成崇实
推事　刘　藩

本件自送达判决后十日内，得上诉于最高法院但上诉状应向本院提出，如未叙述理由限于提出上诉审状后十日内补叙，并须按照他造当事人人数提出缮本份数，否则径由本院驳回上诉。此志

本件证明与原本无异
书记官
中华民国三十三年七月十日

从上述两个案例可以看出，在征兵中发生的强征行为因违反《妨害兵役治罪条例》而不能不定罪，但是可以在量刑中对犯罪的保甲长们从轻处罚。这样一来，既可以打击征兵中的舞弊和不法行为，以免于无兵可征；又可以保护或维持基层官吏们征兵工作的积极性，以避免有兵不征，从而实现政府、被害人和被告人之间的“共赢”。

至于保甲长在征兵过程中出现了贪腐行为，就有可能构成了牵连犯，即出于一个犯罪目的，实施数个犯罪行为，数个行为之间存在手段与目的或者原因与结果的牵连关系，分别触犯数个罪名的犯罪状态。比如，金俊甫妨害兵役案[1]，一审判决书如下：

四川重庆地方法院刑事判决

三十一年度诉字第一〇七六号

公诉人：本院检察官

被告：金俊甫，男，年四十二，住萧家沟五十二号

选任辩护人：朱建勋，律师

上被告因妨害兵役案件，本案判决如下。

主文

金俊甫办理兵役对于违背职务之行为，要求贿赂，处有期徒刑七年，褫夺公权七年。

事实

金俊甫系本市菜园坝镇第十三保保长，本年四月间奉命办理兵役征抽壮丁，乃假借职权擅拉未中签之壮丁周树成要求贿赂法币四百元，免予抽送，及周树成交付金俊甫三百元贿赂之际为宪兵特二队将人赃一并查获，移解到院，经检察官侦查起诉。

理由

查被告金俊甫如何假借征抽壮丁名义，擅拉未中签之居民周树成要求贿赂四百元，以及如何交付三百元之际，被宪兵特务人员查获之事实，不惟周树成在宪兵司令部陈述历历，即被告亦承认不讳，且核与宪兵特务第二队保长周康杰调查报告之情形相符，证据已属确凿。嗣后被告虽狡翻前供，否认要求贿赂，并辩称周树成因未报户口，被镇公所带去他女人托我说情

[1] 重庆市档案馆藏，档案号：1－10。

保出，晚上约我到茶社说拿三百元作为津贴中签壮丁，成不愿收，他将三百元放在茶桌上。宪兵特务员过来，说我违法受贿，将我逮捕等语。按人民有服兵役之义务，中签壮丁，即应依法缴送，并无使人津贴之规定，果如被告所述周述成是愿出三百元津贴中签壮丁，被告不收，岂能以被告假供抽丁向其要求贿赂四百元相加，况查周树成交付被告之法币三百元，系在被告身上搜获，有宪兵特务队之报告为证，是被告违背办理征抽壮丁职务，向周树成要求贿赂之犯罪事实，足资认定，自应依法论科，至其砌辩意图，委卸罪责之词，殊无足采。

据上论结，应依《刑事诉讼法》第二百九十一条，《妨害兵役治罪条例》第五条第二项，《刑法》第三十七条第二项，判决如主文。

本件经检察官邓少禹莅庭。

中华民国三十一年十一月二十八日

四川重庆地方法院刑事庭

推事　张凤翥

本判决当事人不服，应于送达收受后，十日内向本院提出上诉状。

本件证明与原木无异

书记官　罗志熙

中华民国三十一年十一月二十八日

一审判决后，金俊甫提起上诉。但二审法院查阅了上诉人在宪兵司令部的笔录：

问：这次周树成他是不是中签的壮丁？

答：他不是中签的壮丁。

问：他是在什么时候拉到镇公所去的？

答：是四月三十号下午十一时。

问：是什么时候取保出来的？

答：是五月一号上午。

问：你拿了周树成多少钱？

答:拿了三百元。

问:你拿这种钱是不是违法?

答:我是违法,请从宽处理。

由此,二审法院认为上诉人的自辩与侦查时的口供不符,但侦查机关的调查报告与被害人陈述一致,也“足以资互证,周树成交付上诉人贿赂法币三百元,既系由上诉人身上搜得,上诉人对于违背办理兵役职务之行为,收受之贿赂法币三百元,又未予没收,亦属疏漏,应予改判,本件上诉,认为有理由”。遂二审判决:“原判决撤销。金俊甫转理兵役,对于违背职务之行为,收受贿赂,处有期徒刑七年、褫夺公权五年;缴案赃款法币三百元没收之。”于是,本案中,二审法院对于贿赂的认识发生了改变,即金俊甫从一审认定的索贿变成了二审认定的受贿,导致整个案情性质发生了变化,金俊甫触犯了妨害兵役罪和贪污罪两个罪名。

但是,金俊甫坚称无罪,其在二审判决后向最高法院上诉,并补叙理由如下:

按犯罪事实应依据认定为刑事诉讼法所明定,而上诉人之是否成立办理兵役,对于违背职务之行为,收受贿赂之罪,又须视上诉人有无收受贿赂即已否收受贿赂得手以为断。窃上诉人于民国三十一年五月四日下午在德万茶社品茗时,周树成取出法币一叠恭请上诉人收用,当经上诉人谢绝,其贿款放置桌上,上诉人迄未动领,此为该社主人皮维周及茶役周森林所目睹,奈因周树成患同宪兵特务员故意陷害,乘贿款露置桌上之际,即以上诉人求受贿赂为词,拘送队部转解究办。而第一、二两审,既不传周树成到案质讯,又不传集茶社老板及伙计侦审,竟以宪兵下级特务人员之所报告视为金科玉律、颠扑不破,对上诉人在庭请求传证,均不置理,刑事采取真实主义之法则,岂如是乎,被告之自白,当应仍调查其他必要之证据,以察其是否与事实相符,(见刑诉法第二七〇条第二项)而一故意陷害之宪兵特务员所言,即无须调查其他必要之证据,以察虚实,原审之违背刑事证据法则至为明显,应请钧院撤销原判决,发回更审之理由一。

查收受贿赂罪之成立与否,以已否得手为唯一关键,盖《妨害兵役治罪条例》,并无该罪未遂犯之规定,退一步之果如宪兵所呈,上诉人有贿求情事,然周树成所取出之款,尚置放桌上请求上诉人收用，而上诉人已经婉谢，并未接取该款，此时周树成行贿或上诉人求贿尚未得手，充其量，只能成立收受贿赂之未遂犯而已，然该条例并无未遂犯之规定，则法无定罪，上诉人之不能成罪，了无可疑原审不加细察，误以为上诉人已经收受贿赂实难谓无违误，应予声明不服者二。

总之，本案原审不以发现真实为主义，不以真实证据为罪证，不传集必要之人证，以为判决之根据，显系不适用法则，依刑诉法第三百七十条规定，显系违背法令，伏请撤销原判决，准予将案发回更审，以资平反，而免冤屈至感法便，谨状。

对于金俊甫的上诉，二审承办检察官彭时俊认为理由不成立，答辩如下：

答辩书

上诉人：金俊甫

上诉人因妨害兵役案件，不服本院刑庭中华民国三十二年二月十九日第二审判决，提起上诉。本检察官于同年四月二日接到上诉理由状，兹依法答辩如下：

查上诉人充当保长奉命办理兵役，违背职务，强拉未中签之壮丁周树成要求法币四百元，免予抽送，迨周树成交付三百元贿赂之际，即被宪兵特务队拿获等情，既经宪兵特务第二队队长报告在卷，复经上诉人在宪兵司令部自白不讳，核与被害人周树成所述情形又属相符，是其犯罪事实，毫无疑义。第二审撤销第一审判决，依《妨害兵役治罪条例》第五条第二项，《刑法》第十一条、第三十七条第二项，《妨害兵役治罪条例》第五条第五项，判处上诉人罪刑，并将贿款三百元没收，于法尚无不合。上诉意旨，谓贿款并未接收，又谓系周树成串同宪兵队陷害云云，空言争执，显为无理由。合依《刑事诉讼法》第三百七十五条第二项，答辩为上。

检察官　彭时俊

中华民国三十二年四月六日

在本案进行到刑事第三审程序时，1943 年 6 月 30 日，国民政府修正实施《惩治贪污条例》。是故，最高法院认为："依《妨害兵役治罪条例》第五条第一项及其关系各条判处罪刑，在判决当时适用法则，固非无据。惟自《惩治贪污条例》施行后，此项行为已规定于同条例之中，纵因行为援实体法律变更，而应适用裁判前有利于行为人之法律，但依同条例第十一条规定，应依《特种刑事案件审判程序》办理；而在该程序未制定法律公布以前，按照《国民政府渝二字第四四六号训令》仍暂依军事审判程序办理。则因诉讼程式法溯及力之效果，普通法院无审判之权，原判决就实体上所为之裁判，即属无可维持。应由本院依职权予以撤销，另为判决。”终审判决撤销原审判决关于罪刑部分。由于实体法律发生变化，修正后的《惩治贪污条例》采用军法审判，因此，普通法院就没有司法管辖权了。但这并不意味着金俊甫无罪释放。嗣后，该案转交军事委员会军法执行总监部审理，有公函为凭：

公　函

事由：函送金俊甫贪污一案卷宗请查收核办由

案奉最高法院检察署上年十二月三十日平字第三六二三号训令内开：

“查金俊甫因妨害兵役不服原判决上诉一案，经最高法院判决于本年十二月十四日函送，前来合行，转发该首席检察官查照，依法办理，此令”等因，奉此查该被告系触犯《惩治贪污条例》第三条第四款，依《国民政府渝文字第四四六号训令》应依军事审判程序办理。相应检齐该案卷宗，函送贵组查收核办，并希于□后，仍将原卷送还为荷。

此致

军事委员会军法执行总监部审判组

计送卷五宗，被告金俊甫一名在保

该案的最终判决结果如何，因为没有找到相应档案材料就不得而知了，但可以肯定的是，金俊甫最终遭受了刑事处罚。该结论可以从军事委员会军执行总监部审判组的回函中得出：

国民政府军事委员会军执行总监部审判组　公函

法审三十三渝字第 101 号

查本组受理金俊甫贪污一案，业经判决、执行，相应送还原卷五宗，函请查照。

此致

四川高等法院第一分院

附送原卷五宗

中华民国三十三年八月□日

组长　□焕臣

通过打击妨害兵役的行为，无疑能取得良好的社会效果，最为明显的是保证了前线兵源的不断补充。当然，办理兵役过程中频频爆发的违法犯罪行为，与当时基层政权组织不健全、役政人员素质低下息息相关。

（二）保护军人婚姻

抗日战争时期，为稳定军心、鼓励前方将士英勇杀敌，国民政府颁行了一系列优待抗敌军人家属和保护军人婚姻的法令条例。如《优待出征抗敌军人家属条例》和《出征抗敌军人婚姻保障条例》，从法律上保护军人将士婚姻，鼓励他们杀敌救国。1943 年 8 月 11 日，国民政府公布《出征抗敌军人婚姻保障条例》，这是中国历史上第一个对军婚予以特殊保护的全国性法规。[1] 该条例将《优待出征抗敌军人家属条例》第 2 条所定之军人军属定义为出征抗敌军人，共 12 条，自公布之日起施行，其中涉及刑事责任的条款主要有以下几条。第 3 条规定："出征抗敌军人在出征期内其妻与他人订婚者除婚约无效外处六月以下有期徒刑拘役或一千元以下罚金，其相与订婚者亦同。出征抗敌军人在出征期内其妻与他人重行结婚者除撤销其婚姻外处七年以下有期徒刑得并科五千元以下罚金，其相婚者亦同。"第 4 条规定："出征抗敌军人在出征期内其未婚妻除依民法第九百七十六条第一款第五款第七款或第八款规定外不得解除婚约。不依前项规定而与他人订婚者除其婚约无效外处拘役或五百元以下罚金，与人结婚者除撤销其婚姻外处一年以下有期徒刑或拘役的，并科三千元以下罚金。"第 5 条规定："对于出征抗敌军人之未婚妻以胁迫利诱或诈术相与订婚或结婚者处三年以下有期徒刑得并科五千元以下罚金。"第 8 条规定："出征抗敌军人因伤成残废后其妻或未婚妻非取得本人同意不得离婚或解除婚约，其以胁迫利诱或诈术取得本人同意离婚或解除婚约之证据

[1] 参见张群：《抗战·军婚·人权——我国近代军人婚姻立法初探》，《比较法研究》2007 年第 5 期。

者,处三年以下有期徒刑或拘役。"第9条规定:"出征抗敌军人在出征期内其妻与人通奸者处三年以下有期徒刑得并科三千元以下罚金,其相奸者亦同。出征抗敌军人在出征期内其未婚妻与人通奸者处六月以下有期徒刑、拘役或一千元以下罚金,其相奸者亦同。"第10条规定:"本条例第三条第一项、第四条第二项或第九条之罪须本夫或未婚夫告诉乃论,如因障碍无法告诉时,该管检察官得依利害关系人之声请指定代行告诉人,但不得与本夫或未婚夫明示之意思相反。"第11条规定:"依本条例所处罚金应由司法机关拨交当地之出征抗敌军人家属优待委员会充作优待资金。"

根据该条例,其保护主体明确为:除了直接参与作战之军人军属之外,还包括调回后方休养整训之军人军属、空军勤务人员及对空作战之部队、准备拨补前方服役之运输士兵和国民兵团常备队之备补兵及补充团队之新兵。而应课以刑罚的破坏军婚的行为,主要有重婚、通奸、胁迫和利诱解除婚姻几种。该条例的出发点是为了维护出征抗战军人的权利,在战争爆发、国家安全受到严重威胁的情况下,以刑罚手段保护军人婚姻是十分必要的。就"好儿不当兵、好铁不打钉"的传统而言,对军人婚姻的刑事保护显得贴近人心,体现了对军人尊严和价值的尊重。

二、稳定政治秩序:肃清汉奸与惩治贪渎

维持政治秩序的稳定,是一个政权存续的根本。抗战初期,国民党统治岌岌可危,大量城池失守,大片国土沦丧;民族失败主义和民族投降主义思潮蔓延。撤退到后方的中央政府,必然着重考虑政治秩序的稳定,于是开始在政治上、经济上、司法上与危害政治稳定的行为作斗争。

(一)肃清惩处汉奸

"汉奸"是一个历史的概念,大体而言,1840年以前是指汉族的败类,在此之后泛指中华民族的败类。"通款敌国,谋叛本国,为侵略自己祖国的敌人的利益服务,并谋取一己的私利,这样的人物在世界各国的对外战争中均为常见,中国亦不例外,汉奸就是国人对他们的鄙称。"[1]抗日战争时期,汉奸行为有着巨大的危害性:政治上签订卖国投降条约,出卖国家主权和中华民族根本利益;军事上伙同日寇残害中国同胞,围剿抗日武

[1] 汪朝光:《抗战时期伪政权高级官员情况的统计与分析》,《抗日战争研究》1999年第1期。

装，镇压沦陷区人民的反抗，亦有潜入后方刺探军情充当间谍，散布流言扰乱秩序；经济上帮助日寇掠夺财富；思想上推行奴化教育，腐蚀中华民族的反抗意志。因此，“肃奸”既是抗战的组成部分，也是抗战的必要条件。

1935 年的《中华民国刑法》、1937 年 8 月公布的《惩治汉奸条例》《汉奸自首条例》及 1945 年修订的《惩治汉奸条例》《处理汉奸案件条例》等法律法规对于汉奸罪有明确的规定。除前文第二章引用的 1937 年《惩治汉奸条例》第 2 条规定的 14 种行为属于汉奸行为外，《处理汉奸案件条例》第 2 条规定了 10 种应厉行检举的汉奸对象：如曾在伪组织简任职以上公务员，或者曾任伪组织特任工作，或者在敌人之军事、政治、特务或其他机关工作，曾任伪组织所属专科以上学校之校长、金融或实业机关首长或重要职务等。虽然该条例规定的汉奸范围非常广，几乎包括了伪政权中的所有官吏，但没有将伪特工人员列入。同时，对于经济汉奸持慎重态度。

《汉奸自首条例》的主要内容有：汉奸于发觉前自首，并有检举其他汉奸案件经判决确定或查获重要证据确有价值、揭发汉奸或间谍之阴谋策略确实可信、密告敌方机密确有利于本国、携带军器来献等情形之一时，可以免除其刑或免其刑之执行。汉奸自首应向有军法权之机关或部队、警察机关、各市县政府及行政督察专员公署、独立旅以上之各级政训处等机关声请。自首人之配偶直系尊亲及具保人或收容之机关，对于自首人应设法训导感化；训导感化，不拘形式得随时随地行之。自首人经认为有帮同查缉汉奸之能力或必要时，得予留用并酌给生活费，但不得令其办理有关军事国防或政治事务。下附自首申请书样式一份：

<table>
<tr><td colspan="18">自首声请书</td></tr>
<tr><td rowspan="2">自首人姓名</td><td rowspan="2">性别</td><td rowspan="2">年龄</td><td rowspan="2">籍贯</td><td colspan="7">住　　址</td><td colspan="6">现存配偶直系血亲及同居家属</td><td rowspan="2">签押或指模</td></tr>
<tr><td>县市</td><td>区</td><td>乡镇</td><td>街坊</td><td>保</td><td>甲</td><td>门牌</td><td>称谓</td><td>名氏</td><td>年龄</td><td>称谓</td><td>名氏</td><td>年龄</td></tr>
<tr><td></td><td></td><td></td><td></td><td></td><td></td><td></td><td></td><td></td><td></td><td></td><td></td><td></td><td></td><td></td><td></td><td></td><td></td></tr>
<tr><td colspan="18">自首人前因误入汉奸，业已觉悟，兹投案自首，如蒙</td></tr>
<tr><td colspan="18">俯准，绝不再犯，连甘依法加重处罚。呈</td></tr>
<tr><td colspan="18">中华民国　　　　　　　　　　　　　　　　　　年　　月　　日</td></tr>
</table>

1938 年 8 月公布的《惩治汉奸条例》第 14 条规定，犯本条例之罪者，由有军法审判权之机关或部队审判之。因此，对于战时汉奸罪的审判主

要采用军法审判的方式,普通法院则无权管辖。直至1944年11月《特种刑事案件诉讼条例》颁行后,除军人为被告外的汉奸罪都由高等法院或分院审理。据统计,1944年11月至1947年2月期间,国民政府各级司法机关共侦查汉奸44588人,提起公诉25264人,判决有罪者11849人,无罪4564人。其中判死刑的342人,无期徒刑的847人,有期徒刑的10066人,罚金的11人,缓刑的531人,免刑的52人。[1] 其中臭名昭著的有周佛海、陈公博、陈璧君、丁默邨等大汉奸。

1945年2月7日,四川高等法院第一分院受理了第一例汉奸案件——陈德仪汉奸案[2]。该案经历了军法机关侦查、检察处侦查起诉、高等法院分院审判、最高法院覆判、执行等程序。大体如下:1944年11月6日陈德仪被宪兵司令部羁押。1945年1月31日,检察官以通谋敌国、煽惑军人逃叛通敌两项罪名对陈德仪提起公诉,起诉书认为陈德仪参加日本特务组织、侦探军事政治经济情报行为"先后在宪兵司令部警务处及本处侦查中自白不讳,其煽惑军人逃叛通敌情形,亦经覃中南证明属实,犯罪证据已臻明确,核其所为,实触犯《惩治汉奸条例》第二条第一款、第七款、第十三款之罪嫌,合依《刑事诉讼法》第二百三十条第一项起诉"。1945年3月17日,四川高等法院第一分院公开审理此案,指定公设辩护人万敷律师出庭应诉,审理按以下顺序进行:(1)朗读案由;(2)审判长问陈德仪年籍等项;(3)检察官陈述起诉书要旨;(4)审判长讯问被告;(5)审判长调查证据;(6)检察官陈述意见;(7)被告辩护人陈述意见;(8)被告最后陈述。1945年3月21日,一审判决:"陈德仪通谋敌国而连续侦察有关军事消息,煽惑军人逃叛通敌处死刑,褫夺公权终身。"1945年4月15日,被告提交刑事理由书声请覆判。1945年5月11日,最高法院刑事第二庭组成合议庭,经书面审理,指出原判决"漏引惩治汉奸条例第十七条,刑法第五十六条,应予补正"。但"本件原判所认事实及适用之法律既无违误,自应由本院予以核准之判决以符合法令",判决"原判决核准"。1945年5月29日,司法行政部发给最高法院检察署电刑字第869号代电令准执行。1945年6月9日陈德仪被执行枪决。

该案从羁押到执行刑罚,历时210余天,经过了侦查、起诉、审判、覆判、执行等程序,形式上遵循了"程序公正",如整个庭审流程符合《中华民

---

[1] 参见中国第二历史档案馆编:《中华民国史档案资料汇编》(第3编),江苏古籍出版社1994年版,第362—365页。

[2] 重庆市档案馆藏,档案号:0110-4-1245。下文引述的法律文书均来自该档案,不再赘注。

国刑事诉讼法》第264条至第283条规定的法庭审判程序;按照《公设辩护人条例》规定,刑事诉讼案件重大者,法院得依职权或因被告声请指定数位公设辩护人为被告辩护;《特种刑事案件诉讼条例》规定"对于依本条例所为之判决不得上诉但得声请覆判","宣告死刑或无期徒刑之判决应不待声请,依职权径送最高法院覆判",覆判审限为20日,于是在1945年4月28日,四川高等法院第一分院以院长署名的特字345号公函,将该案送最高法院覆判,并按法律规定移送了卷宗证物材料后,最高法院在15日内就作出了核准判决,可见速度之敏捷。但是,该案在实体判决上值得商榷。[1] 这种从严从快的处理方式,体现了战时处理汉奸罪的效率优先原则,符合当时国民政府的政治利益。然而,在抗战结束后,蒋介石出于抢地盘、收复沦陷区的需要,鼓励伪军投诚,消极肃奸。尤其是在国共和谈破裂后,1947年元旦,国民政府颁布《罪犯赦免减刑令》,赦免了诸多汉奸罪犯。

(二)惩治贪污渎职

因为缺少监督制约机制,一党专政和个人独裁下的国民政府,很快出现了权力的滥用和吏治的腐败。随着抗日战争的进行,国民政府和国民党在党风、政风上的贪污腐败风气愈演愈烈,贪腐行为屡禁不止。冯玉祥在批评国民党腐败时,指出国民党有四个"极点":"政治是腐败到极点,军事是无能到极点,经济是贪污到极点,文化是摧毁到极点。"[2] 官场的真实写照是"无官不贪,有吏皆污",有戏言称"贪赃枉法,官升财发;埋头苦干,撤职查办"。面对日益猖獗的贪腐行为,国民政府三令五申,严令各级机关严惩贪官污吏,谆谆告诫,但听者藐藐。[3]

1943年6月30日的《惩治贪污条例》与1938年6月27日的《惩治贪

〔1〕 如有学者认为该案证据采信上有不足,如侦查员既是证人又与被告有重大利害关系,定罪关键证据只是被告人的自白,而没有其他辅助证据支撑等。详见罗金寿:《战争与司法——陪都时期重庆的法院及审判》,西南政法大学2010年博士学位论文。

〔2〕 冯玉祥:《我所认识的蒋介石》,黑龙江人民出版社1980年版,第204页。

〔3〕 如1940年6月1日,明令如下:"国民参政会第五次大会,关于黄参政员炎培等提请政府切实注意严惩贪污,并于执行时特别注意于高级官吏一案,业由国防最高委员会函请国民政府执行,兹闻国民政府以公务人员首重廉洁,贪污行为有干厉禁,前经制定惩治贪污暂行条例公布施行,并一再申令各机关长官,严密预防,切实检举,各该长官有督饬僚属之责,尤应以身作则,杜渐防微,对于所属员司,黩款敛财,操守难信者,随时注意检举,依法严惩。国民参政会原案正与前颁法令相符,业已再行通令各机关严密注意。"转引自《新华日报》(重庆版)1940年6月1日。

污暂行条例》相比较而言，扩大了贪污罪的主体，增加了贪污行为的方式，加重了刑罚处罚。然而在实际的审判中，认定贪污罪却十分困难，以下试举例说明。

1.“程仲瑾等贪污案[1]

程仲瑾、杨宗祺时任中国粮食工业公司北碚碾米厂之正副主任，孔叔炎系陪都民食供应处北碚供应站主任，马纪五系陪都民食供应处歇马场供应站主任，唐世虞系陪都民食供应处北碚仓库主任。每月之公粮除就地征实外，悉由陪都民食供应处北碚仓库收受。上游仓地运来米谷转运中国粮食工业公司北碚碾米厂，加工后转拨给各供应站，发给各政府机关公教人员食用。1944 年 4—6 月，各政府机关所领得之公粮均属霉烂、不堪下咽，违背了粮食部颁布之《改善陪都公粮发放办法》。于是立法院、司法院、司法行政部、最高法院等机关职员，联名向最高法院检察署控告上述几名被告。

经侦查，重庆实验地方法院检察官遂以唐世虞系北碚仓库主任，对于川江上游各地运来之米有泼水发水情形，竟曲意收受转拨中国粮食工业公司北碚碾米厂加工，经供应站分发各机关食用，显有利用职权勾结船户间接图利之情事，并以被告程仲瑾、杨宗祺对北碚仓库拨来浸湿霉米，不拒绝接收而予加工，及被告孔叔炎对船户运到之浸湿霉米有权决定应否收受，而认为可以接收转拨，均有与被告唐世虞共同利用职权间接图利之嫌，以《惩治贪污条例》第 3 条第 1 款、第 6 款提起公诉。

程仲瑾、杨宗祺供认于 1944 年 4—6 月任内，北碚仓库拨来加工之米，有若干品质较为次劣（其数额均称不详），但均会据实呈报中国粮食工业公司核示；并提供了向上级主管部门请示的证据，核其原呈内容及该公司之指示、尚相符合。

经过庭审质证，一审法院重庆实验地方法院认为：

> 得堪置信被告程仲瑾、杨宗祺尚难认有失职等情事，且中国粮食工业公司之碾米厂有营业性质，收受加工之米有一定折扣利润，加遇浸湿劣米加工后，将成粉末，亏折必巨，与被告唐世虞之利害并不一致，复以被告程仲瑾、杨宗祺于 1944 年七月任内因船户李璜英、罗世昌（即朱勤伯）等运到之米泼水发霉，拒绝为其加工以免米厂亏折，会与被告唐世虞发生冲突。经陪都民食

[1] 重庆市档案馆藏，档案号：0109－1－28775。

供应处派员彻查，唐世虞因而受免职之处分，有粮食部送案之原卷可查，由此参互以观被告程仲瑾、杨宗祺不惟在职务上无与被告唐世虞勾结之可能，即于私交上犹发生显著裂痕。公诉论旨谓被告程仲瑾、杨宗祺有与唐世虞勾结舞弊一节并无证据，足以认定，复查粮食部所属之仓库为公粮之接收机关，碾米厂为公粮之加工机关，供应站为分配机关，船户承运之米验收之权属于仓库，供应站并无决定收受与否之权。本案全体被告之职权已准《粮食部陪都民食供应处本年十一月六日陪结字第二八二号复函》详为说明在卷，被告孔叔炎系陪都民食供应处北碚供应站主任，依照上述公函说明对船户运来之米并无决定收受与否之权。公诉论旨谓其有此职权，而认有与被告唐世虞勾结舞弊之嫌，自属误会，其它又无确据足认有共犯贪污之事实。其与程仲瑾、杨宗祺之犯罪嫌疑均有不足，应均论知无罪。

公诉论旨谓被告马纪五系陪都民食供应处歇马场供应站主任。上年一月至六月间，立法院、司法院、司法行政部等机关向该站所领之公粮，每石重量常不足一百四十五斤。核与改善陪都公粮发放办法第三项之规定不符，有从中克扣公粮之嫌等语。查歇马场各机关每月向该站所领之公粮，各机关经手人员均签盖有拨验单留存，该站已据被告马纪五提出存卷核阅各页，大致均载重量一百四十五斤以上。虽各机关来函均谓连袋皮重一百四十五斤，每袋皮重一斤左右，此即少领之数量等语，但查上开拨验单存根簿内发给歇马场各机关之公粮有重一百四十八斤者，有重一百四十六斤者，有重一百四十三斤者，以现今衡量具之难求绝对精确，截长补短，亦所容许只求平均净量达一百四十五斤即可。各机关来函以每袋均一百四十五斤差一斤左右，核与拨验单存根所载实有不符，而司法行政部经手领米之左既方，立法院经手人董文勋则谓："自己带袋去北碚直接领米，沿途袋破随补米，即不短少歇马场供应站发给之米每石有重一百四十三斤，有重一百四十八斤不等，平均约重一百四十六斤等语"（见侦查卷第一三九页至一五〇页）。据此以每袋皮重一斤左右扣除，计算并参以被告孔叔炎当庭供称北碚供应站所发给各机关之米每石均净重一百四十五斤，并于拨验单上注明"净重"二字，则被告应发给之數每石约净重一百四十五斤左右，所差亦为数至微，核拨单存内"净重"二字已属事实，并非被告事后添注。已可推见且被告虽为歇马场供应站主任，但每次发给各机关之公粮均系由田姓职员实际秤量，并非由该被告直接发放，此为立法院、司法行政部、司法院等各机关经手领米之左既方、王道坦等所一致认定该田姓职员有无从中克扣图利，固因其已离职所在不明，无法传讯，但被告并无侵占或克扣公粮情事，由此益臻明显，其犯罪嫌疑既属不能证明，应即谕知无罪。

查被告唐世虞前在本院看守所羁押中患有重病经保外医治，于1945年四月二十日上午四时病殁于林森路四百九十六号住所。经该管保甲呈报，由本院督员验明属实，该被告既已死亡，即谕知不受理。

一审法院判决程仲瑾、杨宗祺、孔叔炎、马纪五均无罪，唐世虞部分不受理。但是，由于该案涉及面较广、民愤极大，尤其是各机关行政人员的反响激烈。于是，重庆地方法院检察官声请覆判。四川高等法院第一分院经覆判后，撤销原判决关于程仲瑾、杨宗祺、孔叔炎、马纪五无罪的部分，并发回重审。理由如下：

本件被告程仲瑾、杨宗祺系中国粮食工业公司北碚碾米厂正副主任，孔叔炎为陪都民食供应处北碚供应站主任，迁建区内北碚歇马场、青木关、陈家桥四供应站每月之公粮由北碚仓库拨交中国粮食工业公司北碚碾米厂加工后，转拨各供应站分配各机关。三十三年四至六月司法院等机关所领公粮均为霉烂不堪下咽之米。已据告发人等述明，即被告等亦不否认所应审究者，被告等所拨发之霉烂米是否为被告所舞弊，是已查原审认定被告等无罪，无非以被告等无权拒绝收受霉烂米为论据，但查三十二年十二月《粮食部颁行改善陪都发放公粮办法》第二款载有派技术人员分驻中粮公司各工厂检验米质，此无异于命各工厂拒收劣米，且事实上被告程仲瑾、杨宗祺于三十三年曾拒绝收受船户李璜英、罗世昌所运之泼水霉碛米，且霉烂碛米一经加工即成粉碎。若工厂收受者均系霉烂米决不能加工，是立法院等机关所领霉烂不能下咽之公粮并非全由于船户运米发水所致，实甚□然又三十三年歇马场供应各机关两月公粮尽为霉臭米，统计约二千四百市石。其它北碚、青木关、陈家桥各供应站据被告杨宗祺称交各站之米统为一样，由此推求四站两月发放处臭米合计当有三万石，而合川仓库运粮凭单及抢救失吉运轮证载明失吉米或发烧米三十三年四至六月不过四千余石，是此项霉烂米之来源不能诿之于船运关系，尤极显然究竟此三万市石左右之米霉烂原因如何有无掺杂情事，自应传唤工厂管理员及技术人员到案详加审究，不足以成信谳。至马纪五为歇马场供应站主任，供应司法院、立法院、司法行政部等机关公粮三十三年一至六月。司法院等机关在北碚直接领取者，每石较之在被告供应站所领者重二斤，而向被告供应站所领者运米袋计算重量已据司法院等机关来函述明，且据证人董文勋供称："我盖章时候没有'净重'二字，是他们事后写上去的。"证人左既方代称"盖章时没有'净重'二字"各等语，究竟短少之原因何在，其添加"净重"二字之用意论居，亦传讯供应站运米人员分别研讯，俾资认定原审对上开各点未予详查，遽予论知无罪，自属不当，应即发回更为审理。

本案中，一审法院以各被告无权拒绝收受霉烂米为由，放任霉烂米发放到各级行政人员手中，而判定不构成贪污，显然不当；至于"三万市石左右之米霉烂原因如何有无掺杂"的事实没有详细审查，因此，覆判法院对此进行了改判，无疑从实体审查方面是正确的。

2. 何玉麟贪污渎职案[1]

何玉麟系重庆市警察局第九分局警员，因贪污渎职等事由，被重庆市第九区米亭子镇公民代表谭孝柏等几人联名呈件于国民党中央党部、重庆市政府、重庆市卫戍司令部、重庆市临时参议会等机构，要求严查，呈件如下：

为贪污渎职、殃害地方，恳乞□查明，撤惩以安□□事。窃查重庆市第九分局局员何玉麟自到第九区工作以来，终日不务正业，利用警察职务，勾结流氓地痞，作种种不法行为，全区民众怨声载道，怒不敢言。因之党羽□增、声势浩大，兹检举事实，缕陈于后：

一、吸食并贩卖吗啡鸦片。查吗啡鸦片危害国家民族及个人身体，莫此为甚。政府有鉴及此，早经明令严禁，并处以极刑有案，该员身为执行国家政令公务员，竟敢利用职务掩护勾结流氓陈金鳌、魏琨等（住三山庙农本局附近）经常在雅安贩卖吗啡鸦片（每月两次），每晚十二时许在住宅机房储纱小房内秘密开

〔1〕 重庆市档案馆藏，档案号：0063－16－623。

设红灯吸食，并由魏琨及其管事胞弟等（住军需学校）售与各烟户，利润均分。乞派侦缉队要员于晚间一时许从侧门缉拿或予考验及传陈、魏质讯，真伪自明。

二、囤积棉纱。查政府棉纱编制早有明令禁止民间私自买卖，该员利用警察身份，开设机房，在福生庄以低款购来棉纱逐月囤积计三十余包。照目前黑价出售约值八十余万元，该纱现存机房住宅楼上各处。乞秘密派员搜查封存充公，以快人心。

三、估买民物。该员去岁买有房屋一栋，旧木料数十方，照现价约值款十余万元，因以警察官地位关系，仅付款半数，剩余木料款至今未结。人民已不敢催计从呼，奈何事实具在，恳派员询及□镇马镇长、□体镇戴镇长、木关镇黄镇长便知，但务须以免该员事后弥缝。

四、敲磕人民。该员机房去岁送布时，管事不慎遗失数疋。翌日即诬赖小机房陈某偷，云时该民抵押。旋经侦缉第五中队黄队长将原案解送大队部，不料事被泄露，该员即用巨款五万元活动始行寝事，此案尚悬未结。恳派员在江北侦缉五队及大队部查明当时底蕴。

五、卖辨烟案。查烟案分局无权处理，总局早有明文规定，该员去岁竟敢不时将烟案取保，每名约三四千元不等，公开与各所所长及分局警长平均分肥。事实如何，请派员查明去岁案件簿，并密询负责去职巡官逐一查封，当有线索。

六、暴富由来。该员民二十九年到九区时，衣服褴褛、行装单薄、两袖清风、举家嗷嗷，不三年间拥资八九百万元，并购买房屋二栋，布置华丽，婢姬成群，每日开支约三千元，上等富翁已不过如斯，可见富之由来，非利用职务经营、不法生意与贩卖吗啡烟土歇克臻此？

七、组织党派、图谋不轨。该员经常以某党关系作社会活动，联络北青年界蓝某秘密集会研究社会问题，诋毁政府征兵法令，类如连年兵役抽签，该布场既不出钱又不出人，保甲长有过问者即指该流氓捣乱，俨然以小领袖自居。请派员搜集该家所藏开会记录情形自明。

八、藉母寿、招摇礼款六七万元。去岁五六月间，该母寿期公开受礼宴客三天，第一日为警察局员官长警，第二日为全区保甲长以上人员，第三日为机房帮与民众，共计收礼六七万元。想礼单尚存，恳派员秘密检查，自有证据。

九、经营木厂。该员前岁集股二十余万元在河边开设复和木厂，去岁结账因受害亏本，该员恼羞成怒将经理方既昭拘押月余，勒令赔偿，以致方谋倾家荡产，如数奉赔。闻该案后控诉警察总局与法院，该员用巨款各处活动，此案尚悬未决。请派员至江北汇川门询问方某便明。

十、收买黄金。该员因拥资过巨，不便储藏存放银行又恐泄露，遂使其党羽遍去收买黄金约三四斤。若派员检查其太太或其母衣箱自易获得。

总之，该员违法事件如鳞，罄竹难书。综上，各端情节易检查明，故分条检举，其余如聚赌抽头、纵党殃民不胜枚举。钧长，明镜高悬、爱民如子，值此宪政狂潮，伏乞俯念民瘼，迅派科长以上人员，逐条彻查，明正典刑以彰国法而快人心。

谨呈

重庆市第九区米亭子镇公民代表：谭孝柏　陈子忠
木关街镇公民代表：李时春　黄俊杰
四方井镇公民代表：黎文川　杨子惠
休仁堂镇公民代表：汪玉泉　周　正
三洞桥镇公民代表：陈康功　何筱麟

从上述检举信来看，在民众眼中，该警员道德败坏、生活腐化、徇私枉法、滥用职权、形象不堪，活生生是一个“黑社会老大”。各机构收到检举信后，纷纷表示查办，如国民党中央党部收到该检举信后，公函转呈重庆市政府等部门，“即希查照核办，见复为荷。”重庆市市长谕“交警察局讯办具报”；重庆卫戍总司令部则直接向重庆市警察局下发训令要求查明：

重庆卫戍总司令部　训令

（□字第四四〇号）

中华民国三十三年二月二十五日

案据本市第九区米亭子镇公民谭孝柏等呈控何玉麟贪污渎职一案，除批示外，合行检同原呈，令仰该局长即便查明，依法核办，具报为要！

此令。

计发原呈一件办毕随缴

总司令　刘峙

内政部警政司收到检举信后，回函重庆市警察局：“查本案系越级呈控，且与人民呈递书状连坐法规定不符，依法应不受理。唯案关贪污，相应检同原呈，函请核办见复，原呈仍请掷还，以凭转呈，为荷！”

经过四个多月的调查，重庆市警察局认为该举报不实，“所控各节多有失实，显系匿名控告，希图陷害”。附调查报告如下：

报　告

（六月二十七日于调查股）

案奉钧长交下第九分局局员何玉麟贪污渎职一案，饬即详查具报等因，遵即前往经各方调查。兹将各情分别具报于后：

一、查该局员何玉麟自奉派九分局服务已逾五载，从未被控告，该员之奉公守法，本局人员所共知，原并所□食吸贩卖烟土，收买黄金，终日不务正业、利用职权勾结流氓地痞作种种不法行为一节全系捏造事实，市府亦曾数度派员视察往其家搜查均无此事。（第一第五第六第七第十项均不确）

二、查该局员何玉麟确开设机房于分局隔壁，此业纯在政府统制之下，所作之布，亦在花纱管制局领给，只得其工资费耳，利用职权囤积棉纱一事经市府派员视察、率警搜查，全为捏造。又该员诬赖小机房陈某偷布数疋亦无此事（第二、四两项）

三、查该局员何玉麟，废旧云岁修建房屋，是时体镇戴镇长在河嘴之旧屋被□淹云，欲想出售，评证言明，如将该屋售与何玉麟，其中并无勒索情事。又三十一年度确与友人在河坝组织木料厂，因种种关系中途瓦解。其（第三、九两项）以上两项与事实不符。

四、据该分局长谈称，各所送呈之烟犯，分局均皆移送总局法办，从未经分局取保，局员更无处理此案之权，经查该分局之案件登记簿逐同考查，各所送解者均转解总局法办。

五、查该局员何玉麟藉母寿招摇收礼，经分往各镇询问，均不知悉,各副镇长□称,该员之母生期自何日,亦不得而知,此项全不确。

六、查原呈各镇代表逐一调查并无其人居住,其所列举之各镇代表均系假造,匿名控告,所控各节与事实不符。

奉令,兹因理合,将调查情由,检同原呈报,请

鉴核示遵!

谨呈

主　任:陈□　转呈
督察长:彭□　转呈
处　长:东方□转呈
局　长:徐□

从该调查报告的字面来看,并无可挑剔之处,但是深究下来,发现里面存在诸多问题。比如,调查机构本身系警察局内部机构,没有回避;调查报告中没有对于涉案人(即检举信中提及的流氓陈金鳌、魏琨、木厂经理方既昭等人)的调查;也没有说明何玉麟家中财产状况,是否与正当收入出入太大等。因此,这样的调查报告是没有说服力的,是不能服众的。这大概也是时人评价国民党惩治腐败的趋势是"越反越腐败"的原因之一吧。

三、保障经济利益:维护币制与经济统制

抗日战争全面爆发后,由于敌强我弱,日寇迅速占领了大半个中国,包括华北、华东、华中和华南的大部分地区,其中东部沿海经济发达地区和几乎所有重要的大中城市都沦陷,国民政府的经济遭受惨重打击。随着国民政府的军费和财政支出迅速扩大、收入急剧锐减,财政赤字严重。在困难的经济局面下,为了坚持长期抗战、争取胜利,国民政府对国民经济进行了一系列调整,增设和调整了一些经济管理部门,颁行了大量战时经济管理应急法案,逐步建立起战时经济体制,以适应抗日战争的需要。

(一)打击妨害币制行为

近代军事战争也是经济的战争,而经济的中心却是金融体制,币制又是金融体制的重中之重。1935 年国民政府实行币制改革,开始推行法币,

抛弃原来的银本位币制，并把法币发行权交由中央、中国、交通、农民四大银行，逐步建立起民族国家经济共同体。厚颜无耻的日寇不断加强对华经济作战攻势，其中最直接的手段就是伪造法币并投放国统区，直接掠夺战略物资和经济资源，破坏法币的信用和流通。假币的泛滥和流通使得物价波动、经济运行失衡，甚至可能造成经济和社会危机。制造、销售假币，干扰了国家法定货币流通的正常秩序，破坏了整个社会金融信用原则，腐蚀着国民经济的健康肌体，是大后方经济生活中的一颗毒瘤，更为严重的是直接削弱了抗战力量。

1943 年 10 月 18 日，国民政府颁行《妨害国币惩治条例》，共 7 条，主要内容为：对意图营利，私运银币、银类金类或新旧各种辅币出口者；意图营利销毁银币或新旧各种辅币者；意图供行使之用而伪造变造币券者；意图营利不按法定比率兑换各种币券者等几种罪行分处不同徒刑和罚金。同时，对于未遂犯比照受罚，而全部犯罪工具及假币均予没收。而在该单行法规出台前，司法机关主要适用的实体法为刑法第十二章规定的“伪造货币罪”。如彭云清伪造法币案[1]中，1938 年 3 月起，被告彭云清在自家中，伪造通用辅币，后经人告发被捕，当场搜获犯罪工具若干，连同人赃呈解警备司令部转送到案。一审判决如下：

四川重庆地方法院刑事判决

公诉人：本院检察官

被告：彭云清，年二十二岁，璧山人，住本城

指定辩护人：丘心田律师

上被告因伪造法币案，经检察官提起公诉，本院处理判决如下

主文

彭云清意图行使而伪造通用货币，处有期徒刑五年、褫夺公权六年；伪造辅币二十四枚半、药料一包、钢错一把、瓷笔筒一个、瓦钵铁瓢一把，均没收之。

事实

被告在家伪造通用辅币，经李兴发向守城卫兵告发逮捕，连同证物送经检察处侦查到院。

理由

被告对上开事实，虽狡称出于告发挟嫌相诬，然伪辅币及供

---

〔1〕 重庆市档案馆藏，档案号：0109－2－91300。

犯罪所用之器具等件，既是当场搜获，且经保长谌占云、甲长胡炳云切实证明，则事实真确，委无推卸余地。核其犯罪性质有褫夺公权之必要，辅币等件应予没收。综上论断合依《刑法》第一百九十五条第一项、第三十七条、第二三九各项、第二百条，《刑诉法》第二百九十一条前半判决如主文。

民国二十七年五月十六日

本案经检察官张学义莅庭执行职务

推事：岳少武

被告不服提起上诉，四川高等法院第一分院经二审后驳回上诉，并认为一审判罚"已属从轻论科，上诉殊无理由"。

对于未遂之犯罪，法院还是会酌情减轻处罚，如在夏清云等伪造货币案[1]中，重庆市政府肃反室探得杜凯等有出卖伪造纸币情形，于是派行动股员李英贤、密查员余潜查办。1937年11月10日，李英贤即化装为烟贩，余潜化妆为经纪人，向杜凯、夏清云、张清泉接洽购买伪造纸币。杜凯、夏清云、张清泉均允居间介绍。旋由杜凯等先后交出伪造中央银行五元纸币一张、一元纸币一张、四川省银行五角卷一张作为样张。李英贤当与购买伪造中央银行五元纸币三百元议定价洋一百五十元，约期三月内交货。至期李英贤等与杜凯、夏清云、张清泉会晤，杜凯等即令交洋一百五十元，然后带其同往取货。李英贤不允，要求其先将货带到该处交付，然后交钱。杜凯等亦不允，李英贤等穷于应付，即将其一并逮捕，送由市政府转送重庆地方法院检察官侦查起诉。一审判决各被告有期徒刑五年，但各被告均不服，提起上诉。夏清云上诉状云：

查事实栏载被告均以贩卖伪造为常业，重庆市政府得来后即派肃反室行动股员李英贤等严密侦查，英贤等奉令后经人介绍与被告接洽购买伪造云云，以上记载事实纯全根据该市政府肃反室行动股员一纸报告片面之词，何足为凭？逮处罪刑难甘折服。为此提起上诉并将上诉理由呈诉如后：

（一）本案事实侦查未明，民本系庸愚，乡间连年干旱无法谋生乃营小贸购买旧棉絮旧衣服运往贵州省一带发卖赚得盈余养

---

[1] 重庆市档案馆藏，档案号：0109－2－7368。

活家口，非以贩卖伪造为常业。假设以贩卖伪造为常业，该市府肃反室行动股员何不拿获证据而后方施行逮捕耶？至谓交付伪造中央银行纸币一张一元纸币、一张五角纸币一张作为样张，至同月十一日大批交货之期即将被告分别逮捕云云，按交付纸币业经张清泉承认系一元伪卷、五元与五角伪卷。据杜凯供称，余仲全栽诬并非民夏清云交付，已当庭诉明是民清云并非共同连续供行使之用交付伪造纸币于人罪责应不成立。原审伪据一面之词，不侦查实据即判处罪刑，万难甘服，此上诉理由一也。

（二）查原判理由为谓被告等系当场捕获之现行犯供认于先，岂容狡赖于后云云。按民之被冤诬各情已经在审讯时呈明，兹不冗渎查现行犯者系指当场实施犯罪者而言，本案所判犯罪事实为交付纸币，民清云并未交付纸币，与共同被告并无共同行为，何能谓之曰现行犯，又岂能无证加以连续供行使之用而交付伪币于人耶，虽曰欲加人罪不患无词，但立法保障人民断不能凭空偏信其它机关编纂事实而故入人罪致失立法之真义。为此，具呈不服理由，呈请钧院鉴核检察申送上级法院废弃原判另为适法公判，以资平反而雪冤抑，谨呈。

二审法院审理时，重点审查了本案中伪造纸币有无供人使用，笔录如下：

审讯笔录

问：夏清云年贯、住址、职业？

答：三十五岁，合川县人，住本市石板坡，办衣服卖。

问：原审判你五年的徒刑，你不服吗？

答：是的。

问：你有什么理由呢？

答：我根本没有卖伪票子。

问：你不是同杜凯伙卖票子吗？

答：是杜凯同姓余的约起来害我的。

问：你同杜凯平常认得吗？

答：素来认得。

问：哪一个姓余的？

答:姓余的叫余宗全,他哥在市政府做的。

问:杜凯约你是做什么?

答:杜凯起初是约我卖鸦片。

问:你不是找的张清泉同你们卖伪票子吗?

答:莫得这事。

问:你不是还交一万块伪票子跟姓余的吗?

答:是的,是头天张胡子卖衣服来的,张胡子拿跟我去掉,被姓余的拿去。

问:杜凯年贯、住址、职业?

答:三十五岁,重庆人,小工。

问:原审判你五年徒刑你不服吗?

答:是的。

问:你是哪阵被抓的?

答:二月十二余仲全把我带到水巷子去抓到的。

问:有个姓李的你认识吗?

答:姓李的是余仲全介绍的。

问:余贤就是余仲全吗?

答:余仲全的哥才叫余贤,在市政府做事。

问:你不是同姓李的在水巷了吃饮食吗?

答:在水巷子吃饮食只有余仲全两弟,并莫姓李的。

问:你拿了一张五元的伪票子给姓余的吗(指在案五元伪币给看)?

答:我没有拿这块出来。

问:你们不是在市府供得清楚,怎么现在不认呢?

问:张清泉年贯、住址、职业?

答:六十二多,合川人,住本市,卖衣服。

问:市政府是哪阵拉的你们?

答:十月十二拉的我们。

问:拐卖的伪票子是你的不是?

答:我卖衣服卖的有张一元的伪票子,给夏清云帮我用去了。

问:是不是杜凯引你去同姓李的在石市会面?你不是?伪票一千两千都办得到?要分你还拿一张一元的伪票?

答:并无那事,我那一张票子是交给夏清云,姓李的我并不相识。

问:姓李的还拿五十块分你吗?

答:姓李的同我熟都未熟,怎能交给我呢?

请检察官陈述意见

胡检察官起立谓,本案被告伪造货币之所为经第一审判处罪刑,认定事实似非无据,不过当时市府牒查与被告等接洽,定十一日交换货币,为期将被告等逮捕,而未收大批伪造抄获,仅以一二张伪票以为证据,殊嫌不是完全证实被告等犯罪,且张清泉并不否认一元伪币,口称伊卖衣服得来,系交与夏清云掉换,其情形似可采信,被告等均称市府□情,□受刑不过所致。如果属实,初供即不能供采纳原审仅根据初供判处被告等罪刑实不是以昭慎重,可否传某市府牒查员余介立等到案,质讯请贵庭斟酌,为贵庭认无传讯必要。请本调查之所得,予以判决。

请辩护人陈述意见

律师敬树诚起立谓,查犯刑事罪刑,应具有确实证据为要件,法有明文规定,本案上诉人等经原审各判处徒刑,并无真正证据证明,仅根据市府供词为断,据市府收上诉人等获案数度审讯,动机非法交加,上诉人供词,系受刑乃过所供,于法根本不能以供采纳。原审不查意各处上诉人有期徒刑五年应请贵庭废弃原判定告无罪之判决。

审判长谕本案辩论终结,定期定判,被告等还押。

夏清云、杜　凯、张清泉

上笔录经当庭朗读当事人承认无异

书记官:费德福

审判长:沈仲英

于是二审法院经审理后认为:

上诉人事先向李英贤声明及于市政府讯问中亦称该项伪币另有卖主,伊系介绍人核与李英贤之报告及事后在其家搜索并未发见伪币之情形尚属可信,以此观察上诉人等实应犯共同帮助他人意图供行使之用交付伪造纸币于人未遂之罪。原审乃认其共犯连续意图供行使之用交付伪造纸币于人之罪尚嫌未当。

上诉论旨空言狡赖虽无可采，然原判决既有不当自仍应认其上诉为有理由予以撤销改判。查上诉人等所犯前项之罪既系帮助他人犯罪又属未遂，自应予以递减本刑二分之一。再其生活状况均非优裕，智识亦极浅薄，犯罪情节尚非重大，亦应于减刑范围内处以较低之刑，至其交作样张之伪币三张仍应依法没收。

遂撤销原判决关于夏清云、杜凯、张清泉罪刑部分，改判夏清云、杜凯、张清泉共同帮助他人意图供行使之用交付伪造纸币于人未遂各处有期徒刑十月；伪造的中央银行五元纸币一张、一元纸币一张、四川省银行五角卷一张均没收。

（二）保障战时经济统制

全面抗战爆发前10年，国民政府的财政收入主要以关税、盐税及统税为大宗，抗战初期，东南沿海重要都市、港口的沦陷直接导致这几大税收收入大幅减少。1939年与1936年相比，关税由36900万元减至8600万元，约减少77%；盐税由22860万元减至10100万元，约减少56%；统税由17560万元减至1900万元，约减少89%；军费却由1937年占总支出的66.4%跃升为1940年占总支出的74%。在这同时，国民政府号召"抗战建国同时并重"，大力推进大后方的开发和建设，积极修筑公路和铁路，从而导致财政支出的猛增猛涨，财政赤字逐年攀升。[1] 由于收支的剧烈失衡，国民政府在战时面临严重的财政危机。1939年1月，国民党五届五中全会召开，会议重点讨论了当时所面临的严重经济形势，并首次正式提出施行"统制经济"政策。会后，国民政府颁布大量的战时法规和命令，加强对战时物资、工矿业、消费、物价、货币、贸易等各方面的管理和统制，如1939年《非常时期评定物价及取缔投机操纵办法》《取缔囤积日用必需品办法》《日用必需品平价购销办法》《矿产品运输出口管理规则》《非常时期禁止出口物品办法》《管理煤炭办法大纲》《全国茶叶进出口贸易办法大纲》等等颁行。1940年《非常时期管理银行办法》《出口货物注销外汇办法》《钢铁管理规则》《管理土铁实施办法》《全国桐油统购统销办法》《取缔禁止进口物品商销办法》《管理国产纸张暂行办法》《民营金矿业监

[1] 参见许毅主编：《从百年屈辱到民族复兴——南京国民政府外债与官僚资本》，经济科学出版社2006年版，第228页。

督办法》《粮食管理紧急实施要项》等等颁行。

1941年《积极动员人力物力财力确立战时经济体系案》在国民党五届八中全会上获得通过，同时确立了战时经济体系基本纲领，同年先后颁布了《战时管理进出口物品条例》《管理工业机器、化工材料细则》《管理液体燃料规则》《非常时期粮食管理暂行条例》《非常时期取缔日用重要物品囤积居奇办法》等一系列经济法规，涉及国民经济的各个部门、各种产业和供产销各个环节，统制的面极广，统制的程度极高，表明国民政府的战时统制经济已完全确立，开始全面实行，并成为国民政府战时经济的中心和主要特征。[1]

太平洋战争爆发后，1941年年底召开的国民党五届九中全会通过了《加强国家总动员实施纲领案》，1942年5月5日《国家总动员法》施行，进一步集中运用全国的人力、物力，以加强国防力量。为保障《国家总动员法》的实施，1942年6月《国家总动员法实施纲要》和《妨害国家总动员惩罚暂行条例》两部战时单行条例颁布，其对于国家总动员的物资、范围及各部门的职能分工、奖惩办法等都作了详尽的规定。

不容否定的是，战时经济体制的建立，促进了大后方工业基地建设，稳定了人民生活水平，缓解了战时财政紧张局面，在维持战时生产、开支战时军费方面，有力地支持了抗日战争的胜利进行。如战时专卖制度的实施，增加了国民政府的财政收入，在一定程度上缓解了国民政府入不敷出的财政困境。[2]

与此同时，抗战大后方的各级法院也顺应时局要求，加大了惩治破坏战时统制经济政策行为的力度。下面试举例说明之。

李昌荣违反印花税法案[3]中，李昌荣于1941年9月15日向省银行抵借国币二万元整，至1942年2月15日还款一万元。该行于立抵借此款之单据时已由该行依照印花税法算贴足印花三十八元，依照《印花税法》第十六条下列之所定每件凭证所贴印花之最高额不得超过二十元：第十九项载借款或抵押单据凡以信用或他种担保或以货物抵押向人借贷银钱或货物所立之单据者，皆属之，每件按金额每百元贴印花二角；不及一百元者，亦以百元者以百元计之规定计算，李昌荣向四川省银行

---

〔1〕 参见陈雷：《国民政府战时统制经济研究》，河北师范大学2008年博士学位论文。

〔2〕 按《财政年鉴》第2编第3篇第4章"国库收入统计表"计算，参见陈雷：《国民政府战时统制经济研究》，河北师范大学2008年博士学位论文。

〔3〕 重庆市档案馆藏，档案号：0109－2－0063。

抵借之法币二万元由该行照当时之法令少贴印花二十六元。于是，一审法院判处李昌荣罚金一千五百六十元并应补贴印花二十六元。裁定书如下：

四川重庆地方法院刑事裁定

三十一年度字第一九九号

举发人：重庆市财政局

被告：李昌荣，住鱼洞溪

下列被告违背印花税法案件本院裁定如下

主文

李昌荣借据一件不贴印花，处罚一千五百六十元并应补贴印花二十六元罚锾，应与裁定确定后三日内迳向本院完纳，逾期即强制执行。

中华民国三十一年八月五日

四川重庆地方法院刑庭

推事：李懋宣

李昌荣不服，提起抗告。二审法院裁定驳回，裁定书如下：

四川高等法院第一分院刑事裁定

三十一年度抗字第二七六号

抗告人：李昌荣，男性，四十二岁，住巴县渔洞溪窑坝

上抗告人因违反印花税法案件，不服四川重庆地方法院中华民国三十一年八月五日第一审裁定提起抗告，本院裁定如下

主文

抗告驳回

理由

查抗告人立给四川省银行之抵押借据，漏贴印花二十六元由重庆市财政局查获，并经四川省银行于具结单内盖有图记证明，自属实在。原审因而依《印花税法》第十六条第十九项、第十

八条,《非常时期征收印花税暂行办法》第六款处罚锾一千五百六十元尚无不合。抗告意旨略称转票未及到场贴花非出故意云云□□

据上论结合依《刑事诉讼法》第四百零四条裁定如主文

中华民国三十一年十月二十九日

四川高等法院第一分院刑事第一庭

代理审判长推事:雷彬章

推事:胡恕

推事:艾作屏

本件证明与原本无异

书记官:□□

李昌荣在收到二审裁定后,拒绝缴纳罚金。于是,四川高等法院第一分院检察处在 1942 年 12 月 31 日、1943 年 1 月 16 日、1943 年 1 月 25 日、1943 年 1 月 30 日分四次送达执行传票,均无果。传票回证分别记载了各次事由:“钧处传票遵即行为表现,传业由被执行人李昌荣收受传票填据回证且据被执行人向称,依期来案缴纳上项罚锾等语,迄今讯期已逾尚未来案”“由警察即前往巴县渔洞溪送达,当由该被执行人李昌荣收受传票,填具回证,并云准定依期来案缴纳,今当讯期已届,该被执行人李昌荣尚不来案遵缴”“钧处传票遵即往传业由被执行人李昌荣收受传票填据回证,兹值讯期已逾,尚未来案理”“为李昌荣违反印花抗告一案曾奉钧处传票,即前往巴县渔洞溪送达,殊知该李昌荣未在家,据其妻李曹氏向称此案至经高院执行时我已向省银行侦查借据并未漏贴印花,现我正预备呈请高院调取省银行借据以便侦查虚实云云,当由他的妻收受传票填具回证”。于是 1943 年 2 月 10 日,将李昌荣拘传到案,拘票如下:

四川高等法院第一分院检察处拘票

发给拘票理由:抗不缴纳

为拘提事,因民国三十一年执字第二七号为违反印花税法应行讯问,火速拘提到处听候审讯,勿延此令

姓名　李昌荣

住址　巴县渔洞溪窑坝

中华民国三十二年二月十日

李昌荣拘传到案后，在执行笔录中请求展期缴纳，并请人具保。如执行笔录所言：

执行笔录

中华民国三十二年二月二十日下午三时在本院一法庭开庭，出席职员如下：□□

检察官命行当事人入庭

被告　李昌荣

问：李昌荣年籍、住职？

答：四十三岁，巴县渔洞溪赋闲。

问：你向四川银行借款是用什么抵押？

答：红契。

问：借多少款？

答：二万元。

问：你漏贴印花？

答：我没有漏，曾状请抗告。

问：你已经一二两审裁定罚锾一千五百六十元执行在案，有何抗告呢？

答：那应就宽期。

检察官谕限你一星期缴清，即本月二十七日前缴清。

问：你还有何话说？

答：没有。

检察官谕将被告交保

本笔录经被讯人阅览承认在讯

李昌荣

民国三十二年二月二十日

书记官　张希明

检察官　张文恩

但到期后，李昌荣仍未如期执行，直到1943年3月6日再次送达执行拘票后，李昌荣才如数缴纳罚金。为此，执行法警出具了执行完结报告书：

报　告　书

为报告事,现为票拘因违反《印花税法》执行罚锾一千五百六十元一案缘警遵,即往拘业该被执行人李昌荣遵照缴纳罚锾一千五百六十元,又补贴国税印花二十六元正,予以完结理,合具报钧处,鉴核谨呈

四川高等法院第一分院检察处公鉴

计缴一千五百六十元,印花二十六元

法警　罗仲昆

中华民国三十二年三月十一日

嗣后,四川高等法院第一分院将案卷送回重庆地方法院。

1942 年 10 月 29 日,本案二审裁定生效后,直至 1943 年 3 月 11 日,所处罚金才如数强制执行,历时 130 余天。亦可佐证前文论及的,抗战大后方各级法院因人手不足而导致案件积压情况严重之观点。[1] 客观而言,本案的处罚畸重,违反印花税法第 18 条规定,对于不贴印花税票的酌处应纳税额的 20 倍以上 60 倍以下罚锾,其贴用不足额者减半处罚。而本案被告李昌荣仅是少贴 26 元印花税,就处以定格 60 倍之罚锾(1560 元),而没有考量任何情节,不能不说该判罚偏重。这也许是该案久拖不结的原因之一。

四、维护公共秩序:人身安全与社会管理

本书第一章曾论述到,在动荡不安、物价不稳的社会和经济环境下,战时大后方的秩序不稳、犯罪高发、纠纷不断,直接导致大后方的刑事案件收案率逐年上升。因此,惩治危害民众人身财产安全和妨害社会管理秩序的罪行,对于维护抗战大后方社会安定而言意义重大。

自鸦片战争以来,烟毒危害日深,禁烟禁毒已成为中华民族的重要任务。国民政府无论是抗战前还是抗战后,均十分重视对烟毒罪行的打击,如制定了“六年禁烟、两年禁毒”计划。但由于烟毒产业利润巨大,财政拮

---

〔1〕 当然,仅仅凭借个案不能全面证明。刑事案件强制执行期间延长与很多因素有关,比如当事人认为判罚不公、有意拖延;执达员素质不高、敷衍了事;等等。

据的各级政府对于禁烟禁毒并未全力执行,有时还寓禁于征,有意放纵。因此,整个抗战期间,大后方的烟毒现象并未得到有效遏制,反而愈演愈烈。1941 年 2 月 19 日,国民政府颁行《禁烟禁毒治罪暂行条例》,规定烟毒罪由有军法职权之机关审判之或军事委员会委员长委任各级地方政府代为审判。即使在 1944 年年底《特种刑事案件诉讼条例》生效后,烟毒案件仍由军法机关审判。于是,整个抗战期间大后方各级法院并未对烟毒案件作出过实体性审判,偶或受理后均移送管辖。因此,本节不将烟毒罪作为重点纳入。

由于本书考察的是大后方刑事审判的实然状态,而涉及民众人身财产安全和社会管理秩序方面的案件很多,因此,本节将选用几个案例来阐述。

1. 曹世康伤害致死案[1]

被告人曹世康,男,26 岁,浙江人,原为缅甸中央飞机制造厂工人,于 1942 年阴历正月初四日在腊戌向曹成(已故)追索欠债六十卢比不得,并受其持枪恐吓,乃邀同高元、史金发共同将曹成击伤致死。腊戌失陷后,曹世康辗转来重庆北碚金刚碑中国滑翔修造厂工作。同年八月十八日死者师兄潘仲厅在化龙桥嘉宾茶社吃茶,忽遇曹世康,当责询其致死曹成情事,不得要领,即报告宪兵十九团,将曹世康拘捕转送侦查。被告供述:因为曹成欠我六十卢比,我问他要钱,他先打我的耳光,打我的腿,打伤了,第二天他拿手枪要打死我,我没有办法,就邀几位朋友去打他,当时用铁棍打他的头,打伤了,第二天才死,朋友一个叫高元,一个叫史金发。

因此,四川重庆地方法院经审理后认为:

> 查已故曹成欠被告六十卢比债款,因追索不遂,遭其持枪恐吓,即由气愤而邀同史金发、高元共同将曹成击伤致死之事实。已据该被告在宪兵十九团供认不讳,历历可据。即其在检察处亦供称与曹成在腊戌因债款发生斗殴,曹成即于打架后两三天死在医院。核与告发人潘仲奇、证人陈子才之供证,殊相符合,自属真实可信。惟该被告辩称,宪兵团之供词系受刑讯而来,检察处之供词系因言语不通所误录,然其在宪兵团所受何种重刑,并无证据提出即认所辩属实,则其供词何竟又与告发人及证人

[1] 重庆市档案馆藏,档案号:0109－2－9901。

> 所指攻者极相一致，况彼此素无仇怨。如其确无伤人致死之情事，亦何致架词诬陷，遗害于无辜，再就检察处之供词而论，书记官之记载甚为明晰。毫不含糊草率，更不致发生错误。该被告始则承认犯罪属实，继又事后翻异，显属空言狡卸，不足采信，自应依法严加惩处。
>
> 惟查该被告与已死曹成素具友谊，并具金钱关系，而此次肇事原因，又为气愤所刺激，不无情有可原，应于法定刑内处有期徒刑五年，褫夺公权五年，以资惩警。
>
> 至高元、史金发所在不明，无法拘传，应候另行缉案讯结。

一审判决认定曹世康伤害致死罪名成立，判处有期徒刑五年，褫夺公权五年。被告不服，提起上诉。二审中，四川高等法院第一分院仔细研究了证人口供，证人陈子才在庭审中陈述：

> 我在滇缅路作事，仰光失守后，曹成同曹世康一路退到腊戌，他二人先很要好的，曹成曾借曹世康的钱，后到腊戌，他二人都没有钱，不过曹成还有朋友接济，所以曹世康向曹成要钱，曹成说你若要钱，我就打你，曾拿空枪恐吓曹世康，曹世康不知道，以为你要打死我，我也要打死你，但曹世康是打不过曹成的，才约几个朋友，把曹成打了，腊戌那里风俗，无论大小身边都带有刀子，曹世康他们也是用刀子砍曹成的，曹世康拿刀子劈了脑袋一下，姓高的拿大木头，把脑袋打破了，其余二人，拿锉刀，每人锉了一下，当时就死了，送到医院去收尸不是医伤，我没在场，是他们抬到医院去时我见着的，还有虞丙华，他同曹成在一个房里睡觉，发生这事后虞丙华也被警察抓去了，我送东西给他时他告诉我的。

由于故意杀人与故意伤害客观上的行为动作往往一样，都可能产生死亡结果，主观上又都出于故意，所以较难区分。二审法院在区分了案件的起因：债务纠纷；被告人与被害人之间的关系：熟人之间；被害人过错：恐吓在先；被告人有无预谋：受到恐吓后聚众行凶；伤害的部位：直接用锐器击打头部；犯罪行为有无节制等情形后，认为一审判决认定伤害致死罪名有误，与事实不符，遂二审改判曹世康共同杀人，处有期徒刑五年，褫夺公权五年。尽管两审判决的量刑一致，对于被告人而言并未把刑罚上的负担加重，但是二审对于一审定罪错误的改正，就显示了当时的法官对于司法准确的追求，亦彰显了实体正义。

2. 毛发祥诉唐蒋氏等妨害人行使权利案[1]

四川潼南县城区镇商民毛发祥告诉本县接龙乡第六保居民唐蒋氏、蒋定先等妨害人行使权利一案，经该县法院检察官侦查终结，认为应不起诉，遂于 1943 年 5 月 29 日下发《侦字第二六五号不起诉处分书》。同年 6 月 17 日，告诉人毛发祥以不服处分，声请再议，主要理由如下：

（一）查刑法第二五二条："意图加损害于他人并实施妨害其农事上之水利者处二年以下有期徒刑、拘役或三百元以下罚金"。译其意旨，如有加损害于他人之意图并实施妨害农事上水利之行为，即属构成此罪，至为明了；今处分书既谓：该业大堰告诉人占十分之七，有判决书可证，告诉人佃户□之主权所有，已经最高法院终局判决，而该被告等之阻止车灌，又经侦查属实；且至本年不□抗告人之佃户车灌，而该被告等更将堰水出卖于无权占有之人后，尤将堰坎澈底毁损，使现在之水，流尽无存，将来之水，无所归纳。其加害于抗告人而妨害农事上之水利，可谓毒极恶极，实无一不可查勘，无一不非事实；乃处分书谓："无强暴胁迫之行为，尚难认其成立妨害人行使权利之罪"。宁非故意出人于罪乎？盖本条既未有"强暴胁迫"之规定，又以"意图损害他人、妨害农事水利"为成立犯罪之要素，即不能以无强暴胁迫行为，予以宥恕，与此原处分不合，应请撤销者一。

（二）查刑法第三百零四条："以强暴胁迫使人行无义务之事或妨害人行使权利者，处三年以下有期徒刑。"译其要素，固非有强暴胁迫之行为，不能构成该条之罪。然所谓："强暴胁迫行为"亦明白规定，必须达到伤害或若何程度为限；今抗告人所买蒋石氏之业，取得主权，实行管理收益，已经三载，乃该被告等突于最高法院终局判决后，集合多人，各持棍棒，将佃户杨春林驱逐不克耕种，以致估栽去田一块，又被告蒋定先、蒋兴发等供称："我主人蒋伯玉、蒋树奇、蒋国臣等，喊我不要毛家车水"，因而结伙多人，各持棍棒，胁迫佃户杨春林弃田潜伏，不敢出而防御，遂使佃户失去佃权，抗告人失去土地行使权及堰水享有权，事实具

[1] 重庆市档案馆藏，档案号：0109－2－5136。

在，一查即明；夫当彼春种耕作之际，天灾水贵之时，若非感受重大胁迫！谁愿放弃主权，减少秋季收益？何况该被告等结伙多人而又各持棍棒，大肆打杀之威，不但本乡乡长条令保甲，制止抗告人与佃户车水，以免遭受重大伤害，影响秩序条令可证；且被告在庭供认："奉主人命不要毛家车水"口供可证，是强暴胁迫行为，已属无一而不可概见，其损害水利与妨害行使土地权之？无一而不可查勘，则该被告等之应负本条刑责，显然无可遁希乃于最高法院以民诉终局判决后，又以事涉民诉等语，而将刑事抹煞谓该被告等，并无犯罪嫌疑，如非故出人罪又何为而作？如是主张此原处分不合，应请撤销者二。

潼南县法院首席检察官将该声请移交上级四川高等法院第一分院首席检察官，其经审查认为被告唐蒋氏等均无强暴胁迫情形，不构成犯罪，但可以启动民事赔偿程序。处分书如下：

四川高等法院第一分院检察官处分书

声请人：毛发祥

上声请人因诉被告唐蒋氏等妨害人行使权利案对于潼南地方法院检察官中华民国三十二年五月二十九日不起诉处分声请再议，本首席检察官审核处分如下：

查声请人状诉被告唐蒋氏等强暴胁迫妨害其佃户杨春林等车戽堰塘之水，及将其所买之田一坵，强栽过丰等情，为其告诉之论据。唯讯据证人曾坤三供称："当时被告只有口头招呼，他们莫车堰塘之水，并无拿棍棒打架情事，我并在中间劝过他们，两下都各自退认了。至四月初九那天，被告蒋兴发、蒋定先栽堰塘由的秧子，大约栽有两挑谷子那样宽。"足征当时被告唐蒋氏等均无强暴胁迫情形，即与刑法第三百零四条第一项之规定不符。原检察官认为未使声请人受有损害，应依民事诉讼程序请求赔偿，不能遽入人罪，依法处分不起诉尚无不合，本件声请就有理由。合依刑事诉讼法第二百三十七条前段驳回，特为处分为上。

首席推事：李□□

中华民国三十二年六月三十日

本案主要体现了民国时期的刑事不起诉[1]制度。1935年修正后的《中华民国刑事诉讼法》对于不起诉程序的规定，主要如下：案件有曾经判决确定者、时效已完成者、曾经大赦者、犯罪后之法律已废止其刑罚者、告诉或请求乃论之罪其告诉或请求已经撤回或已逾告诉期间者、被告死亡者、法院对于被告无审判权者、行为不罚者、法律应免除其刑者、犯罪嫌疑不足者等情形之一时，应为不起诉之处分。检察官为不起诉之处分者应制作处分书叙述不起诉之理由，不起诉处分书应以正本送达于告诉人及被告，告诉人接受不起诉处分书后得于七日内以书状叙述不服之理由，经由原检察官向直接上级法院首席检察官或检察长声请再议。再议之声请原检察官认为有理由者应撤销其处分继续侦查或起诉，原检察官认声请为无理由者应即将该案卷宗及证物送交上级法院首席检察官或检察长。上级法院首席检察官或检察长认再议之声请为无理由者应驳回之，认为有理由者应命令原法院检察官续行侦查或起诉。

检察官对于行为不罚者依法虽应为不起诉之处分，然检察官为代表国家公益之机关，如认该行为人有付保安处分之必要时，自可申请法院以裁定行之。被告犯数罪时，其一罪已受或应受重刑之判决，检察官认为他罪虽行起诉，于应执行之刑，无重大关系者，得为不起诉之处分。即数罪并罚之案件，检察官认为于执行刑无重大关系时，对于较轻刑之罪，得不起诉。所谓重刑，如死刑或无期徒刑，依法不得加重，若其一罪已受重刑或应受重刑之判决，他罪虽行起诉，亦与应执行之刑无影响，为节省审判劳费，故定由检察官便宜行之。

在战时法院人手不足、经费紧张，整个司法资源十分有限的情况下，对于非罪案件的终止，及时作出不起诉处分，意义匪浅。

---

[1] 不起诉是指检察机关对侦查终结的刑事案件审查后，确认依法应当不追究刑事责任，或可以免除刑罚，不将被告人交付审判机关而自行终止刑事诉讼的一项诉讼制度。不起诉制度虽然仅是刑事诉讼中起诉阶段的一项制度，却深刻体现了刑事诉讼基本的价值和意义。不起诉制度有利于保障人权。在公诉阶段，检察院通过对侦查终结的案件的审查，对不应追究犯罪嫌疑人刑事责任的案件或者不需要追究或无法追究犯罪嫌疑人刑事责任的案件，及时作出不起诉的决定，可以防止久侦不决、久押不放的现象，从而及早地解除犯罪嫌疑人被追究的状态，恢复其人身自由。因此，不起诉制度有利于保护公民的合法权益，保障无罪的人不受刑事追究，体现了刑事诉讼法保障人权的宗旨。不起诉制度有利于节约司法资源，实现诉讼经济原则的要求。检察院在审查起诉时，发现犯罪嫌疑人具有不应追究刑事责任的情形或无法追究，或者认定犯罪嫌疑人的罪行轻微，不需要判处刑罚或可以免除刑罚时，及时地作出不起诉决定，终止诉讼程序，不让案件再进入审判阶段，这样可以缩短诉讼时间，节约大量的人力和物力，从而减少诉讼成本，节约有限的司法资源，体现诉讼经济原则。参见 http://baike.baidu.com/view/244679.htm，访问日期：2013年1月5日。

当然，对上级法院首席检察官或检察长的再议处分，应当立即送达各当事人，以示及时。如在何鸣珂诉谭郭氏等妨害名誉案[1]中，四川高等法院第一分院首席检察官认为，按刑法上之妨害名誉罪，以意图散布流言而指摘或传述，足以毁损他人名誉之事，及散布文字等犯前项之罪，为成立之要件，本案申请人所诉被告等妨害名誉，好似并无引诱谭淑贞之事，谭郭氏等就应诬赖为其去诉之论据，经原处续行企望，被告谭郭氏、谭涉贞、谭承禹、汪谭氏，均称申请人帮同周全臣将淑贞拐走确有其事，并不是妨害他的名誉等语。原检察官以谭郭氏等具诉申请人帮同周全臣略诱一案，业经侦查明晰，认为有犯罪嫌疑，依法起诉，即不得谓被告之所为具备妨害他人名誉罪之要件，至被告夏警长，妨害自由罪部分，业经处分确定，更何有教唆谭郭氏等犯罪之重嫌，续查结果，认被告等行为，均属不罚，予以处分不起诉委无不当，本件申请无理由，应予驳回。于是，作出了驳回不起诉处分的再议声请，并指令下级法院首席检察官及时送达，如下：

四川高等法院第一分院检察官　指令

检字第329号

令　涪陵地方法院首席检察官

本年四月呈一件呈送何鸣珂因妨害名誉申请再议一案卷宗由

呈卷均悉，查该民申请实无理由，除依法予以驳回处分外，合将原卷连同处分书送达证令发，仰即查收，饬警分别送达，并将送达证书呈缴备查。

此令

计发原卷三宗，处分书三份，送达证书二件

中华民国二十九年四月四日

而下级法院首席检察官亦要将送达回证及时回传上报备查。相关文书如下：

---

〔1〕 重庆市档案馆藏，档案号：0109－1－41150。

呈

案奉钧处第三二二号指令检发何鸣珂因妨害名誉再议一案书卷饬将处分书函为送达等因奉此业经饬警送达，兹据呈缴送达回证前来理合具文呈送，仰祈鉴核备查。

谨呈

四川高等法院第一分院首席检察官　孔

计呈缴送达证书二纸

署四川涪陵地方法院首席检察官　孙秉钧

中华民国二十九年四月□日

送达证书

应送达之文书：妨害名誉再议案处分书一份

应受送达人：谭郭氏等

送达日期：二十九年四月二十七日

送达证书

应送达之文书：妨害名誉再议案处分书一份

应受送达人：何鸣珂

送达日期：二十九年四月二十九日

通过以上文书可以看出，不起诉处分的形式要件均能符合法律要求。

3. 白洪益等盗匪案[1]

1945年2月19日，被告白洪益、郝少武、白兆林与朱青云（在逃）、余光明（在逃）及郝会浦（已殁）等六人伙同前往重庆市江北临江乡第一保茶店朱春廷家行劫，分持油烛电棒及钢刀两柄毁门入室，先将春廷父子捆缚，继以搜索劫得衣服食品多件，携赃逃逸，临行时复将春廷父子推入红苕坑内以免追捕，后在兴隆寺分赃并赠送该寺主持僧果能赃物数件。四川江北地方法院一审以盗匪罪判处各名被告有期徒刑不等。判决书如下：

---

〔1〕 重庆市档案馆藏，档案号：0109－2－91300。

四川江北地方法院刑事判决

三十四年度特刑字第二一号

公诉人：本院检察官

被告：白洪益，男，四十九岁，住江北临江乡洛碛镇，业厨工

郝少武，男，二十九岁，住同上，业农

白兆林，男，四十二岁，同上

僧果能，男，三十岁，住江北临江乡，业僧

指定辩护人：朱子纲，律师

白洪益、郝少武、白兆林意图自己不法所有共同以强暴胁迫而取他人之物，各处有期徒刑八年，褫夺公权十年。

僧果能收受赃物，处有期徒刑三年。

获菜刀一把，没收。

事实

白洪益、郝少武、白兆林与在逃朱青云、余光明及已殁郝会浦等于本年二月十九日即废历一月之自携带短刀同往江北临江乡第一保茶店朱春廷家行劫。入门即将朱春廷父子捆缚后于去时推置藏储红苕坑内，抢取衣物多件，遂在兴隆寺即刘家寺庙俵分，并赠送该寺主持僧果能赃物数件。朱春廷□经该管乡公所密缉捕获并在米青云、白兆林、僧果能家清出赃物一部解送本院检察官侦查起诉。

理由

本件被告等伙同已殁郝会浦，劫取朱春廷家什物多件，即在兴隆寺即刘家寺庙内分赃。该寺主持并收受所赠之赃物数件等情事既据自白不讳，并经告诉人到庭指陈明确复后将在被告等家清获之赃物遂一认领，在奉尤由该管乡公所呈明属实，人赃俱获，罪证极为确凿，虽以其窃取为辩解，然经告诉人结证其被捆缚以及推置于藏红苕坑内等情如绘，显系以强暴胁迫致使不能抗拒而取他人之物之行为自难任其藉词狡展，意图避重就轻，惟其前往强劫者为特定之五人，并非随时均可增加，核与《惩治盗匪条例》第三条第一项第一款聚众强劫而执枪械或爆裂物之要件不合，应依同条例第五条第一项第一款论罪复以入侵住宅及捆缚告诉人为方法另触犯《刑法》第三百〇六条第一项、第三百

〇二条第一项之罪名，仍应依《刑法》第五十五条经强盗重罪处断并遽夺其公权。

至被告僧果能虽未曾参与强劫之事，然明知白洪益等所赠与之物系强盗而来，故为收受亦应负刑法第三百四十九条第一项之罪责。获案之刀二把，系供犯罪所用，系为犯人所有，应予没收。

其余被告朱青云、余光明俟缉获，另案办理，并予说明。

据上论结，应依《特种刑事案件诉讼条例》第一条第一项、第二条，《刑事诉讼法》第二百九十一条前段、第二百九十二条，《惩治盗匪条例》第五条第一项第一款、第八条、第九条，《刑法》第二十八条、第五十五条、第三百零六条第一项、第三百零二条第一项、第三百零八条第一项、第三十七条第二项、第三百四十九条第一项、第三十八条第一项第二款，判决如主文。

检官曹光襄莅庭

中华民国三十四年六月二十三日

四川江北地方法院刑庭

审判长推事：贾良

推事：干贻孙、贾德芳

白洪益、郝少武、白兆林等不服一审判决，声请覆判。四川高等法院第一分院在覆判时认为，被告甫经入室即施强暴胁迫告诉人，父子同被捆缚，已据朱春廷一再供陈，无可狡饰。既系以强暴胁迫使人不能抗拒而取得其财物，自属行劫无疑，原判依《惩治盗匪条例》第五条第一款第一项、第八条，刑法第二十八条、第五十五条、第三百零六条第一项、第三百零八条第一项、第三十七条第二项、第三十八条第一项第二款判处被告等各有期徒刑八年，褫夺公权十年。刀二把，没收，委无不当。虽刑法第三百零二条第一项之妨害自由罪应为《惩治盗匪条例》第五条第一款第一项之犯罪所吸收，原判论以上开两罪之牵连犯，不无错误；并赘引《惩治盗匪条例》第九条之规定亦虽有未当，惟于本件判决并无影响。除指正外，应予核准。

该案中被告僧果能因判罚过重而上诉，故上诉法院四川高等法院第一分院认为，僧果能收受赃物部分，应依“通常程序”而判处。在另案上诉中，且认为“上诉人收受赃物固属无误，惟处以有期徒刑三年未免过重，上诉尚非无理。查上诉人知识程度尚低，合处以较低度之刑”，遂二审改判有期徒刑一年。

近代民国时期，各地多发匪患。时人曾慨叹："中国几乎可以说成了一个盗匪世界。遍中国无一省没有盗匪的；一省之中，又无一县没有盗匪的；一县之中，又无一乡镇没有盗匪的。"[1]这些盗匪在抢劫钱财、绑票撕票、杀人放火、强奸妇女、卖毒贩毒甚至武装暴动等方面，给社会和民众生活造成严重威胁和危害。为此，南京国民政府成立后，即于1927年11月18日颁行《惩治盗匪暂行条例》和《惩治绑匪条例》。后在1936年8月31日公布施行了《惩治盗匪暂行办法》，该办法后因1944年4月8日公布《惩治盗匪条例》而失效。抗战期间，主要是适用《惩治盗匪暂行办法》，该办法第9条规定：盗匪罪由驻在地有审判权之军事机关，或已兼、未兼军法官之该管行政督察专员或县长审判之。因此，对于盗匪罪的处理适用军法审判方式，而普通法院无权管辖。在金润弟强盗案[2]中就可以看出，若二审法院认为被告人的罪行已经触犯《惩治盗匪暂行办法》，而有可能被判定盗匪罪时，二审法院应该撤销原判，不予受理，且全案移送有权机关审理。

金润弟，女，年十七岁，业农，住綦江隆盛乡。1942年12月26日，金树云与金治和（到案后死亡）夜邀金润弟同住封张氏家帮助其窃盗。金润弟持火烛，金树云、金治和窃取财物，行窃已毕，封张氏发觉叫喊。金树云、金治和因防护赃物及脱免，当场取出其携带在身之刀以背击伤封张氏，金润弟在旁劝阻勿击，后封张氏报告隆盛乡公所，拿获金治和、金润弟解送检察官侦查起诉。上述事实，金治和、金润弟在检察官前自白不讳，但金润弟后在庭审时翻供，称只金树云、金治和两人窃盗，其未曾参与。

四川綦江地方法院一审认为，金树云与金治和于窃盗之际虽复有超出窃盗范围行为，惟金润弟前只有窃盗帮助意思，后只有窃盗帮助行为，于其他共犯金树云、金治和之当场以强暴胁迫防护赃物及脱免，不唯无与共为行为之意，且表示反对，是否论其他共犯，金树云、金治和应成何种罪名，金润弟只负窃盗从犯之责，其帮助夜间侵入窃盗、携带凶器窃盗及结伙三人以上窃盗之罪无疑。惟系一行为而触犯数罪名，应从一帮助夜间侵入窃盗罪处断。金润弟既系从犯，又年未满十八，应递减其刑，金治和查已死亡，有检察官莅验书附卷可核，该部分案件依法应谕知不受理，遂判决金润弟帮助夜间侵入窃盗，处有期徒刑二月，金治和部分不受理。

---

〔1〕 周谷城：《中国社会之结构》，上海三联书店1989年版，第31页。

〔2〕 重庆市档案馆藏，档案号：0109－1－0000。

一审判决后，检察官认为判决有误，金润弟并非帮助犯，而是共同实施正犯，遂提起上诉，上诉理由书如下：

四川綦江地方法院检察官上诉理由书

被告：金润弟

上列被告因强盗案件，经四川綦江地方法院于中华民国三十二年三月二十三日判决，本检察官，对于该判决不服，应行提起上诉，兹将不服部分，及不服理由，叙述如下：

不服部分

关于被告共同强抢封张氏部分，原判认为系属帮助窃盗减处有期徒刑二月，殊有未合。

不服理由

本件被告金润弟伙同在逃金树云，及已死金治和于民国三十一年废历腊月二十六日夜间共同携带顺千子刀，侵入封张氏屋内当被封张氏查悉，被告金润弟持亮，金治和按倒封张氏，金树云执刀砍伤封张氏，抢去衣服等物，潜逃无踪。发即报告该管隆盛乡公所拿获，被告供认前情，呈遂来案在侦查中亦供认砍伤封张氏，及抢去衣服等物不讳，并经封保卿供证无异。是该被告，显系共同实施正犯，核其所为，实犯刑法第三百三十条第一项之罪。原审未加详究，遽认被告系属帮助窃盗，变更原引法条，爰依刑法第三百二十一条第一款第一项减处有期徒刑二月，实有违误。应请撤销原判，另为适当之判决，本年四月三日收受判决，合并声明。

民国三十二年四月五日

检察官：林中贞

四川高等法院第一分院经过二审审理认为，被告金润弟，伙同在逃之金树云及已死之金治和，于1942年12月26日夜间潜入封张氏家行窃，后被封张氏察觉喊叫，金治和即将封张氏按倒在地，被告在旁点灯照亮，由金树云持刀将封张氏砍伤，迨至封张氏不能喊叫时，始各看携取衣物等情，业经金治和及被告，在该营保长办公处、乡公所，及一审审理中，分别供述甚详，是被告实不免有共犯《惩治盗匪暂行办法》第4条第1款规定的结伙抢劫罪之嫌疑，与刑法规定的窃盗或抢夺，因防护赃物、脱免逮捕或湮灭罪证,而当场施以强暴胁迫者之情形不同,依同办法第 9 条,该罪由驻在地有审判权之军事机关,或已兼、未兼军法官之该管行政督察专员或县长审判之。法院无审判权,原判未经注意,遽事实证明不无可议,但因判决既有未当,于是改判撤销原审判决。

值得注意的是,《特种刑事案件诉讼条例》于 1944 年 11 月 12 日颁布后,烟毒、汉奸、盗匪、贪污等特种刑事案件陆续移归普通法院审理。

综上分析,国民政府在抗战期间对刑事审判进行的调整和改革,目的就是为了更好地实现刑事审判的价值,而在支援前线抗战和维护后方稳定的首要任务面前,刑事审判价值发挥的方向必然受到法律运行环境的影响,刑事审判活动更多只是实现国家刑罚权的一种合理的程序手段。

就抗日战争期间的刑事审判的司法实践而言,其目的和方法均服务于“抗战建国”这个目的。具体而言,战时刑事审判实践在大后方完成了以下几个任务:一是惩罚与战争直接相关的犯罪,如严厉惩治间谍、汉奸以利于抗战;惩治妨害兵役的营私舞弊行为,以利于兵源保证;惩治破坏抗敌军人婚姻的行为,以稳定军心;惩治后方税赋征收、盗窃军事物资的行为,以保障后勤等,以此确保抗战的军事胜利。二是严厉打击犯罪,维护后方社会秩序稳定,如对于盗匪、杀人等严重罪行予以严惩,保障民众人身财产安全。三是审理官员职务犯罪案件,治理官员贪污渎职行为,客观上促进了吏治整顿、限制了行政权力,以保证战时良好政治环境之运行。四是惩处破坏战时经济管制的行为,保障后方经济秩序稳定,昭示国家总动员政策。

当然,通过以上引用的司法档案材料来看,战时大后方的刑事审判实践中,存在着诸如科刑严厉、重刑倾向严重、程序过于简化、刑事被害人权益保护不够等不足之处。

第五章 抗战大后方刑事审判之评析

抗日战争的硝烟已远逝，留下的充满霉变味道的大堆司法档案，记录着彼时这片未沦陷的国土上的司法点滴。毫无疑问，用非学术的观点去想当然地评价或批判整个抗战时期大后方的司法实践，是草率、偏颇和不公允的。因此，用历史的、客观的、辩证的维度去审视整个抗战大后方的司法实践，尽可能获得一个公正的认识，才能有益于我们今天所正在进行的步履蹒跚的法治建设。

一、抗战大后方刑事审判的战时特色

在战争这样的特殊历史条件下，尽管大后方存留的司法体系基本正常，但是仍然受制于经费短缺、人手不足、交通不便、生命堪忧等客观因素。更何况，当时整个中国的司法近代化进程才刚刚起步，新式司法体制生存的土壤尚未培育完全，整个社会的司法理念新旧交杂。于是乎，伴随着这些现实情形，国民政府的刑事审判机制在大后方颠簸前进，呈现着明显的战时特色。

（一）重刑主义倾向

中国古代一直有着重刑主义的司法传统。重刑主义来源于法家，各法家代表人物均倡导重刑思想，视重刑为治理国家和消灭犯罪的最好方法。如商鞅认为“夫刑者所以禁邪也，而赏者所以助禁也”，主张“禁奸止过莫若重刑”。商鞅提出行刑重轻，即重罪重罚，轻罪亦重罚，“故行刑，重其轻者。轻者不生，则重者无从至矣，此谓治之于其治也。行刑，重其重者，轻其轻者，轻者不止，则重者无从止矣，此谓治之于其乱也。故重轻，则刑去事成，国疆；重重而轻轻，则刑至而事生，国削。”于是，“行罚：重其轻者，轻者不至，重者不来，此谓以刑去刑，刑去事成。”[1]

作为法家思想集大成者的韩非亦主张“严刑重罚”，“夫严刑者，民之所畏也；重罚者，民之所恶也。故圣人陈其所畏以禁其邪，设其所恶以防其奸，是以国安而暴乱不起。”“所谓重刑者，奸之所利者细，而上之所加焉者大也。民不以小利加大罪，故奸必止者也。所谓轻刑者，奸之所以利者大，上之所加焉者小也。民慕其利而傲其罪，故奸不止也。”因此要以刑去刑、以杀去杀。于是就能在生活中实现“重罪者，人之所难犯也；而小过者，人以所以易去也。使人去其所易，无离其所难，此治之道。夫小过不

---

〔1〕 转引自陈金全主编：《中国法律思想史》，法律出版社 2001 年版，第 82—83 页。

生,大罪不至,是人无罪而乱不生也"[1]。法家重刑主义思想影响着两千多年的传统中国社会,成为统治者维护统治利益的有力武器。

通过严厉的刑罚打击犯罪,使民众不敢犯罪,重刑主义的特殊预防和一般预防作用不可忽视。如前文叙及,抗战时期,一种极端的重刑主义理论在司法理论界和实务界盛行。该理论主张"刑乱世用重典",废除无期徒刑,增加死刑的适用,认为司法机关应使用类推解释代替罪刑法定主义。毛焕明在《抗战环境下之民刑法律问题》一文中认为:

> 现行公布施行之特别刑事法令,已有多种,既如上所述。惟综合其内容,详加审究,实不能不嫌其支离接触,盖各法规之条款,多相叠床架屋;而重要条例,均可适用;又如食粮资敌治罪条例所处罚之行为,大部又包括于汉奸惩治条例之内;他如逃避资金购买外汇之行为,在平时固非定罪行为,但于抗战时期,资金以外汇之安定,乃战争之决定条件之一。自未可轻于放任;至如操纵居奇,故抬物价,滥增租金,均足以侵乱社会之正常状态,有害战时后方之安谧;或非因公务而私用因公备置之交通工具,致滥耗足供军用之物品如汽车等行为;以及对于政府在战时所须制法令,故加妨害之行为等,不一而足。或系对于抗战工作,加以危害;或系阻碍建国之规划,则均未有处罚明文,岂非疏漏而何?
>
> 上述缺点,均系与抗战建国之工作有关,极应予以补救。……愚谨提出极宜注意二点,以供参考。
>
> (甲)应以类推解释代替罪刑法定主义:今日已非个人自由主义之时代,乃超个人之全体主义之时代。其以保护个人自由之罪刑法定主义,在全体主义之今日,已不复为一不可变之立法原则。况在抗战建国其中"民族至上",乃属天经地义。个人自由之保护,应在国家民族保护之限制内为之,苏联为保护其革命政权,其刑法第十六条规定曰:"对于社会之危险行为,在本法中,无直接规定者,准据本法中性质上对于该行为最类似之犯罪之规定条款,而定其责任之基础与范围"。德国刑法,亦继此而为否定罪刑法定主义之规定。我国际此危难之秋,关于妨害抗战建国工作之犯罪行为,如前所述,能样极其繁多,纵加详细规定,亦难免有疏漏之处。故为保护国家民族之安全,不使危害抗

[1] 转引自陈金全主编:《中国法律思想史》,法律出版社 2001 年版,第 90—92 页。

战建国工作之犯罪行为，有所脱逃，自须于战时特别刑事法规内，仿照苏、德立法例，对于抗战建国之危害行为，排除现行法第一条之规定，使司法机关得用类推解释，俾收保护国家民族之效能。

（乙）废除无期徒刑：无期徒刑之犯人，除思想犯外，多系天性习恶不悔之民族败类，据各国统计结果，假释出狱后，大部仍变本加厉，侵扰社会，绝少改悔之可能。故学者有主张废除此刑制，凡应处无期徒刑者，处死刑可也。苏联对于十年以上有期徒刑及无期徒刑，均经废止，即采此说者也，我国值此抗战时期，管理监狱犯，甚感困难。若非于战时特别刑法上，采此学说，则于社会秩序安全上收益必大。盖我国监狱管理不良，缺少感化作用，犯人入狱，徒增其仇视国家社会之心理，中途释出，未有不再为害社会秩序者。所谓假释制度，不过仅具其名！被处无期徒刑之犯人，绝未因之而行之效，事实上既属如是，何若即处以死刑，免其长期受囚禁之苦，因国家民族已至极艰危之秋！为国家民族之最高利益着想，故敢作此大胆之主张！若以个人之自由主义衡之，则殊未可谓然者也。[1]

重刑主义思想在当时较为主流，国民政府的立法机构和司法机构在实践中亦吸收着重刑思想——刑乱世用重典。比如，诸多刑事特别法令，对于刑罚规定非常重，对死刑和无期徒刑的判决程序简捷，几乎无视被告人的上诉权力，更有甚者是可以立即执行而后报备。如《战时军律》第 19 条规定：犯本军律之罪者，在作战区域战区司令长官对于专科死刑之现行犯有权为紧急处置径以命令处刑，事后呈报备查；再如前文引用的《惩治汉奸条例》《惩治贪污条例》《惩治盗匪条例》《禁烟禁毒治罪暂行条例》等均规定了大量的可判处死刑的条款，而在程序上亦可紧急处分。

而前文引用的李昌荣违反印花税法案中，李昌荣仅仅少贴印花税 26 元，一审法院就裁定按照《印花税法》中规定的罚款幅度上限（60 倍）来顶格处罚，丝毫没有考虑到该违法行为的事实、性质、情节、社会危害程度等情节，而存在罪刑失当的可能。在笔者翻阅战时司法档案时，发现了有很

[1] 毛焕明：《抗战环境下之民刑法律问题》，《中华法学杂志》第 2 卷第 1 期。转引自居正等：《抗战与司法》，国立出版社 1939 年版，第 45—47 页。

多这样顶格处刑的判决。前文引用的陈德仪汉奸案也只是其中一例而已。

当然,重刑主义倾向在当时社会动荡、犯罪高发的历史条件下,有一定的积极作用,毕竟能严厉打击恶性重大犯罪,一定程度上维持了社会秩序的稳定,十分符合当时国民党政权的统治利益,但是,我们不能忘记重刑主义更大的危害性及其对人权、正义的深深破坏。

(二)司法效率优先

司法效率,就是司法存在投入与产出之间的一种比例关系,即其成本与收益之比。[1] 以尽量少的投入取得最良好的效果,充分实现司法的社会功能,这是现代司法的一个非常重要的价值和追求。[2] 在司法审判过程中,审判成本与审判效果两者之间的比例关系就是司法效率。就个案而言,在一定条件下,审判周期越长,投入的人力物力就越多,成本就越高;而审判程序越复杂,也将增加审判成本。当然,审判效果应该是政治效果、经济效果和社会效果的结合体,只能在公正的前提下来考虑,离开了司法公正,就无所谓审判效果了。

抗战前,国民政府在形式上基本建立了现代刑事诉讼制度,其刑事审判制度立法完备、可操作性强。如刑事诉讼法规定的四级三审制度,本意为增加一道法律审程序,以便能更好地维护实体公正;但是,在司法资源不足、刑事纠纷激增的情形下,臃肿的诉讼程序面对巨量纠纷而不堪重负。不仅诉讼当事人对于繁杂的程序苦不堪言,悉晓其运作的法律人也是指责连连。如张庆桢在《抗战期中的司法制度之改革》中就“司法制度之流弊”批评道:

> 中国现行的司法制度,是否符合国情,是否取得人民的感信,是否适应时代的需要,是一个值得研究的问题,它的最大的流弊:

---

〔1〕 司法效率即司法效益,与法律效率关系密切。如孙国华认为法律效率是法律作用于社会生活所产生的实际结果同颁布该法律时所要达到的社会目的之间的比。参见孙国华:《法律的效率》,载北京大学法律系法理教研室编:《法律社会学》,山西人民出版社 1988 年版,第 293 页。胡卫星认为法律效率表示法律调整的现实结果与人们期望通过法律而实现的社会目标之间的对比关系。参见胡卫星:《论法律效率》,《中国法学》1992 年第 1 期。王勇飞、王启富认为法律效率是法律适用的效率与案件审理的社会价值、诉讼成本、审理成本之间的关系。参见王勇飞、王启富主编:《中国法理纵论》,中国政法大学出版社 1996 年版,第 310 页。参见钱弘道:《论司法效率》,《中国法学》2002 年第 4 期。

〔2〕 参见陈贵民:《论司法效率》,《法律科学》1999 年第 1 期。

审级的重叠，程序的复杂和费用的虚耗，使富有者疲于奔命，穷苦者望洋兴叹，实际上很难享受到法律保障人权的利益。[1]

具体到抗战大后方的现实情况是，法院经费紧张，入不敷出，罪案高发，人手不足，人均办案量上涨[2]，最为直接的结果就是案件大量积压、久拖不决。如前文所述，重庆地方法院在1943年、1944年、1945年、1946年度未结案件分别为695件、1752件、2436件、2123件，分别占同年度受理案件总数的5.7%、11%、13.5%、14.4%。刑事案件分别占各年未结案总数的39%、80%、76.9%、57.8%。[3]。再如，1944年度重庆地方法院受理刑事案件总共8684件，其中第一审案件5014件占57.7%，附带民事诉讼案件占6.3%，其他案件占36%。终结案件7282件占受理案件的83.9%。终结案件中，第一审案件占49.9%，附带民事诉讼案件占7.3%，其他案件占42.8%。其中一个月内终结案件，第一审案件占40%，附带民事诉讼案件占5%，其他案件占55%。三个月终结案件，第一审案件占49%，附带民事诉讼案件占6.4%，其他案件占44.6%。超过三个月终结案件，第一审案件占66%，附带民事诉讼案件占29%，其他案件占5%。[4]

面对司法效率不高、积案率居高不下的现状，国民政府中央司法机关多次训令各级法院清理积案、快结快审。如《司法行政部二十六年九月二十日训字第五八四七号训令》云：

---

〔1〕 居正等：《抗战与司法》，国立出版社1939年版，第28页。

〔2〕 重庆地方法院收案总数：1943年12164件，1944年15884件，1945年17983件。资料来源：重庆地方法院1943—1945年各年度司法统计报表，重庆市档案馆藏，档案号分别为：0110－3－112、0110－3－116、0110－3－109。重庆地方法院职员总数：1943年149人，1944年209人，1945年180人；法定推事人数为15人。资料来源于重庆市档案馆馆藏的以下档案：《民国卅二年度重庆地方法院职员学历表》，档案号：0110－3－113；《民国卅三年十二月底重庆实验地方法院各部分员役与薪饷机关事业行政人员报告表》，《民国卅四年度重庆实验地方法院机关事业组织报告》，档案号0110－3－116。从以上数据推断，按照重庆地方法院职员总数来计算，1943年、1944年、1945年法院人均年办案数分别为81.6件、76件、99.9件；以推事人数计算，1943年、1944年、1945年，推事年人均办案数分别为811件、1059件、1199件。

〔3〕 虽然未结案件中包括部分新收案件，但未结案件远超过该年月平均收案数，也超过该年月平均结案数。资料来源：重庆地方法院1942—1946年各年度司法统计报表，重庆市档案馆藏，档案号分别为：0110－3112、0110－3116、0110－3109。

〔4〕 资料来源：《民国卅三年度重庆实验地方法院第一审刑事案件总报告表》，重庆市档案馆藏，档案号：0110－3－116。按照《刑事诉讼审限规则》规定，刑事案件除简易程序外，应在22日内审结，复杂或牵连之案件，可展期一次，但最长不超过44日。

为令遵事，查民刑诉讼程序繁重，兹值非常期，如办理迟滞，不独羁押中之刑事被告有发生意外危险之虞，即民事两造其感受拖累之痛苦亦较平时更为深切。各级法院及检察官应共体斯意，在法令所许范围以内，对于诉讼程序务求敏捷裁判，及其他书类之制作务求简单，以节时间而便人民。[1]

又如行政院为分期改进全国司法计划、简化民刑诉讼程序一事，向司法行政部下发训令云：

查《实验地方法院办理民刑诉讼补充办法》使民刑诉讼简捷进行，于诉讼当事人及法院均觉称便。惟该办法及时普遍施行亦仅限于第一审之地方法院，第二三两审并不适用，而现行民刑诉讼程序之繁复，司法人员办案之稽延，即极轻微之案件动辄经岁始得判结，当事人诉讼累不堪，社会秩序亦受影响，确为现今司法之诟病，亟应彻底改进。在上项办法未普遍施行前，应由该部（司法行政部）转饬所属各级司法人员，对于诉讼案件务须依照法令迅速办理，凡刑事不得逾越诉讼审限规定之期限，民事亦不得稍有稽延。务期促进司法效率，增加司法威信。[2]

于是，在这种环境下，国民政府首先在刑事立法层面上进行制度设计以追求效率，在颁行的诸多单行条例中，对于汉奸、烟毒、盗匪、贪污等重罪，一律规定为军法审判，以便快速处理；同时在司法审判中亦简化诉讼程序来实现效率。除此之外，国民政府还通过设立地方实验法院，并制定一套简化的诉讼流程进行运作的方式，以此来促进司法效率。而“实验结果颇见成效，结案进度很快，大多数案件在十五日内办结占百分之七十多，在五日内审结占百分之十三，其余一月内审结占百分之九，一日内办结者占百分之五，特殊情形超过一月办结者仅占百分之二，以视普通法院显见进步”[3]。

战时，国民政府在检察制度上的改进，也可以证明上述观点。如1944年4月制定的《改进检察制度方案》调整了检察官职权，对于向检察官告

[1] 台湾“司法行政部”编：《战时司法纪要》，台湾“司法院秘书处”1971年版，第144页。

[2] 台湾“司法行政部”编：《战时司法纪要》，台湾“司法院秘书处”1971年版，第150页。

[3] 台湾“司法行政部”编：《战时司法纪要》，台湾“司法院秘书处”1971年版，第7页。

诉告发之案件应即移送法院，统由法院依自诉程序迳行审判，审判期日检察官可以不莅庭，上诉第三审案件检察官可以不提出答辩书并毋庸添具意见书，应送覆判案件径送法院毋庸经过检察官，刑事裁判由推事而并必须由检察官指挥执行；同时加强军警团队对于检察官司法任务之协助，并于 1945 年公布《调度司法警察条例》。国民政府在战时刑事审判模式上，改革了战前检察官必须参与庭审及整个诉讼过程的做法，加快了审判进度。同时，不断加强“检警一体化”：检察官有权实施对侦查活动的指挥、参与、指导、监督，警察是检察官的控诉支持者，警察要在检察官的指挥、引导下展开侦查工作，根据检察官的要求收集证据，确保控诉成功，这种模式下，检察官对于刑事案件具有极大的裁量权和处分权。加强检察官与司法警察之间的协助后，检察官在审查起诉阶段就能将刑事案件分流，将不属于刑事的案件或微罪无须课以刑罚的、证据不充足的案件用不起诉处分的形式，中止在法院审判流程前，从而减少法院的办案量，来实现较高的审判效率。

当然，“惩罚犯罪的刑罚越是及时和迅速，就越是公正和有效力”，主要是因为迅速审判“减轻了捉摸不定给犯人带来的无益而残酷的折磨”。[1] 迅速审判、追求司法效率也是对刑事及时审判权[2]的维护。所谓刑事及时审判权，是指当事人享有的，在刑事诉讼过程中案件审理时间不被无故拖延，从而获得及时的判定以结束诉讼状态的权利。刑事及时审判权是一项诉讼权利，从属于公正审判权这个母体，属于程序正义的范畴。所谓迟来的正义即非正义，对于刑事被告（嫌疑人）、刑事被害人、刑事自诉人而言，及时、迅速地结束待定状态，能快速修复被犯罪破坏的社会关系，减少当事人诉累；尤其对遭受监禁的当事人而言，更能减少肉体和精神上受折磨的时间，确保对其自由的剥夺不超出案件具体情况所需

---

〔1〕 参见［意］贝卡利亚：《论犯罪与刑罚》，黄风译，中国大百科全书出版社 1993 年版，第 17 页。

〔2〕 至于及时审判权在抗战时期南京国民政府是否有法律规范依据，笔者持肯定态度。理由如下：抗日战争期间，南京国民政府主要宪法性文件为《训政时期约法》和《中华民国宪法草案》，其中《训政时期约法》第 21 条规定，人民依法律有诉讼于法院之权；《中华民国宪法草案》第 18 条规定，人民有依法律请愿、诉愿及诉讼之权。1947 年通过的《中华民国宪法》第 16 条亦规定了人民享有诉讼权。1987 年台湾司法院大法官决议释字第 446 号中对于“诉讼权”解释如下：“人民有请愿、诉愿及诉讼之权，为宪法第十六条所明定。所称诉讼权，乃人民在司法上之受益权，不仅指人民于其权利受侵害时得提起诉讼请求权利保护，尤应保障人民于诉讼上有受公正、迅速审判，获得救济之权利，俾使人民不受法律以外之成文或不成文例规之不当限制，以确保其诉讼主体地位。”因此，笔者认为及时审判权在抗战时期是有宪法性规范依据的。

要的时间。正如贝卡利亚在《论犯罪与刑罚》中问道：

> 诉讼本身应该在尽可能短的时间内结束。法官懒懒散散，而犯人却凄苦不堪；这里，行若无事的司法官员享受着安逸和快乐，那里，伤心落泪的囚徒忍受着痛苦，还有比这更残酷的对比吗?〔1〕

战争期间，被羁押的犯罪嫌疑人或被告，时刻有受炮火威胁而丧命之忧；同时，羁押的越来越多的未决犯增加了囚粮支付，加重了司法经费负担，还不如加快审判速度，让已决犯移送监狱执行，并按照《战时监犯调服军役办法》办理，直接为抗战出力。这也是司法行政部训令各级法院加快审判效率的直接动因。如《司法行政部二十六年十月十八日第六零三一号训令》云：

> 案奉司法院二十六年十月十五日第七零四号训令内开，案据最高法院本月十二日第十二号呈称，查本院年来处理刑事案件，为数骤增，虽经竭力清理，现仍有八千余起，值兹非常时期，若不设法救济，迅予清结，不独案内人犯囚量、及其他一切支出，足以增加国库负担，而各省法院看守所不时有敌机袭击之虞，尤难期在押人犯之安全。倘能将本院受理刑事各案早日清结，则案件既已确定，在押人犯，自当移送监狱执行，即可依照战时监犯调服军役办法，一律办理，其结果增加抗战力量，当亦匪尠。爰特拟定本院非常时期处理刑事案件暂行办法，以期积案早日清竣，是否有当，缮同该办法一份，呈请准予备案等情；据此。除指令准予备案外，合行抄同该办法一份，令仰该部查照，并转饬查照，等因；奉此。除分令外，合抄发原件，令仰该院长首席检察官知照，并饬属知照此令。〔2〕

除此外，刑事纠纷中妨害风化罪、妨害婚姻及家庭罪、妨害自由罪、妨害名誉及信用罪等轻微违法犯罪可以在区乡镇坊调解委员会调解，若调解成功则可毋庸告诉或自诉，“不独人民课省讼争之累，法院亦减

---

〔1〕［意］贝卡利亚：《论犯罪与刑罚》，黄风译，中国大百科全书出版社 1993 年版，第 17 页。

〔2〕李生泼：《战时司法》，商务印书馆 1939 年版，第 13—14 页。

少案牍之繁。”同样，对于进入诉讼程序的案件，推事们也施行调解，平息纠纷。

（三）诉讼程序简化

在刑事案件数量急剧增加和法院案件积压严重的情况下，简化诉讼程序成为了当时国民政府追求司法效率的有效选择。如抗战伊始，最高法院案件积压严重，1938 年 1 月积压至一万二千一百余件，经努力清理，至 11 月底止减少至九千余件，其中大部分均为无法办理者[1]，于是，1937 年 10 月 18 日最高法院制定《非常时期处理刑事案件暂行办法》加快刑事案件上诉审理，刑事案件除原判宣告刑为死刑、无期徒刑者外，一律适用法律审；刑事各庭办理刑事案件，应力求发回更审案件之减少；凡未决人犯在押者，应优先办理。又如，在检察官收案时，遇到刑事自诉案件时，司法行政部训令各地方法院检察官应当随时指示当事人向法院直接起诉，而不是将案件移交法院后，由法院裁定不予受理后告知当事人自诉，详见《司法行政部二十八年八月十日训字第二五二三号训令》：

> 查历行自诉制度，本部固曾迭次通令转饬各地方法院检察官，于收案时遇有合于自诉案件应随时指示自向法院起诉，所以避程序之繁重，使审判得以迅速进行，原令意旨本非不善。乃近查各地方法院检察官，间有藉此为推诿之具强令或蒙哄告诉人使向法院自诉，而于笔录内记明告诉人自愿或请求，虽告诉人随即具状否认亦复置之不理，已与前令仅令指示原在得告诉人真正同意之旨不符，甚或有不合自诉之案件亦滥移送致法院谕知不受理判决转增无谓之程序，在该检察官等徒求不费劳力而结案，罔顾人民之疾苦，言之殊堪痛恨，为此令仰该首席检察官转饬所属各地方法院检察官，嗣后收案遇有合于自诉案件，固应遵照前令随时指示自向法院起诉，倘不得其同意或不合自诉之案件滥行移送者，一经查觉，定即从严惩处。该首席检察官及各该管地方法院首席检查官均负有监督职责，同应随时注意纠察，毋得怠忽干咎，是为至要，此令。[2]

---

[1] 参见居正等：《抗战与司法》，国立出版社 1939 年版，第 14 页。

[2] 台湾“司法行政部”编：《战时司法纪要》，台湾“司法院秘书处”1971 年版，第 176 页。

案件符合刑事简易程序审理时，务必适用简易程序审理，检察官声请命令处刑。司法行政部 1941 年 11 月 29 日训（民）字第三一二号训令中强调：

> 查法院办理民刑事诉讼案件，于人民利害关系至巨，审理务宜群尽。关于当事人之询问与夫证据之搜集调查等，均应按照法定程序详予研求，至于证据之取舍及证据力之强弱，固亦任法院推事之自由裁量，但所采用之证据必须经过法定调查之程序。而在刑事案件既须参酌各方面之情形以为判断，在民事案件则除斟酌调查证据之结果外，并应注意当事人之全辩论意旨。此项程序在民事诉讼法及刑事诉讼法规定綦详，苟能切实践行，自不难得事实真相而为适当之裁判。又关于判决书之制作，措词亦须力求简明，纵令案情复杂、争点分歧仍须提纲挈领以节省劳力即可，因此增加办案之效率。若案件合于民事诉讼法第四百零二条及刑事诉讼法第四百五十九条第一项规定，应适用简易程序者即应厉行简易程序，而检察官依刑事诉讼法第四百四十四条规定对于刑事简易案件并应尽量声请以命令处刑，俾案件得以迅速终结以免讼累，至关于法院就此项简易程序所为之判决除民事判决内之事实及理由得谨记载要领外，其刑事判决须深体斯意切实办理，除分令外，合行令仰该院遵照并转饬所属一体遵照，此令。[1]

1941 年 7 月 1 日公布施行的《非常时期刑事诉讼补充条例》规定，自诉案件有时效消失、已受刑罚、行为不该罚、证据不足、重复起诉、被告死亡等免诉或不予受理情形时，将判决改为裁定形式，对于上述裁定，只能提起抗告，而抗告法院的裁定为终审生效裁定，不得再行上诉或抗告。

为严厉快速打击特种刑事犯罪，《特种刑事案件诉讼条例》规定，司法警察官署移送特种刑事案件于法院时，应用移送书记载被告之姓名、性别、年龄、职业、住所或居所、其他足资辨别之特征，犯罪事实及证据并所犯法条等。司法警察官署依该规定移送之案件以提起公诉论，法院得迳行审判。案件审判期日，检察官可以不出庭，且原移送官署不得撤回。这里规定的警察直接起诉的快速起诉方式，主要涉及的是控诉方的内部性

[1] 台湾“司法行政部”编：《战时司法纪要》，台湾“司法院秘书处”1971 年版，第 149 页。

规则的调整，其实用价值不可低估，将简易程序从审判阶段向前延伸到侦查、审查起诉阶段能从整体上大幅度降低诉讼成本，提高诉讼效率。因为，刑事诉讼中的大部分时间是花在侦查、审查起诉阶段上的，若在该阶段拖延办案时间，不仅加重办案机关和看守机关的负担，耗费司法资源并且因案件不能得到及时审判，有损司法威望。

至于在期间送达、缺席审判、判决文书制作等方面，司法行政部亦有多次训令，其目的就是节省人力物力、简化程序，缩短诉讼期间，加快审判效率。如审判长所定之期日经面告诉讼关系人命其到场与送达传票有同一之效力，又对于到场之被告经面告以下次到场之日时处所及如不到场得行拘提并记明笔录者与已送达传票有同一之效力，民事诉讼法第156条及刑事诉讼法第72条定有明文。此外，刑事诉讼法并定有证人、自诉人、鉴证人及通译直接或间接准用第72条之规定（参照刑事诉讼法第163条、第39条第3项、第184条、第198条），于是司法行政部大力推定面告送达方法，训令云：

> 此种以面告方法代送达传票之立法，意旨全在节省不必要之人力与物力，当兹抗战极感人力物力维艰之际，此种规定尤宜加意运用，以资撙节，乃各司法机关办理民刑案件每将法定面告之方法疏于运用致增传票之劳，殊夫立法及战时紧缩政策之本意。嗣后，对于上开规定，务须切实遵行。[1]

（四）宽宥因公犯罪

与重刑主义对称的是轻刑主义，轻刑主义是主张对刑事被追诉人仁慈或宽容，采用轻刑或较轻的刑罚来对待犯罪的思想状态，与儒家的德主刑辅思想有一定关联。轻刑主义有一定的道理，反对严刑峻法，但是与罪刑相适应原则相违背，一定程度上放纵了犯罪，不利于实现公平正义。

前文论述了抗战大后方的司法机关在实践中持有重刑主义倾向，但是与此同时，司法机关在处理涉及兵役、粮政、盐政等“公务员”因执行公务被控案件时，却有轻刑化的倾向。

1938年11月30日，国民政府监察院在给司法行政部的一封公函中称道：

---

〔1〕 参见台湾“司法行政部”编：《战时司法纪要》，台湾“司法院秘书处”1971年版，第151页。

查兵役法与兵役法各项补充法令及惩罚规章为非常时期推行役政之重要法令，各地方区乡保甲人员办理并于如有受贿舞弊等情，固应收法律之制裁，其法令为推行役政必要强制处分者亦当受法律之保护。委员近视察川省各县，常见有区乡保甲人员执行公务而以公然侮辱、私擅监禁等罪名为人控告，法院遂而出票传拘。各乡镇与县城相距遥远，往返需时，乃因传唤之故，使该地兵役推动陷入停顿，益以人民不察，往往一观区长乡保主任保甲长等被法院传拘，即以为该区乡保甲人员等名誉扫地、威信丧失，视为本身藉端规避与反抗兵役之机会，影响役政，良非浅鲜。考其原因，大率由于法院与行政机关系统各别，法院推检或对于兵役法及其附属规章未尽熟谙，或对于乡村实际情形稍有隔膜，致使发生误会。按行政司法权力虽殊，其代表国家意思则一。在兹非常时期，各地方司法官对于兵役法令似应有更深确之认识，为此，提请依据非常时期检察权行使暂行办法第五条之规定，行知主管机关通饬各县地方法院具备，有关兵役各种法令规章，由各推检详加研究，并于办理涉及兵役纠纷案件，传拘区乡保甲人员时，斟酌案情，益加审慎，必要时更应咨询当地行政机关之意见，以供参考，务使役政畅行，俾达行政司法相互为用之效。[1]

同样，军政部在1940年12月3日函称，“查各省乡镇保甲人员因办征兵而遭诉累，以致纠纷、辞职已成普遍现象，若不设法救济，影响役政至钜”，为“兼顾事实与法令”，提请司法行政部通饬各地法院，在办理征兵案件中，被告者由受理机构嘱托主管县政府作初步调查，并尽量采用该调查意见，不要随便使用拘押或票传方式，以免阻碍役政。司法行政部则通令各法院，在办理此类案件时，务必遵行各训令，并于法律可能范围以内，应尽量避免阻碍役政之推行，以利抗战。[2]

更有全国粮食管理局在1941年5月5日致函称，在办理军粮采购时，保甲人员经常被控，各基层公务员“竭尽心力、不辞劳怨，再遭诉累，心实难安，且以后一切政务或将来再有收购情事，急公好义之士亦恐退缩不前，相率推诿”，为此，恳请司法行政部通令各地法院，凡关征购军谷控告保甲人员者，须先函询县府，籍明真相，幸勿辄予受理，转滋障碍，以安稳

---

〔1〕 参见台湾“司法行政部”编：《战时司法纪要》，台湾“司法院秘书处”1971年版，第193页。

〔2〕 参见台湾“司法行政部”编：《战时司法纪要》，台湾“司法院秘书处”1971年版，第194页。

保甲人员从政之心。司法行政部则通令各法院，在受理此类案件时，先征询县政府意见，调查真相。

于是，与普通刑事诉讼程序相比，上述人员就适用不同的、相对宽缓的程序规则。实体审判时，刑罚轻刑化的现象比较明显。如，前文李金廷妨害兵役案，最高法院在判决理由中说明："以其因公获遣、情堪悯恕。援引该条项及《刑法》第五十九条减处上诉人有期徒刑二年六个月。"彭文长等妨害兵役案中，检察官因长寿地方法院判决保长彭文长强拉壮丁之行为无罪，故提起上诉，二审法院支持了检察机关意见，以"惟查被告系因公犯罪，情堪悯恕，量刑上自不妨酌从末减"的理由。这样的理由还有很多，如王绍绪妨害兵役案[1]中的"审酌上诉人等因公获罪，不可无原"，刘绍钦妨害兵役案[2]中的"因公获遣，情堪悯恕，予减轻科处"，等等。

国民政府在处理该类案件时，采取平衡策略，希望实现政府、官员、民众之间的"共赢"。如同有学者分析认为的：

> 国民政府对于违法官吏的惩治往往避重就轻，受惩者多为低级官吏，而高级官吏较少。官吏即便受惩也多以行政处罚为主，受法律处罚者较少。加之行政机关从中掣肘，包庇宽纵的现象亦时有发生。因此国民政府对于违法官吏的处置有较明显的偏袒和轻纵行为。之所以如此，主要是由于基层行政官吏的报酬低、任务重，人们多不愿担任，以致出现"贤者不为，为者不贤"的现象。国民政府为了保持官吏的积极性以保障兵员和粮食等社会资源的征集，不得不对官吏的违法害民的行为采取宽宥的政策。[3]

当然，另外亦可看出，国民政府当时司法权受行政权干涉情况严重，"司法权独立"只是书面文字。

（五）移归司法管辖

抗战爆发后，为了从快打击犯罪，国民政府军事委员会于 1937 年 9 月

---

〔1〕 重庆市档案馆藏，档案号：0109－1－576。

〔2〕 重庆市档案馆藏，档案号：0109－1－2721。

〔3〕 黄小彤：《民国时期民控官的途径与控案处置——以川政统一后的四川基层政权为例》，四川大学 2007 年博士学位论文。

成立军法执行总监部，开始扩张军法审判管辖范围。战争期间，国民政府以法院审理刑事案件多囿于法律，且程序繁琐、久拖不决为由，将绝大部分特种刑事案件分别交由军法室、警备司令部、各地行辕等军法机关审理。这些案件"所以交由军事机关审判者，以其大足以影响国家民族之生命，小则足以妨害社会与治安，均有碍于战事，故由军事机关审判，俾得迅速"[1]。

军法审判程序简单，实行不公开审理，不实行辩护制度。在战时特殊环境下，能提高打击犯罪的效率。但是，军法审判程序简单，审判片面追求速度，轻程序轻证据，以致存在严重的草率和舞弊情况，不断受到民众的质疑。到了抗战后期，大后方的宪政运动兴起，民主政治和司法独立成为人民关注的焦点。而此时，美国政府亦建议国民党政府以民主政治缓和国内矛盾。在国内外的双重压力下，《特种刑事案件诉讼条例》得以于1944年年末出台，除军人为被告外的特种刑事案件移归普通法院审理。该条例共有36条，规定：汉奸、盗匪、贪污等严重犯罪一律适用特种刑事审程序；司法警察官署移送的案件，以提起公诉论，法院可以迳行审判，检察官可以不出庭；判决不得上诉，只能声请覆判等。在特种刑事案件的审理中，《特种刑事案件诉讼条例》作为特别法优先适用，《中华民国刑事诉讼法》补充适用。

二、战时刑事政策与刑事审判改革及运行

每一种刑事政策都有其相应特定的社会经济基础和文化背景，都与该国的社会现实紧密相联，是一定社会对犯罪反应的集中体现。无论是对犯罪的界定，还是刑种及处罚幅度的确定，无不受到文明发展、社会演进以及文化特征的制约。[2]

所谓刑事政策，是指国家为维护社会稳定，实现社会公平正义，而制定的预防、控制和惩治犯罪的方针、策略和措施。就刑事政策的性质而言，日本学者平井彦三郎认为主要有三个方面：一是刑事政策为目的主义之发现。以刑罚之目的为在于社会防卫，始得了解研究犯罪预防对策之必要。彼如应报主义，以刑为对于恶因的恶果，仅认刑罚为对于犯罪之应报，此外并无何等之目的者，除解为与刑法主义不一致之一种犯罪防止政

---

〔1〕 李生泼：《战时司法》，商务印书馆1939年版，第12—13页。

〔2〕 参见王振峰：《刑事政策模式选择——以我国社会转型为视角》，中国政法大学2006年博士学位论文，第47页。

策外，直可以废之耳。二是刑事政策以现行制度之改革为目的。苟欲以率由旧章为前提，斯即无政策存在之余地，而政策之存在，又常在于探究犯罪之原因倾向，以发现现行制度之缺陷，或运用之失当，而加以改革，更进而努力以期收获上乘之良策也。要之，政策必须不受立法上或司法上任何之拘束，常对于犯罪之预防，以案出优良适切之新机轴，而促其改革，夫然后始得发挥其本领焉。三是刑事政策之研究虽一听人之自由。然实行之者则在于立法或司法之机关，即刑事立法政策，以立法机关任之；刑事司法政策，以司法机关任之。而其现实的实行者，又在乎司法机关，所以谓立法机关为抽象的刑事政策实行者，司法机关为具体的刑事政策实行者云。[1]

战时刑事政策与战时司法任务密切相关。当时司法院院长居正认为：

> 司法在战争中，与民众生活之接触较平时尤为密切，而期为民众谋福利，鼓舞其精神者，较行政尤为接近。至如推动战时政治、经济建设，转移国际视听与夫锄奸去莠利便兵役，尤为抗战建国之辅弼。[2]

在谈到国民政府战时司法的任务时，他指出：

> 盖平时司法任务，在保障人民权益，维护国家秩序，而战时司法之职责，于维护后方安宁外，并须协助党政军机关办理民众训练及组织、策动战区司法官战时工作，改善诉讼程序，变更法院管辖，举办战区巡回审判，厉行监犯调服军役移垦等事，俾司法机构之运用及其动向之重心，与党务政治军事经济相协调，而发挥其非常时期之效能。[3]

于是，战时刑事政策就是有效预防、控制和惩治犯罪，以维护社会秩序，实现公平正义，从而实现对抗战胜利的司法支持。主要包括刑事立法、刑事司法、刑事执行和刑事社会四个方面。就本书的主题而言，下面

---

〔1〕 参见［日］平井彦三郎：《刑事政策论》，陈士诚译，载何勤华、李秀清主编：《民国法学论文精萃》（诉讼法律篇），法律出版社2004年版，第3—4页。

〔2〕 陈三井、居蜜合编：《居正先生全集》（上），台湾“中央研究院”近代史研究所1998年版，第291页。

〔3〕 罗福惠、萧怡编：《居正文集》，华中师范大学出版社1989年版，第168页。

在战时刑事立法政策和刑事司法政策两个方面结合实践具体讨论。

战时刑事立法政策分为实体和程序两个部分,主要涉及犯罪与非犯罪、刑罚与非刑罚、重刑与轻刑、公正与效率等问题。全面抗战爆发后,中国社会的政治、经济均发生剧变,为解决战争带来的一系列问题,在刑事立法方面,国民政府及其立法机构修正或颁行大量单行法规,力图有效打击犯罪,维护社会秩序稳定。如有《妨害抗战治罪法》《战地军律》《优待出征抗敌军人家属条例》《非常时期监犯调服军役条例》《妨害兵役罪条例》《国家总动员法》《非常时期农矿工商管理条例》《遗产税暂行条例》《惩治汉奸条例》《惩治贪污条例》《惩治盗匪条例》《禁烟禁毒治罪暂行条例》等。正如浦乃钧在《抗战期中之立法政策》一文中提到,"抗战军兴以来,社会情势骤起变化,平时规范社会之法律,自必随之多方兴革,以适用此非常时期,战时立法问题,因以发生。"就战时立法原则,他提到四点,一是法律不仅须消极地防止社会之不良情势,且须积极地发挥其有利于抗战之伟大力量;二是战时立法应认国家利益为至高无上;三是战时立法应采严法峻刑;四是战时立法应适应社会环境,这是立法之重要原则,立法者应随时根据社会之需要,制定各种不同之法规。[1]

在刑事部分,毛焕明在《抗战环境下之民刑法律问题》一文中具体提到:

> 战时之社会,较平时尤须整谧,否则将影响前方之战斗力量。故安定社会秩序,为当前急务。惟整饬社会秩序,刑事法规之理,实不容轻视。但一般刑事法规因系就平时社会情状,而为规定,故适用于战时之社会,多失其妥当性,在战时需要实行特别刑事法规,了无疑义。查我国自抗战发动以来,关于战时之刑事法规,已公布多种,例如修正危害民国紧急治罪法、惩治汉奸条例、汉奸自首条例、食粮资敌治罪条例、非常时期监所人犯临时处置办法、战时监犯调服军役办法等。对于战争引起之刑事问题,足应一时之急,解决适用上之困难。惟以制定时之匆迫,故各法规在内容上,实尚有探讨的余地,再查关于自由刑之执行问题,司法院及军事委员会虽先后公布有非常时期监所人犯临时处置办法与战时监犯调服军役办法,而一审其内容,岂仅非根本之图;且多未宪切合社会事情之处,故施行以来,或则未生实

[1] 参见居正等:《抗战与司法》,国立出版社 1939 年版,第 37—40 页。

效；或则流弊滋生。此二问题，诚今日战时刑事法规之症结所在，权应予以适当调整。[1]

刑事司法政策，是指在刑事司法活动过程中所采用的方针政策，主要涉及侦查、起诉和审判几个环节。为适应战争形势，在抗战大后方物价飞涨、通货膨胀严重，人民生活十分困苦，社会矛盾日趋尖锐，社会秩序不稳、犯罪高发、纠纷不断的实际情况下，国民政府对刑事审判制度进行了战时调整，主要有简化诉讼程序、试行巡回审判、改进检察制度、设立地方实验法院等，以增加抗战力量，更好地发挥司法为抗战建国服务的功能。如李生泼在《战时司法》中写道：

国家之司法权，乃解释法令，而适用于事实，依据法律，裁判人民诉讼，以行国家裁判统治权之作用。而行使司法权之法院，不问何时，对于同一事件，均适用同一法律，与行政权之官署，因时因地有宽严之别，而有战时平时之分者不同。兹所谓战时司法，系在战时，国家为期司法裁判之迅速、妥当、公平以利人民，改善处置监犯，以期囚犯之安全，救济战区司法人员，集中司法人才，厉行检举汉奸，安定地方，检举营私舞弊役政人员，免妨碍役政进行而增强抗战力量，故订定战时处理司法种种例规，以适应环境之需要，而达抗战建国之任务。至若法律之适用，则依然不变。[2]

三、抗战大后方刑事审判实践的功能分析

刑事诉讼制度及具体的刑事诉讼活动对国家、个人所具有的功效和作用即是刑事诉讼功能。刑事诉讼实体法律规范体系和程序体系体现刑事诉讼功能；刑事诉讼结构（刑事诉讼模式），即一定诉讼目的下的刑事诉讼程序及控诉、辩护和审判三方的法律地位及关系，也体现刑事诉讼功能。刑事诉讼功能不同于刑事诉讼目的，但两者之间存在着极为紧密的关系。一方面，刑事诉讼目的对诉讼主体的行为具有指引或导向作用，其外化过程也就是刑事诉讼功能的发挥过程。另一方面，刑事诉讼的功能反映于刑事诉讼的目的，比如，惩罚犯罪与保障人权，既是刑事诉讼的目的，也是刑事诉讼的功

〔1〕 居正等：《抗战与司法》，国立出版社 1939 年版，第 45—46 页。
〔2〕 李生泼：《战时司法》，商务印书馆 1939 年版，第 1 页。

能。但功能又是相对独立的，刑事诉讼的功能可能并非由目的来规定，因为刑事诉讼功能的发挥会受到法治环境的影响。[1] 从抗战大后方刑事审判实践来看，当时的刑事审判较好地实现了惩治犯罪的功能，但也体现着人权保障、纠纷解决、政策昭示等功能。

作为一种社会控制手段，刑事诉讼是为了处罚犯罪、实现国家刑罚权。“由国家的审判制度取代私人复仇制度，这是人类文明发展进程中的一次伟大成就。”[2] 当公力救济取代私力救济后，由国家通过一定程序来行使刑罚权，这种温柔、理性的面纱下掩盖着最初的罪刑报应观。可以说，刑事诉讼，特别是刑事公诉制度产生的原动力主要来自它的政治需求，那就是希望通过惩罚对国家整体利益构成威胁的罪犯，来保证国家的稳定和社会的发展。[3] 因为，“如果受害人没有足够的胆量和力量提出自诉，或作恶者有足够的胆量和朋友，在宣誓保证人的协助下宣誓无罪，犯罪就难以受到惩罚。这种刑事程序因惯犯和中世纪晚期的拦路抢劫的骑士而不得不予以废除。大量违法行为不受惩罚这一事实，促使国家权力猛然省悟到追究犯罪不仅要受害人参与，国家本身也有责任参与。”[4] 如前文所述，在动荡不安的社会和经济环境下，战时大后方的秩序不稳、犯罪高发、纠纷不断，直接导致大后方的刑事案件收案率逐年上升。以重庆为例，重庆地方法院 1939 年刑事案件（公诉部分）新收 1688 件，旧受 42 件，计 1730 件，终结 1661 件，未结 69 件。[5] 前文引用的 1942—1946 年所受理的刑事案件数表明重庆地区刑事案件增长迅速，1944 年、1945 年度分别以 55%、20. 8% 的速度增加。总体而言，大后方犯罪总量持续上升，重大犯罪尤其是有组织犯罪、烟毒犯罪、暴力犯罪突出，严重威胁了社会秩序，导致社会公众的安全感极低，不利于抗战胜利。加上限于当时紧迫的财政状况，大后方司法资源的投入量与需求量之间的矛盾突出，司法机构和司法人员超负荷运转，案件积压率节节上升。因此，国民政府一方面从立法上解决法律滞后问题，如前文提到的主要集中在军事、政治、经济以及司法等领域颁布大量战时法令，直接或间接对战争产生影响，如《妨害抗战治罪法》《战地军律》《优待出征抗敌军人家属条例》《非常时期监犯

[1] 参见詹建红：《论刑事诉讼功能的契约化嬗变》，《中国刑事法杂志》2011 年第 5 期。

[2] [美]彼德·斯坦、[美]约翰·香德：《西方社会的法律价值》，王献平译，中国人民公安大学出版社 1990 年版，第 39 页。

[3] 参见詹建红：《论刑事诉讼功能的契约化嬗变》，《中国刑事法杂志》2011 年第 5 期。

[4] [德]拉德布鲁赫：《法学导论》，米健、朱林译，中国大百科全书出版社 1997 年版，第 122 页。

[5] 《民国二十六七八年年度司法统计》（上），第 44 页。

调服军役条例》《妨害兵役罪条例》《国家总动员法》《非常时期农矿工商管理条例》《遗产税暂行条例》《惩治汉奸条例》《惩治贪污条例》《惩治盗匪条例》《禁烟禁毒治罪暂行条例》等，这些战时法令的颁布给刑事审判提供了优先适用的特别法依据。另一方面从司法上对审判制度进行了战时调整，主要有简化诉讼程序、试行巡回审判、改进检察制度等。这种做法的核心目的就是利用刑罚的威慑，使用刑罚武器来遏制犯罪并意图实现社会稳定。虽然无法收集当时抗战大后方各级法院的刑事结案总数，但是我们可以通过1938—1945年刑事一、二审结案件数表[1]（见表7）来初步分析。

表7　1938—1945年刑事一、二审结案件数表

年份	刑事一审		刑事二审	
	结案件数	比较1938年=100	结案件数	比较1938年=100
1938年	84,828	100.0	29,262	100.0
1939年	92,204	108.6	30,366	103.7
1940年	135,814	160.1	41,031	140.2
1941年	143,182	168.7	42,751	146.1
1942年	124,453	146.7	43,059	147.1
1943年	110,676	130.4	36,492	124.7
1944年	141,568	166.8	30,474	104.1
1945年	189,551	223.4	36,654	125.2

从上表可以看出，1938年刑事一审共审结刑案84828件，到了1945年审结189551件，增长了123.5%，年均增长率约为12%。各司法机关每年近10万刑案的审理，亦表明了其惩治犯罪的总数，且年年增加。通过上述统计可以看出，大后方的刑事审判还是发挥了其惩治犯罪的功能，实现了刑罚的目的。

又如，璧山实验法院根据《实验地方法院办理民刑诉讼补充办法》扩张刑事自诉范围，规定犯罪之被害人及其他得为告诉之人，均得提起自诉，并可以言词方式提起。犯罪事实（重罪除外）一部分提起自诉的，其他部分虽然不得自诉，亦可以自诉论。可自诉的案件，经告诉的，除告诉人有反对表示外，检察官应即移送法院，按自诉程序办理。通过扩大刑事被害人自诉权的方式能解决司法实践中存在的"有案不立、有罪不究、告状

[1] 参见台湾"司法行政部"编：《战时司法纪要》，台湾"司法院秘书处"1971年版，第222页。

无门”的弊端,而通过对公诉的补充,从而提高刑事被害人的诉讼地位,促进专门机构切实履行刑事法律职责,不使任何犯罪行为逃避法律追究,更好地保障被害人的合法权利。

从法律工具主义的立场出发,人权保障体现为刑事诉讼的功能,是近代刑事实体法的功能得以深入诠释后在刑事程序法中的映射。德国法律思想家拉德布鲁赫强调,刑法具有惩罚和保护的双重功能。[1] 他同时指出:

> 现在刑法同样不只反对犯罪人,也保护犯罪人,它的目的不仅在于设立国家刑罚权力,同时也要限制这一权力,它不只是可罚性的源由,也是它的界限,因此表现出悖论性:刑法不仅要面对犯罪人保护国家,也要面对检察官保护市民,成为公民反对司法专横和错误的大宪章。[2]

从审判程序上看,刑事诉讼中的保障人权主要有三层含义:一是保障个人免受非法刑事追究,二是保障刑事被告人在整个刑事诉讼过程中受到公正的待遇,三是禁止酷刑和非刑罚制裁。从内容上看,主要涉及实体性权利,如生命权、人格权、平等权等;程序性权利,如正当程序、辩护权、及时审判权等。当然,刑事诉讼中的人权保障核心在于,通过对刑事被告人、被害人等权利和自由的保障来捍卫和保障全体民众的个人权利。如抗战大后方不断完善的公设辩护人制度,就是一种保障被告辩护权的体现。辩护权是刑事被追诉者主体地位的基本标志,也是捍卫个人基本人权不受国家非法侵犯的核心武器。抗战期间,为落实刑事诉讼法中的公设辩护人制度,1939 年 3 月 10 日,国民政府公布《公设辩护人条例》,次年 7 月 1 日起实施,并在重庆、成都、桂林等地先行展开,而后在河南、四川等地推行。鉴于“唯各该规章之内容,各地人民或未能一体明了致不克尽量利用”,司法行政部于 1942 年 5 月 4 日训令各高等法院,要求将该条例布告周知,张贴在“递状及到候审等处,不得除去,以便诉讼人随时查阅”。[3] 同时,国民政府还推行法律辅助制度,如 1942 年 1 月 2 日,司法行政部为防止诉讼人因程序繁杂而贻误或不知利用公设辩护人办法导致权利受损,特规定高等以下各级法院设立民刑诉讼程序询问处,以解答诉

---

〔1〕 参见詹建红:《论刑事诉讼功能的契约化嬗变》,《中国刑事法杂志》2011 年第 5 期。
〔2〕 [德]拉德布鲁赫:《法学导论》,米健、朱林译,中国大百科全书出版社 1997 年版,第 96 页。
〔3〕 参见台湾“司法行政部”编:《战时司法纪要》,台湾“司法院秘书处”1971 年版,第 236 页。

讼人各种程序上的疑惑。[1] 被告权利与自由的逻辑起点是个人有权维护自身合法权益，因为国家、政府与个人在宪法和法律面前是一律平等的。基于此，刑事司法机关应当按照一定程序依法行事并节制手段；刑事被追诉者亦可采取手段和方法对抗非法迫害和专横武断的追诉。

当然，综观整个大后方的刑事审判实践，其体现的刑事诉讼功能还有纠纷解决和政策昭示等。刑事诉讼作为一种刑事纠纷的解决机制，其启动的前提是犯罪事实的被诉，在刑事诉讼过程中，法院的裁判过程就是一种刑事纠纷解决的过程。同时，"法院不只是纠纷的处理机关，也是宣示国家法律究竟由怎样的规则构成的机关，司法官员行为本身便是表达着正义的风纪。司法机关的行为是否正当，直接关系到人们对他们所在国家的政治制度的评价，影响到一国社会风尚的趋向。"[2] 法院的刑事审判活动在一定程度上体现或影响着国家政策的制定和实施。比如，抗战时期，国民政府逐渐加强政府对于经济的控制，并最终实现和强化国家对经济的控制权，以适应战争的需求。为此，国民政府实施统制经济，对盐、糖、烟、酒等消费品实行专卖，以求物价稳定和财源增加，于必要时对国家总动员物资征购或购办，对物资之生产、贩卖、使用、修理、储藏、消费、迁徙或转让加以指导、管理、节制或禁止，对民生日用品之交易价格、数量加以管制，用以确立战时经济体系；对此颁行大量单行条例并设定诸多犯罪条款，并通过法院的审判活动宣布犯罪和裁定刑罚，从而表明当时国民政府总动员的经济政策。

四、抗战大后方刑事审判实践的历史局限

具体而言，抗战大后方的刑事审判实践，完成了以下几个任务：一是惩罚与战争直接相关的犯罪，如严惩间谍汉奸以利于抗战；惩治妨害兵役的营私舞弊行为，以利于兵源保证；惩治破坏抗敌军人婚姻的行为，以稳定军心；惩治后方税赋征收、盗窃军事物资的行为，以保障后勤等，以确保抗战的军事胜利。二是严厉打击犯罪，化解各种矛盾纠纷，维护后方社会秩序稳定，保障民众人身财产安全；如治理官员贪污渎职行为，客观上促进了吏治整顿、限制了行政权力，以保证战时良好政治环境之运行。三是惩处破坏战时经济管制的行为，保障后方经济秩序稳定，昭示国家总动员

---

〔1〕 参见台湾"司法行政部"编：《战时司法纪要》，台湾"司法院秘书处"1971 年版，第 233 页。

〔2〕 [法]托克维尔：《论美国的民主》（上卷），董果良译，商务印书馆 1996 年版，第 250 页。

政策。四是提高诉讼效率,积极妥善地处理民事纠纷,减少了当事人的讼累,提升了司法威望,彰显法律的公平与正义。

特定历史条件和社会背景下,抗战大后方的刑事审判改革和具体的犯罪惩治实践有着其自身鲜明的战时特色,顺应了当时的时代要求,契合了当时大后方社会政治经济文化的实际,有一定的进步价值。但其带有一些历史局限,如整个刑事审判过程中漠视对受害人权利的保护和对犯罪人正当程序性权利的保障,限制当事人诉讼权利;在特种刑事案件中,剥夺了被告的上诉权、简化司法监督程序、从快执行死刑,使刑事审判沦为维护国民党专政独裁统治的工具等。其历史局限可概括为以下几点。

第一,司法独立价值的沦丧。作为一个典型的舶来品,司法独立制度随着清末变法而被引进到近代中国,这一制度的背后渗透着近代西方国家的人文传统和价值观念,是西方近代法治理念的核心。南京国民政府成立后,沿袭三权分立思想,借鉴清末民初的法制建设实践,以孙中山“权能分治”“五权宪法”为理论基础,推行司法独立,并逐步构建一个近代化的司法体制,在司法组织、审判程序、律师制度、司法官培养等方面都有长足的进步和改观。然而,全面抗战爆发后,国民政府为应对战争局势并争取抗战胜利,不断调整原有的政治、经济、司法体制。而司法体制的调整又必然影响司法审判的运行,于是,通过对抗战大后方刑事审判具体实践的认识,可以反推出抗战期间国民政府一直标榜的司法独立不断沦丧,司法屈从于政治(军事、行政)的单一需求,其昭示的司法独立价值理念嬗变为一种功利的工具理念。如前文述及,战时行政官员和行政机构对刑事审判的干预过大,对于涉及兵役、粮政、盐政、税政等方面与行政机构关系密切的案件,司法行政部或法院在行使司法权时往往受到行政机构的干涉;而司法行政部又未能坚持独立,多数情况下接受了行政干涉,国家法律的统一性和司法独立的权威性不断受到挑衅。同时,为追求对汉奸、烟毒、盗匪、贪污案件的严厉打击,抗战期间大后方盛行的军法审判,也是对司法独立的一种侵蚀和破坏。

第二,追求效率优先而牺牲程序权利。战时,国民政府在刑事案件数量急剧增加和法院案件积压严重的情况下,为追求司法效率,大力提倡简化诉讼程序、克减甚至忽略诉讼当事人的基本诉讼权利,如上诉权的剥夺和限制等。在效率优先和打击犯罪的工具价值追求下,程序变得可有可无,甚至是一种包袱和累赘。从当时大后方的客观环境来看,追求效率并惩治犯罪具有实际意义,能取得较好的实际效果,无疑是一种变通和无奈之举。但是,刻意牺牲诉讼当事人的程序权利有可能导致草率审判和实体不公正，因为程序权利具有服务于实体权利——实体公正的实现——的功能，离开了程序权利就无法保障实体权利的实现。

第三，刑事法律体系的内部失调导致审判实践混乱。面对错综复杂的大后方社会状况，国民政府在抗战期间颁行了大量的单行刑事法规（特别刑法），这些特别刑法能在罪名和罪刑上对刑法典（《中华民国刑法》）作出补充和修改，但其立法技术有待提高，与刑法典缺乏照应，在罪刑结构上容易出现失调，使刑事法律变得分散凌乱，令司法人员难以把握，从而给刑事法律具体运用造成障碍，影响刑事审判的裁判结果。

整个抗日战争大后方的刑事审判在战时的重要功能不只是惩罚犯罪、化解刑事纠纷、维护秩序，还有以司法建国、治国，保持转型后中国刑事法制的稳定与发展的功能[1]。虽然战时大后方刑事审判改革及实践直接或间接地增强了抗战的力量，发挥了大后方司法服务战争的职能，具有重要的进步意义，但我们应该借鉴和反思其局限性和不足之处。

---

〔1〕 该处主要是指国民政府在战前和战时对于刑事法制的近代转型所作的种种努力，如健全刑事法律，完善司法设施和司法人员的训育，引入先进的刑事原则和理念等。

余　论

战时刑事审判制度改革的历史启示

在继承清政府、北洋政府刑事法制的基础上，国民政府根据国内外形势的变化及时调整其刑事法律制度，参酌国外立法经验，吸收先进立法成果，从其内容上采用大陆法系国家刑事法律规范和刑事法律立法原理原则，从体系上模仿大陆法系的刑事法律体系。总体而言，“南京国民政府时期，作为法律制度重要组成部分的刑事审判制度随着西学的深入而不断完善，刑事审判规范越来越细密，越来越具备现代化的特征，为司法的现代化提供了前提。”[1]通过研读抗战大后方尤其是重庆各级法院的刑事审判实践，我们可以看出在特定历史条件和社会背景下，抗战大后方的刑事审判改革和具体的审判实践有其自身鲜明的战时特色，顺应了抗日战争期间的时代要求，契合了当时大后方社会政治、经济、文化发展的实际，有一定的进步价值。尽管其带有一定的局限性，但是其历史作用和历史地位不容忽视。其正反两方面的经验教训值得我们借鉴和深思。

当下中国经济社会快速发展，正处于社会转型期和矛盾凸显期，犯罪的种类和手段出现了新的变化，这些都对中国社会管理提出了严峻挑战，

---

〔1〕 谢冬慧：《南京国民政府时期刑事审判制度述论》，载陈兴良主编：《刑事法评论》（第26卷），北京大学出版社2010年版，第450页。

在犯罪惩治和刑事审判中存在一些迫切需要解决的问题。2012 年 3 月 14 日，十一届全国人大五次会议审议通过了《关于修改〈中华人民共和国刑事诉讼法〉的决定》，自 2013 年 1 月 1 日起施行。这次修改重点在辩护制度、证据制度和强制措施制度上，是中国对刑事诉讼制度进一步的完善，与旧法相比，体现出既有利于惩治犯罪又尊重和保障人权，既有利于促进司法公正又有利于增强刑事诉讼活动规范的特点，有很大进步。然而，反观国民政府战时刑事审判改革和实践，对于中国刑事审判制度的改革和完善而言，至少可以得出以下几点启示。

第一，扩大和加强被告人权利保护。被告人的权利是刑事诉讼中人权的重要组成部分。刑事诉讼中人权保障的重心是犯罪嫌疑人或被告人的个体人权。在司法实践中被告人的人权最易受到来自国家权力的侵害，这不仅有刑事诉讼制度设计上的原因，更重要的是司法人员在司法理念上仍存在偏差。被告人的权利最主要的包括无罪推定、沉默权、自我辩护和律师协助权等，2012 年刑事诉讼法的修订在人权保障、非法证据排除、律师辩护权上有重大突破，但是对于沉默权的规定仍显不足，如新增"不得强迫任何人证实自己有罪"的规定，但第 93 条依旧规定，在侦查阶段"犯罪嫌疑人对侦查人员的提问，应当如实回答"，并未规定例外情况。

第二，在刑事审判制度的设计方面，注意将移植国外先进制度与本土有益传统继承结合起来，并在此基础上因时因地地作出创新。国民政府的刑事审判制度之所以发展到较高的水平，一个重要的原因是南京国民政府在继承清末变法及北洋政府等时期刑事审判制度的基础之上，充分吸收和借鉴其实践经验，并参照当时德国、日本等大陆法系国家较为先进的立法经验和理论成果的同时，也在许多方面进行了适合国情的改革与创新。尤其是在抗日战争期间，面对前所未有的社会大变局，国民政府因时制宜地不断调整和改革刑事审判制度。中国现今的刑事审判制度改革，不免要走法律移植与本土资源相结合的道路，更应从移植与继承和创新三者结合方面多思考，不盲目照搬外国的司法制度和诉讼制度，但也不能固步自封、因循守旧。

第三，提升立法水平，细化现行刑事诉讼法的条文，增强可操作性。通观南京国民政府时期仿效德、日等国所制定的刑事诉讼法文本，不难发现它的规定特别细致，从条文数量上看，仅 1935 年刑事诉讼法就有 516 条，再加上《刑事诉讼实施法》条文，比现行《刑事诉讼法》290 条细化了很多，后者规定抽象，给辩护权的行使、刑事审判实践带来很多不便。由此，我们应该注重细化法条，增加其权威性和可操作性。

参考文献

一、著作类

[美]彼德·斯坦、[美]约翰·香德:《西方社会的法律价值》,王献平译,中国人民公安大学出版社1990年版。

[意]贝卡利亚:《论犯罪与刑罚》,黄风译,中国大百科全书出版社1993年版。

陈金全主编:《中国法律思想史》,法律出版社2001年版。

陈镒波:《中华民国春秋》(上、下册),台湾三民书局1989年版。

陈文明编著:《帮会秘事:重庆旧闻录1937—1945》,重庆出版社2006年版。

陈璞生:《中国特别刑事法通论》,中华书局1937年版。

陈瑞华:《刑事审判原理论》,北京大学出版社2003年版。

陈兴良:《刑法理念导读》,法律出版社2003年版。

陈显容、李正典:《犯罪与社会对策——当代犯罪社会学》,群众出版社1992年版。

程维荣:《中国审判制度史》,上海教育出版社2001年版。

樊崇义主编:《刑事诉讼法学》,法律出版社2009年版。

范进学:《法的观念与现代化》,山东大学出版社2002年版。

冯玉祥:《我所认识的蒋介石》,黑龙江人民出版社1980年版。

费正清、费维恺编:《剑桥中华民国史(1912—1949年·上卷)》,中国社会科学出版社1993年版。

顾培东:《社会冲突与诉讼机制》,法律出版社2004年版。

公丕祥:《东方法律文化的历史逻辑》,法律出版社2002年版。

[德]哈贝马斯:《在事实与规范之间——关于法律与民主法治国的商谈理论》,童世骏译,生活·读书·新知三联书店2003年版。

[美]哈罗德·J.伯尔曼:《法律与革命——西方法律传统的形成》,贺卫方等译,中国大百科全书出版社1993年版。

海琴:《怎样做一个好的保甲长》,国民图书出版社1943年版。

黄友凡等:《抗日战争中的重庆》,西南师范大学出版社1986年版。

黄宗智:《法典、习惯与司法实践:清代与民国的比较》,上海书店出版社2003年版。

韩渝辉主编:《抗战时期重庆的经济》,重庆出版社1995年版。

蒋顺兴、孙宅巍主编:《民国大迁都》,江苏人民出版社1997年版。

孔庆泰等:《国民党政府政治制度史》,安徽教育出版社1998年版。

[德]拉德布鲁赫:《法学导论》,米健、朱林译,中国大百科全书出版社1997年版。

李程伟:《社会利益结构:政治控制研究的生态学视角》,中国政法大学出版社 2009 年版。

刘京希:《政治生态论——政治发展的生态学考察》,山东大学出版社 2007 年版。

刘作翔:《法理学视野中的司法问题》,上海人民出版社 2003 年版。

李光灿:《中国刑法通史》(第 8 分册),辽宁大学出版社 1987 年版。

李贵连:《近代中国法制与法学》,北京大学出版社 2002 年版。

林明、马建红:《中国历史上的法律制度变迁与社会进步》,山东大学出版社 2004 年版。

李交发:《中国诉讼法史》,中国检察出版社 2002 年版。

李定开:《抗战时期重庆的教育》,重庆出版社 1995 年版。

[美]罗斯科·庞德:《通过法律的社会控制》,沈宗灵译,商务印书馆 2008 年版。

李学政:《回味陪都市井生活》,重庆出版社 2005 年版。

廖与人:《中华民国现行司法制度》(上、下册),台湾黎明文化事业公司 1982 年版。

林钰雄:《刑事诉讼法》(下册),中国人民大学出版社 2005 年版。

龙宗智:《刑事庭审制度研究》,中国政法大学出版社 2001 年版。

[美]米尔伊安·R. 达玛什卡:《司法和国家权力的多种面孔——比较视野中的法律程序》,郑戈译,中国政法大学出版社 2004 年版。

马贵翔:《刑事司法程序正义论》,中国检察出版社 2002 年版。

[德]英戈·穆勒:《恐怖的法官——纳粹时期的司法》,王勇译,中国政法大学出版社 2000 年版。

[法]让·文森等:《法国民事诉讼法要义》,罗结珍译,中国法制出版社 2001 年版。

四川省档案馆编:《抗日战争时期四川省各类情况统计》,西南交通大学出版社 2005 年版。

四川省巴县志编纂委员会编:《巴县志》,重庆出版社 1994 年版。

四川省璧山县志编纂委员会编:《璧山县志》,四川人民出版社 1996 年版。

四川省高级人民法院院志编辑室编:《四川审判志》,电子科技大学出版社 2003 年版。

苏光文主编:《抗战时期重庆的文化》,重庆出版社 1995 年版。

苏智良等编著:《去大后方——中国抗战内迁实录》,上海人民出版社 2005 年版。

单远慕等编著:《中国廉政史》,中州古籍出版社 1991 年版。

孙文恺:《社会学法学》,法律出版社 2005 年版。

[法]托克维尔:《论美国的民主》(上卷),董果良译,商务印书馆 1996 年版。

[德]韦伯:《法律社会学》,康乐、简惠美译,台北远流出版事业股份有限公司 2003 年版。

王伯琦:《近代法律思潮与中国固有文化》,清华大学出版社 2005 年版。

王存河:《治道变革与法精神转型》,法律出版社 2005 年版。

汪楫宝:《民国司法志》,台湾正中书局 1954 年版。

吴经熊:《法律哲学研究》,上海法学编译社 1933 年版。

吴永明:《理念、制度与实践:中国司法现代化变革研究(1912—1928)》,法律出版社2005年版。

萧超然、沙健孙主编:《中国新民主主义革命史简编》,广东人民出版社1982年版。

谢振民编著:《中华民国立法史》(上、下册),中国政法大学出版社2000年版。

夏锦文:《社会变迁与法律发展》,南京师范大学出版社1997年版。

熊先觉:《中国司法制度简史》,山西人民出版社1986年版。

熊先觉:《中国司法制度新论》,中国法制出版社1999年版。

夏勤:《刑事诉讼法释疑》(第6版),中国方正出版社2005年版。

许毅主编:《从百年屈辱到民族复兴——南京国民政府外债与官僚资本》,经济科学出版社2006年版。

[美]约翰·亨利·梅利曼:《大陆法系》,顾培东、禄正平译,知识出版社1984年版。

杨光彦等主编:《重庆国民政府》,重庆出版社1995年版。

[美]易劳逸:《蒋介石与蒋经国(一九三七——一九四九)》,王建朗、王贤知译,中国青年出版社1989年版。

余明侠主编:《中华民国法制史》,中国矿业大学出版社1994年版。

远志明、薛德震:《社会与人》,山西人民出版社1985年版。

朱汉国等主编:《中华民国史》,四川人民出版社2006年版。

赵金康:《南京国民政府法制理论设计及其运作》,人民出版社2006年版。

赵震江主编:《法律社会学》,北京大学出版社1998年版。

章伯锋、庄建平主编:《抗日战争》(第3卷),四川大学出版社1997年版。

章伯锋、庄建平主编:《抗日战争》(第5卷),四川大学出版社1997年版。

章德华主编:《西南民众对抗战的贡献》,贵州人民出版社1992年版。

张皓:《派系斗争与国民党政府运转关系研究》,商务印书馆2006年版。

张国福:《中华民国法制简史》,北京大学出版社1986年版。

张国镛主编:《中国抗战重庆陪都史专题研究》,四川人民出版社2005年版。

张静如、卞杏英主编:《国民政府统治时期中国社会之变迁》,中国人民大学出版社1993年版。

张晋藩主编:《二十世纪中国法治回眸》,法律出版社1998年版。

张其昀:《党史概要》(第3册),台湾文物供应社1979年版。

张仁善:《司法腐败与社会失控(1928—1949)》,社会科学文献出版社2005年版。

朱斯煌主编:《民国经济史》,上海银行学会银行局报社1948年版。

朱勇主编:《中国法制通史》(第9卷),法律出版社1999年版。

朱勇:《中国法律的艰辛历程》,黑龙江人民出版社2002年版。

周勇主编:《重庆通史》(第3卷),重庆出版社2003年版。

二、论文类

卞琳:《南京国民政府训政前期立法体制研究(1928—1937)》,华东政法学院2006年博士学位论文。

陈顾远:《对战时法规之认识》,《中华法学杂志》1940 年第 3 期。

陈雷:《国民政府战时统制经济研究》,河北师范大学 2008 年博士学位论文。

陈书梅、陈红民:《抗日战争时期立法院的立法工作述论》,《苏州科技学院学报(社会科学版)》2005 年第 4 期。

杜宝庆:《刑事审判价值论》,重庆大学 2008 年博士学位论文。

高远:《抗日战争时期四川匪患治理研究》,《西南大学学报(社会科学版)》2008 年第 2 期。

黄小彤:《民国时期民控官的途径与控案处置——以川政统一后的四川基层政权为例》,四川大学 2007 年博士学位论文。

罗金寿:《战争与司法——陪都时期重庆的法院及审判》,西南政法大学 2010 年博士学位论文。

鲁克亮:《政治腐败、认同危机与政府应对——民国时期广西民众控告县长研究》,四川大学 2007 年博士学位论文。

李立侠:《抗战建国期间司法的重要性》,《中国社会》1938 年第 5 卷第 1 期。

刘玉江:《中国刑事诉讼法制现代化的国民基础重构》,中国政法大学 2006 年博士学位论文。

孟长泳:《吾国司法之检讨》,《东方杂志》1943 年第 8 期。

孟国祥、程堂发:《惩治汉奸工作概述》,《民国档案》1994 年第 2 期。

莫子敬:《一个被遗忘的战时司法》,《法治周刊》1938 年第 2 期。

钱弘道:《论司法效率》,《中国法学》2002 年第 4 期。

邱兴隆:《报应刑的价值悖论——以社会秩序、正义与个人权利为视角》,《政法论坛》2001 年第 2 期。

孙宝根:《抗战时期国民政府缉私研究(1931—1945)》,苏州大学 2004 年博士学位论文。

宋宏飞:《战时首都重庆的民事审判制度与实践》,西南政法大学 2011 年博士学位论文。

史尚宽:《战时法规之检讨》,《中国法学杂志》1938 年第 1 卷第 11 期。

王振峰:《刑事政策模式选择——以我国社会转型为视角》,中国政法大学 2006 年博士学位论文。

谢冬慧:《南京国民政府时期民事诉讼制度研究》,南京师范大学 2008 年博士学位论文。

谢冠生:《抗战建国与司法》,《中华法学杂志》1940 年第 3 期。

赵秉志:《和谐社会构建与宽严相济刑事政策的贯彻》,《吉林大学社会科学学报》2008 年第 1 期。

詹建红:《论刑事诉讼功能的契约化嬗变》,《中国刑事法杂志》2011 年第 5 期。

张群:《抗战·军婚·人权——我国近代军人婚姻立法初探》,《比较法研究》2007 年第 5 期。

赵庆桢:《抗战建国程序中的司法改造》,《新民族》1938 年第 4 期。

三、档案类

重庆市档案馆:《胡贤臣等检举长寿地方法院院长杨坤渎职违法、受贿包庇案》,全宗号:0109,目录号:1,卷号:9640。

重庆市档案馆:《杨友松贪污案》,全宗号:0109,目录号:1,卷号:9641。

重庆市档案馆:《中国茶叶公司刘孔贵等贪污案》,全宗号:0109,目录号:1,卷号:9642。

重庆市档案馆:《汪学余渎职案》,全宗号:0109,目录号:1,卷号:19632。

重庆市档案馆:《余鸣钟贪污案》,全宗号:0109,目录号:1,卷号:28779 。

重庆市档案馆:《程仲瑾等贪污案》,全宗号:0109,目录号:1,卷号:28775 。

重庆市档案馆:《程子全等贪污案》,全宗号:0109,目录号:1,卷号:28771 。

重庆市档案馆:《任绍卿诬告案》,全宗号:0109,目录号:1,卷号:20017。

重庆市档案馆:《田鑫诚诉刘春膏等妨害兵役案》,全宗号:0109,目录号:1,卷号:20011 。

重庆市档案馆:《雷俊修违反所得税法案》,全宗号:0109,目录号:1,卷号:2267 。

重庆市档案馆:《欧阳春等诉欧昌德杀人案》,全宗号:0109,目录号:1,卷号:2347 。

重庆市档案馆:《胡寿廷等吸食鸦片案》,全宗号:0109,目录号:1,卷号:3584 。

重庆市档案馆:《璧山实验法院三十二年度民刑事收结表》,全宗号:0109,卷号:24

重庆市档案馆:《赵玉章诉刘赵氏等抢夺收赃案》,全宗号:0109,目录号:1,卷号:28491。

重庆市档案馆:《璧山实验法院工作实施概况》,全宗号:0109,卷号:24。

重庆市档案馆:《简文轩等控告妨害人行使权利案》,全宗号:0110,目录号:4,卷号:28010。

重庆市档案馆:《刘青臣等侵占案》,全宗号:0110,目录号:4,卷号:28500。

重庆市档案馆:《谭青山抢夺案》,全宗号:0110,目录号:4,卷号:28494。

重庆市档案馆:《张荣森诉鲜栖梧等妨害自由案》,全宗号:0110,目录号:4,卷号:45。

重庆市档案馆:《李树荣诉刘树廷等掘墓毁尸案》,全宗号:0110,目录号:4,卷号:1351。

重庆市档案馆:《杨徐树清吸毒持毒案》,全宗号:0110,目录号:4,卷号:9838。

重庆市档案馆:《徐品秋等吸食毒品案》,全宗号:0110,目录号:4,卷号:9839。

重庆市档案馆:《胡贺氏诉胡周氏杀人案》,全宗号:0110,目录号:4,卷号:10031。

重庆市档案馆:《张心培等诉张李氏等诬告案》,全宗号:0110,目录号:4,卷号:9553。

重庆市档案馆:《民国三十五年度重庆地方法院民刑事案件统计表》,全宗号:0110,目录号:2,卷号:109。

重庆市档案馆:《蒋志诚诉胡先桢妨害名誉及信用案》,全宗号:0110,目录号:4,卷号:28016。

重庆市档案馆:《贾焕廷控告胡清政妨害人行使权利案》,全宗号:0110,目录号:4,

卷号:28015。

重庆市档案馆:《民国三十三年八月重庆实验地方法院业务检讨会议记录》,全宗号:0110,目录号:2,卷号:52。

重庆市档案馆:《民国三十三年十一月重庆实验地方法院业务检讨会议记录》,全宗号:0110,目录号:2,卷号:52。

重庆市档案馆:《民国三十三年七月重庆实验地方法院业务检讨会议记录》,全宗号:0110,目录号:2,卷号:52。

重庆市档案馆:《民国三十三年二月重庆实验地方法院业务检讨会议记录》,全宗号:0110,目录号:2,卷号:52。

重庆市档案馆:《民国三十三年五月重庆实验地方法院业务检讨会议记录》,全宗号:0110,目录号:2,卷号:52。

重庆市档案馆:《民国三十三年九月重庆实验地方法院业务检讨会议记录》,全宗号:0110,目录号:2,卷号:52。

重庆市档案馆:《民国三十四年八月重庆实验地方法院业务检讨会议记录》,全宗号:0110,目录号:2,卷号:52。

重庆市档案馆:《民国三十四年二月重庆实验地方法院业务检讨会议记录》,全宗号:0110,目录号:2,卷号:52。

重庆市档案馆:《民国三十四年七月重庆实验地方法院业务检讨会议记录》,全宗号:0110,目录号:2,卷号:52。

重庆市档案馆:《民国三十四年三月重庆实验地方法院业务检讨会议记录》,全宗号:0110,目录号:2,卷号:52。

重庆市档案馆:《民国三十四年十一月重庆实验地方法院业务检讨会议记录》,全宗号:0110,目录号:2,卷号:52。

重庆市档案馆:《民国三十四年五月重庆实验地方法院业务检讨会议记录》,全宗号:0110,目录号:2,卷号:52。

重庆市档案馆:《姚治道刘玉桐贪污案》,全宗号:0110,目录号:4,卷号:10285。

重庆市档案馆:《陈兴发预谋杀人案》,全宗号:0109,目录号:1,卷号:731。

重庆市档案馆:《段海泉诉龚海清等诈欺案》,全宗号:0109,目录号:1,卷号:801。

重庆市档案馆:《张有为伤害案》,全宗号:0109,目录号:1,卷号:201。

重庆市档案馆:《刘王氏等诉张卓明等诈欺案》,全宗号:0109,目录号:1,卷号:211。

重庆市档案馆:《张和斋妨害自由案》,全宗号:0109,目录号:1,卷号:231。

重庆市档案馆:《张泽民诉杨周五等窃盗案》,全宗号:0109,目录号:1,卷号:235。

重庆市档案馆:《谭福安等诬告及伪证案》,全宗号:0109,目录号:1,卷号:291。

重庆市档案馆:《白汝池等诈欺案》,全宗号:0109,目录号:1,卷号:292。

重庆市档案馆:《程海龙诉白云集亵渎祀典案》,全宗号:0109,目录号:1,卷号:293。

重庆市档案馆:《白洪益等盗匪案》,全宗号:0109,目录号:1,卷号:294。

重庆市档案馆:《曾顺廷诉白玉堂抢夺案》,全宗号:0109,目录号:1,卷号:295。

重庆市档案馆:《白文哲等伤害案》,全宗号:0109,目录号:1,卷号:296。

重庆市档案馆:《聂镇国诉彭汉儒等伤害毁损案》,全宗号:0109,目录号:1,卷号:521。

重庆市档案馆:《彭双全诉李树轩等毁损案》,全宗号:0109,目录号:1,卷号:298。

重庆市档案馆:《彭云清伪造法币案》,全宗号:0109,目录号:1,卷号:299。

重庆市档案馆:《彭兆富伤害案》,全宗号:0109,目录号:1,卷号:300。

重庆市档案馆:《彭文长等妨害兵役案》,全宗号:0109,目录号:1,卷号:297。

重庆市档案馆:《张全鹏诈欺案》,全宗号:0109,目录号:1,卷号:552。

重庆市档案馆:《刁刘氏诉刁吉芳伤害案》,全宗号:0109,目录号:1,卷号:19370。

重庆市档案馆:《何绍卿公共危险案》,全宗号:0109,目录号:1,卷号:11021。

重庆市档案馆:《李绍全伤害致死案》,全宗号:0109,目录号:1,卷号:18572。

重庆市档案馆:《姚沛然告王藏清贪污案》,全宗号:0109,目录号:1,卷号:18714。

重庆市档案馆:《陈华亮抗告王辉福等劫杀案》,全宗号:0109,目录号:1,卷号:18719。

重庆市档案馆:《徐光禄张质彬妨害自由案》,全宗号:0109,目录号:1,卷号:18720。

重庆市档案馆《唐和光诉龚玉章损害债权案》,全宗号:0110,目录号:4,卷号:10553。

重庆市档案馆:《朱荣清王诗美等私运银币案》,全宗号:0110,目录号:4,卷号:1055。

重庆市档案馆:《叶俊杨炳荣等盗匪案》,全宗号:0110,目录号:4,卷号:10618。

重庆市档案馆:《汪坤顺伪造文书案》,全宗号:0110,目录号:4,卷号:19458。

重庆市档案馆:《刁渭清等略诱营利案》,全宗号:0110,目录号:4,卷号:19363。

重庆市档案馆:《李昌荣违反印花税法案》,全宗号:0110,目录号:1,卷号:064。

重庆市档案馆:《庹荣发、龙仑岗等盗匪案》,全宗号:0110,目录号:4,卷号:5040。

重庆市档案馆:《李清云等窃盗案》,全宗号:0110,目录号:4,卷号:6010。

重庆市档案馆:《吴和源诈欺案》,全宗号:0110,目录号:4,卷号:4242。

重庆市档案馆:《梁课恩、孙枢衡贪污案》,全宗号:0110,目录号:4,卷号:5237。

重庆市档案馆:《田水清公共危险案》,全宗号:0110,目录号:4,卷号:1010。

重庆市档案馆:《江祥万等伤害案》,全宗号:0110,目录号:4,卷号:1011。

重庆市档案馆:《王火廷伤害侮辱案》,全宗号:0110,目录号:4,卷号:1120。

重庆市档案馆:《江福廷因过失致人死案》,全宗号:0110,目录号:4,卷号:1117。

重庆市档案馆:《王俊丰抢夺案》,全宗号:0110,目录号:4,卷号:2109。

重庆市档案馆:《潘亚修侮辱毁损案》,全宗号:0110,目录号:4,卷号:241。

重庆市档案馆:《谭致祥妨害家庭及诈欺人案》,全宗号:0110,目录号:4,卷号:122。

重庆市档案馆:《何鸣珂诉谭郭氏等妨害名誉案》,全宗号:0110,目录号:4,卷号:141。

重庆市档案馆:《李回生杀人案》,全宗号:0110,目录号:4,卷号:151。

重庆市档案馆:《杨辅臣等诉张鸿绪伪造文书案》,全宗号:0110,目录号:4,卷号:221。

重庆市档案馆:《夏清云伪造货币案》,全宗号:0109,目录号:1,卷号:7368。

重庆市档案馆:《裴双发诉夏则尧等妨害兵役案》,全宗号:0109,目录号:1,卷号:7357。
重庆市档案馆:《程建康等渎职案》,全宗号:0109,目录号:1,卷号:7283。
重庆市档案馆:《毛发祥诉唐蒋氏等妨害人行使权利案》,全宗号:0109,目录号:1,卷号:5136。
重庆市档案馆:《曹世康伤害致死案》,全宗号:0109,目录号:1,卷号:9904。
重庆市档案馆:《杨文明杀人案》,全宗号:0109,目录号:1,卷号:8302。
重庆市档案馆:《陈希之等妨害自由案》,全宗号:0109,目录号:1,卷号:8305。
重庆市档案馆:《张兴第妨害风化案》,全宗号:0109,目录号:1,卷号:8308。
重庆市档案馆:《刘银洲伤害案》,全宗号:0109,目录号:1,卷号:8310。
重庆市档案馆:《杨瑞伦伤害致死案》,全宗号:0109,目录号:1,卷号:8286。
重庆市档案馆:《龚九成贪污案》,全宗号:0109,目录号:1,卷号:7876。
重庆市档案馆:《龚青荣等贪污案》,全宗号:0109,目录号:1,卷号:7889。
重庆市档案馆:《陈良才妨害兵役案》,全宗号:0109,目录号:1,卷号:7571。
重庆市档案馆:《戴腾辉等诬告案》,全宗号:0109,目录号:1,卷号:7577。
重庆市档案馆:《李德方等诉张海清等伤害案》,全宗号:0109,目录号:1,卷号:10481。
重庆市档案馆:《陈君如妨害自由案》,全宗号:0109,目录号:1,卷号:7558。
重庆市档案馆:《谭炳文伪造文书案》,全宗号:0109,目录号:1,卷号:10088。
重庆市档案馆:《李敬宁凿掘坟墓、遗弃尸体案》,全宗号:0109,目录号:1,卷号:9937。
重庆市档案馆:《曹挹芳妨害自由案》,全宗号:0109,目录号:1,卷号:9907。
重庆市档案馆:《谭李氏、谭道容杀人案》,全宗号:0109,目录号:1,卷号:101。
重庆市档案馆:《王木良渎职案》,全宗号:0109,目录号:1,卷号:31。
重庆市档案馆:《金俊甫妨害兵役案》,全宗号:0106,目录号:1,卷号:1。
重庆市档案馆:《金润弟强盗案》,全宗号:0109,目录号:1,卷号:10。
重庆市档案馆:《胡荣生烟毒案》,全宗号:0110,目录号:1,卷号:6166。
重庆市档案馆:《警员何玉祷贪污渎职案》,全宗号:0063,目录号:16,卷号:623。
重庆市档案馆:《余升阳诈欺案》,全宗号:0063,目录号:16,卷号:623。

四、其他史料

重庆市档案馆、重庆师范大学合编:《中华民国战时首都档案文献》(第 1 卷　国府迁渝 · 明定陪都 · 胜利还都),重庆出版社 2008 年版。
重庆市档案馆、重庆师范大学合编:《中华民国战时首都档案文献》(第 2 卷 · 战时动员),重庆出版社 2008 年版。
重庆市档案馆、重庆师范大学合编:《中华民国战时首都档案文献》(第 3 卷 · 战时社会),重庆出版社 2008 年版。
重庆市档案馆、重庆师范大学合编:《中华民国战时首都档案文献》(第 4 卷 · 战时工业)，重庆出版社 2008 年版。

重庆市档案馆、重庆师范大学合编:《中华民国战时首都档案文献》(第 5 卷 · 战时金融)，重庆出版社 2008 年版。

何勤华、李秀清:《民国法学论文精粹》(刑事法律篇)，法律出版社 2004 年版。

何勤华、李秀清:《民国法学论文精粹》(诉讼法律篇)，法律出版社 2004 年版。

梅仲协、罗渊详编:《六法解释、判例汇编》，上海昌明书屋 1947 年版。

南京第二历史档案馆编:《中华民国史档案资料汇编》，江苏古籍出版社 1991 年版。

荣孟源主编:《中国国民党历次代表大会全会资料》(上、下册)，光明日报出版社 1985 年版。

沙千里:《战时重要法令汇编》，双江书屋 1944 年版。

徐百齐主编:《中华民国法规大全》，商务印书馆 1936 年版。

中国第二历史档案馆:《国民党政治制度档案史料选编》(上、下)，安徽教育出版社 1994 年版。

中国人民政治协商会议四川省重庆市委员会文史资料研究委员会编:《重庆抗战纪事 1937—1945》，重庆出版社 1985 年版。

后记

一

网络上曾有一个段子颇为流行。

一人去算命,算命先生摸骨相面掐算八字后,说:“你二十岁恋爱,二十五岁结婚,三十岁生子,一生富贵平安、家庭幸福、晚年无忧。”

此人先惊后怒,道:“我今年三十五岁,博士,光棍,木有恋爱。”

先生闻言,略微沉思后说:“年轻人,知识改变命运啊!”

二

庚申年(1980年)岁末,我出生了,在洞庭湖畔的一个小镇里,可惜,我父母记不得精确的时间了,雪天,戌时,取名张舍。在那个票证的年代,民国教书先生出身的外公完成的上户口手续,我的官方名字成了张伟,后来的解释是外公不记得父母给我取的名字了,于是他做主写成了当下这个全国重名最多的名字。

是年,帝都,同时在进行着一场著名的审判。

三

戊寅年(1998年)的黑色七月,长江特大洪水,一艘游轮撞上了冰山。

34%,全国一张卷,可惜不是一条线。穿过独木桥的我,孤身一人,坐火车44个小时来到了山城,那年重庆直辖才一年,新竣的杨公桥立交还是西南地区最大的立交桥。

西南政法大学法律系,当时这个全亚洲人数最多的法学院系,金色招牌晃晕了许多人的眼。一间宿舍七个男生,天南地北,未曾逝去的青春抚平了很多今天看来的不愉快——拥挤的过道被晾衣服的水铺满、冬天晾不干的内衣、晚上十点半准时熄灯等。1999年为适应大规模扩招,校方改善了住宿等条件。然而，时至今日，流传在聚会餐桌上和发散在朋友圈的，其实是美好。烈士墓的火锅、串串、土豆泥，壮志路的网吧和夜市，四号门的烧烤，卧谈会，还有当年迷漫的情愫，匆匆那年。

大三的时候，我选择了西政史上最后一届律师班，课程改革让我们没有经历“四大名补”之一的中国法制史，当然也没有中国法律思想史。造化弄人，如今我却执教中国法制史。

四

壬午年(2002 年)的春天，那时的公务员招考还未统一时间，跨世纪的骄子们还不知道什么是就业难，可多项选择似乎就是一件幸福的事情。

一向标榜爱学习的我也参加了硕士研究生入学考试，北大法理专业，只是因为一场“老鹤”(贺卫方)的讲座和一次突如其来的期末考试，天道酬勤。七弯八拐之后，随波逐流，去了羊城工作，清闲，惬意。出人意料的惊喜发生在第二个本命年年底，低分压线飘过了司法考试，这带来了贪念，伴随着现实的压力。

知识让我没有在预定的道路上继续，后来辞职做了律师。

硕士选择了少数民族习惯法方向，并就侗族的婚姻习惯洋洋洒洒地写了三万字的论文，十分汗颜的是并未进行田野调查，仅仅是就文本而文本。

五

庚寅年(2010 年)初秋，一样的地点，一样的校园，不一样的是新生(博士研究生)登记表。

博士论文的定题是一件让人发愁的事情，庆幸的是导师曾代伟先生帮助了我，于是选择了抗日战争这段中华民族涅槃重生的时期，选择了陪都这个诸多知识分子聚集的中心，选择了刑事审判这个国家公权力不能胡作非为的主题。

全面抗战爆发后，国民政府的党政军机关和大批工厂、学校陆续内迁，确立了以重庆为战时首都的抗日战争战略大后方。但这是一个动荡的时期，人心混乱，前方吃紧，后方紧吃。剧变的社会和经济环境，低能的行政管理和腐化的吏治，触目惊心的两极分化，心惊肉跳的通货膨胀，四处活跃的帮会势力，合力产生了严峻的犯罪形势。这危害了抗战大后方的政治、经济和社会秩序，损害了国民政府的军事利益，更为直接的是破坏了民众的人身和财产安全，不利于抗战大业的进行。于是，“严打”就成为了直接支援抗战的一种手段。

全面抗战爆发前，从审判依据的渊源、结构、立法技术以及新式法院的设立、法官选任条件等角度看，国民政府司法审判制度的运行日趋成熟。但是，其“审级的重叠、程序的复杂和费用的虚耗”，在抗战大后方犯罪高发、刑事收案率不断攀升的情况下，加上法院人手不足、经费困顿，使得各级法院诉讼效率低下，案件积压严重、久拖不决。于是，在种种内因和外力的推动下，国民政府认识到战时法制改革的必要性与紧迫性，便在大后方开展了一系列调整和改革，以适应整个社会环境变化所带来的新形势。在刑事审判制度方面，国民政府因时、因地制宜地进行了战时调整，主要推行简化诉讼程序、试行巡回审判、改进检察制度、设立地方实验法院、公设辩护人等种种举措，其实施实现了社会效果与法律效果的统一。比如，简化审判程序，提高诉讼效率，以降低司法成本、节约社会资源；推行军法审判，从快从重打击严重犯罪，以维护社会秩序；促使检察官检举犯罪，以维护稳定；减少积案，加快案件审理过程，以安抚民心、化解纠纷等。

检视大后方刑事审判的工具理性，可以发现战时刑事审判实践在大后方完成了以下几个任务。一是，惩罚与战争直接相关的犯罪。如严惩间谍、汉奸以利于抗战；惩治妨害兵役的营私舞弊行为，以利于兵源保证；惩治破坏抗敌军人婚姻的行为，以稳定军心；惩治后方税赋征收、盗窃军事物资的行为，以保障后勤等，以此确保抗战的军事胜利。二是，严厉打击犯罪，化解各种矛盾纠纷，维护大后方社会秩序稳定，保障民众人身财产安全。如治理官员贪污渎职行为，客观上促进了吏治整顿、限制了行政权力，以保证战时良好政治环境之运行。三是，惩处破坏战时经济管制的行为，保障后方经济秩序稳健，昭示国家总动员政策。四是，提高诉讼效率，积极妥善地处理民事纠纷，减少了当事人的讼累，提升了司法威望，彰显了法律的公平与正义。

特定历史条件和社会背景下，抗战大后方的刑事审判改革和具体的犯罪惩治实践有着其自身鲜明的战时特色——重刑主义、效率优先、程序简化、宽宥因公犯罪，顺应了当时的时代要求，契合了当时大后方社会政治经济文化的实际，有一定的进步价值。

六

掩卷回首，通过博士学位论文写作，虽然让我在理论素养和学术水平上有所斩获，但还是杀死了无以数计的脑细胞，绞尽脑汁地思考如何斟词酌句，通宵达旦地在键盘上击打，身心俱疲。

然而，种种不足、瑕疵，惨不忍睹。

论证中案例档案的援用过于简单直接，使得文章部分内容看似案例汇编，严重影响了理论深度。由于不能、不愿、不想穷极档案，因此，论证过程中并未进行统计分析，诸多特点的归纳仅仅呈现出一种作者想要表达的“真实”，存在碎片化的研究模式。

清末律改以降，异于传统的治理模式被移植，并且在不断实践：“法院”这个舶来品在中国落地生根、遍地开花。司法治理或者说通过司法的社会治理，尤其是以惩治犯罪来涤净社会环境这样的管理模式，我想，不能脱离“统治”的传统，亦不能忽视个体的表达。不幸的是，本书大都限定在官方话语表达中，对于民间话语或者个体观点的关注太少，没有使用“参与者的观察”的认识方法，我担心书中的一些观点成为了一种想当然。值得一提的是，该历史时期存在法律人群体的大量活动痕迹，留下了诸多文字，然而书中较少结合当时法官、检察官、律师们的观感，更不论当事人的感受，这样不够全面的分析方法会导致一种历史事实与历史解释的脱节，或者说是作者的空想。

余论部分的“药方”显得简单和仓促。虽然研究方向不是部门法学，但是作为理论法学的法律史学研究，应该要立足高远，检讨过往、指导现实才能揭示未来。

痛定思痛。

在未来的教研生涯中，这也是一种指引。

七

付梓在即，向导师曾代伟先生致谢！

感谢西南政法大学法律史教研室几位先生诚恳的建议和精心的提点！

感谢西南政法大学中国法文化研究和传播中心的鼎力资助！

感谢宋宏飞、樊楠楠、刘晓玲等同学的帮助！

感谢我的父亲和母亲，感谢他们能接受我的被知识改变的命运所作出的安排！

张　伟

丙申年（2016年）记于重庆